Bildung unter Bedingungen kultureller Pluralität

Florian von Rosenberg · Alexander Geimer
(Hrsg.)

Bildung unter Bedingungen kultureller Pluralität

 Springer VS

Herausgeber
Florian von Rosenberg
Lehrstuhl für Allgemeine
Erziehungswissenschaft
Universität Erfurt
Erfurt
Deutschland

Alexander Geimer
Fakultät Wirtschafts- und
Sozialwissenschaften
Universität Hamburg
Hamburg
Deutschland

ISBN 978-3-531-18414-2   ISBN 978-3-531-19038-9 (eBook)
DOI 10.1007/978-3-531-19038-9

Die Deutsche Nationalbibliothek verzeichnet diese Publikation in der Deutschen Nationalbibliografie; detaillierte bibliografische Daten sind im Internet über http://dnb.d-nb.de abrufbar.

Lektorat: Stefanie Laux, Yvonne Homann

Gedruckt auf säurefreiem und chlorfrei gebleichtem Papier

Springer VS ist eine Marke von Springer DE. Springer DE ist Teil der Fachverlagsgruppe Springer Science+Business Media
www.springer-vs.de

Inhaltsverzeichnis

Autorenverzeichnis

JProf. Dr. Alexander Geimer Arbeitsbereich Soziologie, insb. Methoden qualitativer Sozialforschung, Universität Hamburg.

Dr. Juliane Giese Institut für Erziehungswissenschaft Erwachsenenbildung Weiterbildung, Ruhr-Universität Bochum.

Dipl. Päd. Susanne Gottuck AG 10 - Migrationspädagogik und Kulturarbeit, Universität Bielefeld.

Dr. Kerstein Jergus Institut für Pädagogik, Martin-Luther-Universität Halle-Wittenberge.

Prof. Dr. Jochen Kade Institut für Sozialpädagogik und Erwachsenenbildung, Goethe Universität Frankfurt a. M.

Prof. Dr. Rainer Kokemohr Arbeitsbereich Bildungs- und Transformationsforschung, Universität Hamburg.

Prof. Dr. Hans-Christoph Koller Arbeitsbereich Bildungs- und Transformationsforschung, Universität Hamburg.

Prof. Dr. Astrit Messerschmidt Institut für Erziehungswissenschaft mit Schwerpunkt in außerschulischen Feldern, PH Karlsruhe.

Prof. Dr. Arnd-Michael Nohl Institut für Allgemeine Erziehungswissenschaft, Helmut-Schmidt-Universität Hamburg.

Prof. Dr. Sigrid Nolda Institut für Sozialpädagogik, Erwachsenenbildung & Pädagogik der Kindheit, TU Dortmund.

JProf. Dr. Florian von Rosenberg Professur für Allgemeine Erziehungswissenschaft, Universität Erfurt.

Prof. Dr. Christiane Thompson Institut für Allgemeine Erziehungswissenschaft, Goethe-Universität Frankfurt/M.

Prof. Dr. Jürgen Wittpoth Institut für Erziehungswissenschaft Erwachsenenbildung Weiterbildung, Ruhr-Universität Bochum.

Einleitung: Bildung unter Bedingungen kultureller Pluralität

Alexander Geimer und Florian von Rosenberg

Wenn man davon ausgeht, dass gegenwärtig die „Pluralität kultureller Orientierungen (…) als grundlegende Bedingung für die Lebensgeschichten aller Gesellschaftsmitglieder verstanden werden" (Wulf 1998; Koller 2002a, S. 97) muss, dann zeigt sich das Thema von Bildung unter Bedingungen kultureller Pluralität nicht als Spezialthema einer Subdisziplin, sondern als ein sozial- und erziehungswissenschaftliches Schlüsselproblem. Daher rückt dieser Band den Zusammenhang von unterschiedlichen Bildungs- und Kulturbegriffen und deren Rahmungen von Pluralität in den Blick.

Sucht man zunächst nach den Bedeutungsursprüngen des Kulturbegriffs, stößt man auf frühe und bis heute bestehende Verwendungen wie *agriculture* welche sich noch auf den eingeschränkten Bereich des Ackerbaus und der Viehzucht beziehen. Im 16. Jhd. ereignet sich ein einschneidender Bedeutungswandel, indem die Idee der Kultivierung von Pflanzen und Tieren auf den Menschen übertragen wird (vgl. Kramer 1997, S. 80 f.). Semantiken von Kultur werden zu Distinktionswerkzeugen, denn nur bestimmten Akteuren oder Akteursgruppen wurde zugestanden als entsprechend kultiviert zu gelten (vgl. Moebius 2010, S. 16). Die Einengung des Begriffs vollzog sich vor allem durch die Begrenzung von Kultur auf die Lebensweise

Für die Hilfe bei der Erstellung des Manuskriptes bedanken wir uns bei Jana Starkloff.

A. Geimer (✉)
Soziologie, insb. Methoden qualitativer Sozialforschung, Universität Hamburg,
Allende-Platz 1, 20146 Hamburg, Deutschland
E-Mail: alexander.geimer@wiso.uni-hamburg.de

F. von Rosenberg
Allgemeine Erziehungswissenschaft, Universität Erfurt, Nordhäuser Straße 63,
99089 Erfurt, Deutschland
E-Mail: florian.von_rosenberg@uni-erfurt.de

F. von Rosenberg, A. Geimer (Hrsg.), *Bildung unter Bedingungen kultureller Pluralität*,
DOI 10.1007/978-3-531-19038-9_1, © Springer Fachmedien Wiesbaden 2014

der Mitglieder der sozialen Eliten, die Kunst produzierten und rezipierten. Kultur wird so zu einem „state or process of human perfection" (Williams 2001[1961], S. 57) und dient der Veredelung des Menschen; entsprechend finden wir noch heute die Konnotation von Kulturprogramm als Kunstprogramm in Zeitschriften und Zeitungen, womit Sparten wie Theater, Kino, Museen usw. gefasst sind. Unter anderem durch den Rückgriff auf Herder wurden wertende Differenzierungen in einem anthropologischen Kulturbegriff zurückgenommen, der nur im Plural zu denken ist (vgl. Kramer 1997, S. 50). Kultur bezieht sich demnach auf die symbolischen wie materiellen Grundlagen der Lebensweise sozialer Gruppen: „Im weiteren Gefolge Herders verliert der Kulturbegriff seine wertende, universalistische Orientierung und wird historisiert: Kultur ist keine ausgezeichnete Lebensform mehr, sondern die spezifische Lebensform eines Kollektivs in einer historischen Epoche" (Reckwitz 2008, S. 72).

Infolge der Entnormativierung des Kulturbegriffs können alle sozialen Einheiten prinzipiell auf ihre Kultur hin analysiert werden und es ist heute etwa die Rede von Alltags-, Schul-, Lern-, Organisations- und Populärkultur(en)", welche die Perspektive der Sozial-, Kultur- und Erziehungswissenschaften teilweise erheblich transformiert. Kultur ist als grundlegendes System der Repräsentation (vgl. Hall 1996, 2009) so gewendet kein (Sub)System der Gesellschaft (etwa im Sinne von Parsons), in dem motivationale Antriebsstrukturen über Erziehungs- und Sozialisationsprozesse in Subjekten ausgebildet werden, sondern Kultur ist umfassend und allgegenwärtig; entsprechend fasst Hall unter Kultur sämtliche „systems or codes of meaning" (Hall 1997, S. 209). Diese Sinnuniversen erlauben uns „to interpret meaningfully the actions of others. Taken together they constitute our ‚cultures'. They help to ensure […] that all social practices express or communicate meaning and, in that sense, are ‚signifying practices'" (ebd.). In jüngster Zeit hat insbesondere die Auffassung von Kultur als Praxis (Bourdieu 1979; Taylor 1985; Knorr-Cetina 2002; Schatzki 1996; Reckwitz 2000) eine weite Verbreitung gefunden. Praxistheoretische Ansätze verstehen Kultur als Tun bzw. „Doing Culture" (Hörning und Reuter 2004), wobei Kontexte und Ressourcen dieses Tuns verschieden gefasst werden; insbesondere hinsichtlich der Kopplung makrosozialer (etwa diskursiver, institutioneller, normativer, historischer) Strukturen an mikrosoziale Prozesse der Praxis und lokal-situativen Hervorbringung, Anwendung, Übersetzung oder Enaktierung kultureller und kollektiver Ordnungen. Entsprechend vielfältig sind auch die Positionen in diesem Band, welche Kultur auf unterschiedlichen Ebenen fassen und die unterschiedliche erziehungs- und bildungswissenschaftliche Debatten zum Anlass nehmen, Bildung unter Bedingungen kultureller Pluralität zu denken.

Innerhalb eines erziehungs- und bildungswissenschaftlichen Diskussionszusammenhanges, der sich damals – und teilweise heute noch – als „interkulturell" ausweist, arbeitet Nieke (2008[1995], S. 49) einen Mitte der 1990er Jahre in diesem Diskussionszusammenhang lange nicht selbstverständlichen Kulturbegriff aus, der „nicht identisch mit Sprachgrenzen, Landesgrenzen, oder Grenzen zwischen Völkern oder Volksgruppen" ist. Stattdessen plädiert Nieke (ebd., S. 47), im Sinne des genannten Verständnisses von Kultur als geteiltes Sinnuniversum, aus einer sozialphänomenologischen Perspektive für einen Kulturbegriff, der als „ein System von Symbolen, und zwar nicht irgendwelchen beliebigen, sondern Interpretations-, Ausdrucks- und Orientierungsmustern" verstanden werden kann. Diese und ähnliche Gedankengänge stellen einen Ausgangspunkt für eine reichhaltige Diskussion dar, in der bildungs- und im weiteren Sinne kulturtheoretische Einsatzpunkte auf unterschiedliche Art und Weise verknüpft werden. Auf implizite Wissensmuster abstellend finden sich etwa bei Wittpoth (1994) und später bei Koller (2002b) habitustheoretische Überlegungen zum Zusammenhang von kultureller Pluralität und Bildung, aus einer pragmatistischen Perspektive setzt sich Nohl (2003) mit Bildung und Migration auseinander, stärker reflexionstheoretisch zu verortende Beiträge im Kontext von kultureller Pluralität und Bildung finden sich bei Scherr (2001), Stojanov (2006), Auernheimer (2007) und Messerschmidt (2009), wohingegen die Unverfügbarkeit des Fremden von Autoren wie Wulf (1998), Kokemohr (2007) und Schäfer (2009) betont wird. In den letzten Jahren treten zu den genannten Theorieangeboten auch vermehrt diskurstheoretisch fundierte Arbeiten auf den Plan. Inspiriert durch Arbeiten von Foucault, Butler und den Cultural Studies werden von Koller (2002a, b) und zuletzt Rose (2012) Bildungsprozesse unter Bedingungen kultureller Pluralität vor dem Hintergrund machtanalytischer Fragen thematisiert. Kultur- wie bildungstheoretisch findet sich also in jüngster Zeit ein reiches Spektrum von Möglichkeiten, Verbindungen zwischen Bildung und kultureller Pluralität denken zu können, das in diesem Band ausgelotet werden soll.

In ihrem Beitrag „Zwischenraum: Kultur. ,Bildung' aus kulturwissenschaftlicher Sicht" gehen *Christiane Thompson* und *Kerstin Jergus* der Frage nach, in welcher Weise ein Nachdenken über „Kultur" die systematische Arbeit am Bildungsbegriff zu schärfen vermag. Ausgehend von einer kulturwissenschaftlichen Fundierung reflektieren die Autorinnen den Bildungsbegriff, um seine traditionelle Verbindung zu Konzepten der „Selbstbestimmung" in Frage zu stellen. Während Kultur zunächst aus der Perspektive von „Möglichkeiten und Grenzen" betrachtet wird, thematisieren Thompson und Jergus gängige Bildungstheorien dann ausgehend von der Schwierigkeit der Identifizierung von Bildungsprozessen, um so unter Rückgriff auf kulturwissenschaftliche Überlegungen von Hybridität kategoriale Alternativen zu einer prozesshaften Fassung von Bildung zu suchen.

Arnd-Michael Nohl nimmt in seinem Beitrag Bezug auf bildungs- und kulturtheoretische Ansätze, die sich mit Dingen bzw. Artefakten jenseits ihrer symbolischen Repräsentation und semantischen Codierung beschäftigen. Im Kern seiner
Argumentation, die intentionalistische wie interaktionistische Engführungen des
material turns zu überwinden sucht, steht einerseits der pragmatistische Begriff
der Transaktion, der die Dichotomie von Subjekt und Objekt (sowie tradierte Zu-
rechnungsregeln) auflöst, um beide Seiten in ihren komplexen Bedingungs- und
Ermöglichungsrelationen zu begreifen. Die sozialen Einheiten, die aus Transaktionen hervorgehen, fasst Nohl unter Bezugnahme auf die Wissenssoziologie Karl
Mannheims und dessen Konzept der Kontagion und des konjunktiven Erfahrungs-
raums und leitet daraus sein Konzept konjunktiver Transaktionsräume ab. Diese
lassen sich empirisch untersuchen, wie Nohl anhand von Material illustriert, an
dem deutlich wird, wie sich Lebensorientierungen durch die Einbindung in einen
neuen Transaktionsraum (über Erfahrungen der Befremdung und Praktiken des
Experimentierens) verändern, woraus wiederum neue konjunktive Transaktionsräume entstehen, in denen Akteure strukturell ähnliche Bildungsprozesse erleben.

Ausgehend von der These einer radikalen Kontingenz und Pluralität kultureller Formationen, schlägt *Hans-Christoph Koller* einen Bildungsbegriff vor, indem
weniger die Aneignung einer kulturellen Identität, als vielmehr die Transformation kultureller Orientierungen im Vordergrund steht. Der Roman „Tschick" des
kürzlich verstorbenen Autors Wolfgang Herrndorf bietet ihm die Vorlage, um
aus Perspektive einer erziehungswissenschaftlichen Literaturethnographie einen
Transformationsprozess zu analysieren, der verdeutlicht, dass kulturelle Pluralität
als Potential für Bildungsprozesse nicht nur jenseits nationaler Grenzen und ethnischer Zugehörigkeiten zu finden ist, sondern vor allem auch innerhalb der eigenen
Gesellschaft.

Einen anderen Zugang zum Thema des Sammelbandes wählt *Rainer Kokemohr*,
der anhand eines Bildungsreformprojektes von Mbouo, Bandjoun, Kamerun dokumentiert, wie Überlegungen zur Bildungstheorie, Bildungsethnographie und
Bildungsreform verschmelzen können. In einer äußerst spannenden Reflexion
skizziert Kokemohr, wie aus seinem anfänglichen Interesse an Lernprozessen einer nicht europäischen Gesellschaft ein jahrzehntelanges Engagement entsteht, das
schließlich in der Begleitung einer Universitätsgründung mündet.

In dem Beitrag von *Susanne Gottuck* und *Paul Mecheril* kommt den Cultural
Studies eine zentrale Rolle zu; da der Kulturbegriff hier in Anlehnung an die ideo-
logiekritische Position der Cultural Studies genutzt wird, um Verschränkungen
zwischen Macht und Subjektivität zu denken. Praktiken der Subjektivierung werden so in zweifacher Hinsicht in den Blick genommen, hinsichtlich ihrer Kontextualisierung und Artikulation. Eine Konzeption des Kontexts entwickeln Gottuck/Mecheril

in Anlehnung an Giddens' Strukturierungstheorie und mittels der Unterscheidung zwischen Signifikation, Herrschaft und Legitimation, die Kontexte als hegemoniale Regel-Norm-Ressourcen begreifen bzw. als machtvolle Differenzordnungen (wie Race, Class, Gender) verstehen lässt. Alltägliche Relationen zu diesen Differenzordnungen werden mit dem Konzept der Artikulation nach Hall bzw. Laclau konzipiert, das insofern bildungstheoretisch gewendet wird, als dass vor allem solche artikulativen Praktiken interessieren, in denen sich Akteure unter kritischer oder affirmativer Bezugnahme auf Differenzordnungen ein solches Selbst-, Anderen- und Weltverhältnis zu eigen machen (können), das ein würdevolleres, weniger Gewalt ausübendes/erfahrendes Leben zu versprechen vermag.

Einsetzend bei einer migrationsgesellschaftlichen Perspektive auf Kultur formuliert *Astrid Messerschmidt* in ihrem Beitrag ein Bildungsverständnis, das sich von der Verfügung über das zugeschriebene Fremde verabschiedet und dessen Unverfügbarkeit und Eigensinnigkeit anerkennt. Machttheoretische Gedankengänge aufnehmend problematisiert Messerschmidt Bildungsbegriffe, die mit einem Identitätszwang einhergehen und die zu kulturalisierenden Identifizierung führen. Hieran schließen u. a. kritische Analysen an, wie ‚Kultur' als Diskriminierungsressource genutzt werden kann und welche Horizonte sich öffnen lassen auf dem Weg zu einer kulturalisierungskritischen Bildung.

Jochen Kade und *Siegrid Nolda* widmen sich in ihrem Beitrag der Prozessualität von Bildungsbiografien in einem Längsschnittdesign, wobei sie zu den unterschiedlichen Erhebungszeitpunkten jeweils ein performatives Identitätsverständnis in Anschlag bringen, das Formen des Biografisierens und der entsprechenden Strukturierung von Individualität auf sozialer und temporaler Ebene nachgehen lässt. Der grundlegende Ansatz wird anhand zweier Interviews dargelegt, die jeweils 1984 und 2006 bzw. 2009 geführt worden sind und die sich vor allem auf biografische Übergangsphasen beziehen. Anhand der empirischen Analysen wird deutlich, dass Übergänge nicht stets in linearer Form stattfinden müssen, sondern dass sich eröffnete Bildungsgestalten auch nachträglich und in einem rekursiven Modus (vorerst) schließen können. Ebenso können sich Bildungsgestalten in einem beständigen Spannungsverhältnis von Entwicklung und Erhaltung vollziehen, so dass eine – je nach Lebensphase unterschiedlich erfahrene – Kontinuität des (Anders)Werdens in das individuelle Selbstbild eingeht. Die unterschiedlichen Bildungsgestalten der jeweiligen Fälle werden konkretisiert hinsichtlich sozialer, kontingenter Kontexte, welche die Bildung und Performanz von Individualität erfassen lassen. Der Beitrag führt vor Augen inwiefern Bildung als eine performative Leistung zu verstehen ist, deren vielfältige Ressourcen (etwa hinsichtlich der individuellen Aneignung sozial institutionalisierter Semantiken der Selbstbeschreibung) in Rechnung zu stellen sind.

Juliane Giese und *Jürgen Wittpoth* nehmen sich in ihrem Beitrag das Konzept des selbstgesteuerten und informellen Lernens vor und verstehen dieses als ein Lernen in Lebenswelten. Ihre Frage ist daher, inwiefern die hartnäckige Vertrautheit und notwendige Selbstverständlichkeit der Lebenswelt aufgelöst und hinterfragt werden kann, so dass es zu Bildungsprozessen kommt, in denen sich Akteure innovative Potenziale der Reflexion und Kritik erschließen. Eine wissenssoziologische und bildungswissenschaftliche Kontextuierung der Lebenswelt wird anhand von zwei empirischen Beispielen dargelegt: Szene der Hexen und Umweltaktivisten. In den Analysen der Aneignung und Vermittlung von verschiedenen Wissensformen und unter Berücksichtigung ihrer Funktionen wird deutlich, dass die Haltung der Akteure beider Szenen v. a. auf die Reproduktion derselben ausgerichtet ist; kritisch-reflexive Orientierungen, die zu Bildungsprozessen führen können, sind kaum zu beobachten – vielmehr scheinen die Akteure teils selbst den szenespezifischen Normen nur bedingt nachzukommen. Hinsichtlich der Distinktion ihrer Lebenswelt von anderen findet sich jedoch ein kritisches-reflexives Potenzial, das aufgezeigt wird und dem in weiteren Studien nachgegangen werden soll.

Mit einer Skepsis gegenüber Konzepten von Multi- und Interkulturalität einsetzend, skizziert *Florian von Rosenberg* im Anschluss an kulturtheoretische Überlegungen einer Theorie der Praxis ein Untersuchungsprogramm, das auf die mehrdimensionale und sich überlagernde kulturelle Einbindung von Akteuren und Akteursgruppen abzielt. Bezogen auf empirische Rekonstruktionen wird für die bildungstheoretisch orientierte Biographieforschung eine Forschungsperspektive eröffnet, welche fallübergreifende Strukturen von Bildungsprozessen unter Bedingungen kultureller Pluralität in den Blick nehmen kann.

Der Beitrag von *Alexander Geimer* führt Konzepte der Cultural Studies (hinsichtlich der Gleichzeitigkeit verschiedener kultureller Regulierungsformen sozialer Praxis) und der Governmentality Studies (hinsichtlich der Anleitung der Alltagspraxis durch diskursive Subjektfiguren) im Kontext einer praxeologischen Wissenssoziologie und Bildungsforschung zusammen, wobei sich insbesondere Fragen bezüglich der Relation reflexiver und präreflexiver Wissensbestände zu diskursiven Subjektfiguren ergeben. Aus dieser Perspektive erscheinen (v. a. medial repräsentierte) kulturelle Differenzen kaum als Katalysator für Bildungsprozesse; stattdessen wird anhand empirischen Materials aus dem Bereich der Medien(rezeptions)forschung plausibilisiert, dass etwa kapitalismuskritischen Subjektfiguren eine identitätsbezogene Relevanz zur Distinktion von Anderen und Legitimation der eigenen Alltagspraxis zukommen kann, während die alltägliche Praxis orientierende, habituelle Wissensstrukturen nicht beeinträchtigt werden. Entsprechende Formen einer dissoziativen Aneignung von Subjektfiguren, in denen sich starke Erfahrungen und ein Anstoß von Bildungsprozessen vermeiden lassen, erscheinen vor dem

Hintergrund der zeitgenössischen Signatur der Populär- und Medienkultur eher als Normal- denn als ein Sonderfall.

Zusammen erlauben die Beiträge dieses Bands einen Blick über die Vielfalt der theoretischen Kontextuierungen von und methodologischen Zugänge zu kultureller Pluralität – es sind also verschiedene Ansätze aus der Allgemeinen Erziehungswissenschaft, der Erwachsenenbildung, der Migrationspädagogik und der Medienbildung versammelt, deren bildungs- und kulturtheoretische Rahmungen sich teilweise gegenüberstehen, teilweise einander aber auch ergänzen und wechselseitig differenzieren können. Wir denken, dass durch die vielschichtigen Zugriffe des Bandes die Debatte um Bildung unter den Bedingungen kultureller Pluralität bereichert und fortgeführt wird und danken daher allen Autorinnen und Autoren für ihr Engagement.

Literatur

Auernheimer, Georg. 2007. Interkulturelles Lernen. Ein Aufruf zur pädagogischen Bescheidenheit. In *Pädagogische Theorien des Lernens*, Hrsg. Michael Göhlich, Christoph Wulf, und Jörg Zirfas, 153–162. Weinheim & Basel: Beltz.

Bourdieu, Pierre. 1979. *Entwurf einer Theorie der Praxis*. Frankfurt a. M.: Suhrkamp.

Hall, Stuart. 1996. Signification, representation, ideology. Althusser and the post-structuralist debates. In *Cultural studies and communication*, Hrsg. James Curran, David Morley, und Valerie Walkerdine, 11–34. London u. a.: Arnold.

Hall, Stuart. 1997. The centrality of culture. In *Media and cultural regulation*, Hrsg. Kenneth Thompson. London: Sage.

Hall, Stuart. 2009. The work of representation. In *Representation: Cultural representation and signifying practices*, Hrsg. Stuart Hall, 15–69. London u. a.: Sage.

Hörning, Karl H., und Julia Reuter. 2004. Doing culture. Kultur als Praxis. In *Doing culture. Neue Positionen zum Verhältnis von Kultur und sozialer Praxis*, Hrsg. Karl H. Hörning und Julia Reuter, 7–13. Bielefeld: Transcript.

Knorr Cetina, Karin. 2002. *Wissenskulturen. Ein Vergleich naturwissenschaftlicher Wissensformen*. Frankfurt a. M.: Suhrkamp.

Kokemohr, Rainer. 2007. Bildung als Welt- und Selbstentwurf im Anspruch des Fremden. Eine theoretisch-empirische Annäherung an eine Bildungsprozesstheorie. In *Bildungsprozesse und Fremdheitserfahrungen. Beiträge zu einer Theorie transformativer Bildungsprozesse*, Hrsg. Hans-Christoph Koller, Winfried Marotzki, und Olaf Sanders, 13–68. Bielefeld: Transcript.

Koller, Hans-Christoph. 2002a. Bildung und kulturelle Differenz. Zur Erforschung biographischer Bildungsprozesse von MigrantInnen. In *Biographische Arbeit*, Hrsg. Margret Kraul und Winfred Marotzki, 92–116. Opladen: Budrich.

Koller, Hans-Christoph. 2002b. Bildung und Migration. Bildungstheoretische Überlegungen im Anschluss an Bourdieu und die Cultural Studies. In *Bildung/Transformation. Kulturelle und gesellschaftliche Umbrüche aus bildungstheoretischer Perspektive*, Hrsg. Werner Friedrichs und Olaf Sanders, 181–200. Bielefeld: Transcript.

Kramer, Jürgen. 1997. *British cultural studies.* Stuttgart: UTB.

Messerschmidt, Astrid. 2009. *Weltbilder und Selbstbilder. Bildungsprozesse im Umgang mit Globalisierung, Migration und Zeitgeschichte.* Frankfurt a. M.: Brandes & Apsel.

Moebius, Stephan. 2010. *Kultur. Einführung in die Kultursoziologie.* Bielefeld: Transcript.

Nieke, Wolfgang. 2008 [zuerst 1995]. *Interkulturelle Erziehung und Bildung.* Wiesbaden: Verlag für Sozialwissenschaften.

Nohl, Arnd-Michael. 2003. Interkulturelle Bildungsprozesse im Breakdance. In *HipHop. Globale Kultur-lokale Praktiken,* Hrsg. Jannis Androutsopoulos, 297–321. Bielefeld: Transcript.

Reckwitz, Andreas. 2000. *Die Transformation der Kulturtheorien. Zur Entwicklung eines Theorieprogramms.* Weilerswist: Velbrück.

Reckwitz, Andreas. 2008. *Subjekt.* Bielefeld: Transcript.

Rose, Nadine. 2012. *Migration als Bildungsherausforderung. Subjektivierung und Diskriminierung im Spiegel von Migrationsbiographien.* Bielefeld: Transcript.

Schäfer, Alfred. 2009. Bildende Fremdheit. In *Wie ist Bildung möglich?* Hrsg. Lothar Wigger. Bad Heilbrunn: Klinkhardt.

Schatzki, Theodore R. 1996. *Social practices. A Wittgensteinian approach to human activity and the social.* Cambridge: Cambridge University Press.

Scherr, Albert. 2001. Interkulturelle Bildung als Befähigung zu einem reflexiven Umgang mit kulturellen Einbettungen. *Neue Praxis* 4:347–357. (Neuwied).

Stojanov, Krassimir. 2006. *Bildung und Anerkennung. Soziale Voraussetzungen von Selbst-Entwicklung und Welt-Erschließung.* Wiesbaden: Verlag für Sozialwissenschaften.

Taylor, Charles, 1985: Self-interpreting animals. In *Human Agency and Language. Philosophical papers 1,* Hrsg. Ders., Cambridge: University Press, 45–76.

Williams, Raymond 2001[1961]. *The long revolution.* Ontario: Broadview.

Wittpoth, Jürgen. 1994. *Rahmungen und Spielräume des Selbst. Ein Beitrag zur Theorie der Erwachsenensozialisation im Anschluss an George H. Mead und Pierre Bourdieu.* Frankfurt a. M.: Disterweg.

Wulf, Christoph. 1998. Bildung als interkulturelle Aufgabe. In *Deutsche Gegenwartspädagogik. Interdisziplinäre Verflechtung. Intradisziplinäre Differenzierung,* Hrsg. Michele Borrelli und Jörg Ruhloff, Bd. 3. 41–55. Hohengehren: Schneider.

Zwischenraum Kultur „Bildung" aus kulturwissenschaftlicher Sicht

Christiane Thompson und Kerstin Jergus

Ralf Konersmann hat einmal die These geäußert, dass die häufig beobachtete und beklagte Unschärfe des Kulturbegriffs diesem unveräußerlich sei (Konersmann 1996/2004, S. 327). Eine solche These wirft die Frage auf, in welcher Weise ein Nachdenken über „Kultur" die systematische Arbeit am Bildungsbegriff zu *schärfen* vermag: In welcher Weise kann eine kulturwissenschaftliche Perspektive bildungstheoretisch fruchtbar gemacht werden, wenn „Kultur" auf einen schillernden Zwischenraum verweist und eindeutige Positionierungen fraglich werden? Oder ist es gerade dieser Verweis auf die Unschärfe der Kultur, die als bildungstheoretisch bedeutsam anzusehen ist?

In der bildungsphilosophischen Theorietradition ist das Verhältnis von „Bildung" und „Kultur" zugleich als eng und als problemgeladen wahrgenommen worden. Schiller, der von zwei grundsätzlich verschiedenen und *gegenstrebigen* Trieben im menschlichen Wesen, dem sinnlich ausgerichteten Stofftrieb und dem vernunftorientierten Formtrieb, ausging, wies der Kultur die herausfordernde Aufgabe zu, beide Triebe je zu ihrem Recht kommen zu lassen, um so Bildung zu ermöglichen (Schiller 1983). Adorno hat in seiner „Theorie der Halbbildung" das problematische Verhältnis von „Bildung" und „Kultur" mit dem Konzept des „Doppelcharakters" der Kultur beschrieben. Der Doppelcharakter fasst die widersprüchliche Funktion von Emanzipation und Anpassung der Kultur, der geschichtlich und systematisch

C. Thompson (✉) · K. Jergus
Institut für Allgemeine Erziehungswissenschaft, Goethe-Universität Frankfurt/M.,
Campus Westend, Grüneburgplatz 1, PEG, 60323 Frankfurt/M., Deutschland
E-Mail: c.thompson@em.uni-frankfurt.de

K. Jergus
Institut für Pädagogik, Martin-Luther-Universität Halle-Wittenberg,
Franckeplatz 1, Haus 4, 06110 Halle, Deutschland
E-Mail: kerstin.jergus@paedagogik.uni-halle.de

F. von Rosenberg, A. Geimer (Hrsg.), *Bildung unter Bedingungen kultureller Pluralität*, 9
DOI 10.1007/978-3-531-19038-9_2, © Springer Fachmedien Wiesbaden 2014

den Verfall der Bildung impliziert (Adorno 2003; vgl. Thompson 2009). Sowohl für Schiller als auch für Adorno stellt die Kultur den Ermöglichungsort der Bildung dar und zugleich ist sie auch der Ort der Umkehrung oder des Verfalls von Bildung.

Wenn gegenwärtig „Kultur" als Bewegung der „Übertragung" und „Überset-zung" gefasst wird, so wie dies unter anderem Konersmann unter Bezugnahme auf die „Metapher" tut (Konersmann 1996/2004, S. 327), so stellt sich die Frage, auf welche Weise die Diskussion über das Verhältnis von „Kultur" und „Bildung" in der Bildungstheorie fortgesetzt wird. Auf welche Weise werden kulturelle Prozesse mit „Bildung" in Verbindung gebracht und wie lässt sich im Lichte kulturwissenschaft-licher Reflexionen die systematische Rahmung von „Bildung" fassen? Diesen Fra-gen gehen wir im vorliegenden Beitrag nach, indem wir auf der Grundlage kultur-wissenschaftlicher Ansätze die kategoriale Struktur von „Bildung" reflektieren und Letztere bezogen auf die Selbstbestimmung in der kulturellen Praxis überdenken.

Im ersten Teil unseres Beitrags stellen wir verschiedene kulturwissenschaftliche Ansätze vor, die die Bestimmung der „Kultur" mit ihren Grenzen in Verbindung bringt (1.). Im zweiten Teil untersuchen wir zwei zentrale Denkfiguren der Bildungs-theorie und zeigen an ihnen die Tendenz und Strategien auf, den Gedanken der Grenzüberschreitung in Kultur zu neutralisieren (2.). Wir fragen anschließend nach Möglichkeiten einer empirischen Erforschung von „Bildung", die sich nicht an der Identifizierbarkeit von Bildungsprozessen orientiert (3.), und kommen im Schluss-teil zu einer Zusammenfassung und Einschätzung, worin das Potenzial und die He-rausforderung einer kulturwissenschaftlichen Perspektive auf „Bildung" liegt (4.).

1   Kultur als Möglichkeit und Grenze

Kulturwissenschaftliche Ansätze sprechen nicht einfach von Unterschieden (als quasi-natürlichen Gegebenheiten), sondern betrachten, wie Differenzen soziale bzw. kulturelle Praktiken dimensionieren, wie sie wirksam werden oder auch sich verändern – und vice versa. Diese Dimensionierungen durch Differenz werden aber je nach der Vorstellung von Ordnungsbildung in der kulturellen Praxis unterschied-lich gefasst. Im Folgenden diskutieren wir einige jüngere kulturwissenschaftliche Beiträge im Hinblick auf ihre unterschiedliche Fassung von Kultur als Möglichkeit und Grenze (Reckwitz 2006; Hörning und Reuter 2004; Reuter 2004; Hetzel 2002).

In seinen kulturtheoretischen Untersuchungen vollzieht der Soziologe Andreas Reckwitz eine Bewegung „vom Homogenitätsmodell der Kultur zum Modell kul-tureller Interferenzen und interpretativer Unterbestimmtheiten", um eine ange-messene Beschreibung des Phänomens kultureller Dynamik zu liefern (vgl. Reck-witz 2006, S. 617 ff.). Mit dem Konzept „kulturelle Interferenz" fasst Reckwitz die Möglichkeit interpretativer Mehrdeutigkeiten in der kulturellen Praxis, wobei diese Mehrdeutigkeit über die „simultane mentale Existenz inkompatibler Sinnsysteme" erläutert wird (ebd., S. 638). Nach Auffassung von Reckwitz entstehen kulturelle

Dynamiken und Überschreitungen also durch die an Praktiken partizipierenden Akteure und Akteurinnen, die auf alternative kulturelle Schemata bzw. Sinnzusammenhänge zurückgreifen.[1] An anderer Stelle heißt es dazu: „Kulturelle Interferenzen können nur dann eine für den kulturwissenschaftlichen Interpreten ‚verständliche' kulturelle Dynamik bewirken, wenn sie sich im subjektiven Sinnhorizont der Akteure in von ihnen so wahrgenommenen Situationen der Mehrdeutigkeit umsetzen oder wenn sie in subjektiv so wahrgenommenen Situationen interpretativer Unbestimmtheit einen Vorrat an Sinnoptionen liefern" (ebd., S. 640). Reckwitz' Perspektivierung „kultureller Interferenzen" ist an dieser Stelle darauf ausgerichtet, praxistheoretisch kulturellen Wandel und Innovation als Möglichkeit zu erläutern, ohne dabei eine *generelle* Mehrdeutigkeit bzw. Konkurrenz von kulturellen Schemata zu postulieren (ebd., S. 641).

Die KulturwissenschaftlerInnen Karl H. Hörning und Julia Reuter setzen bei ihren Überlegungen anders an: Sie fassen Kultur nicht über die den Akteuren und Akteurinnen verfügbaren kulturellen Schemata, sondern ausgehend von ihrem „praktischen Vollzug" (Hörning und Reuter 2004, S. 10), wie sich auch im Titel ihres Bandes anzeigt: „Doing Culture". Sie heben damit hervor, dass Kultur zwar auf Ordnungsbildungen bezogen ist, dass jedoch diese „kulturellen Ordnungen nicht zwangsläufig ‚ordentlich' praktiziert werden" (ebd., S. 12). Diese Äußerung erläutern sie vor allem im Zusammenhang der Einsicht in die Kontingenz kultureller Ordnungen, welche nicht durch einheitliche Bedeutungen, Konventionen oder Wissensordnungen verbürgt werden können (vgl. ebd., S. 11). Vor allem im Anschluss an Ansätze der *Cultural Studies* und *Postcolonial Studies* hebt Reuter den differenziellen Charakter kulturellen Sinns hervor: Kultur kommt als „Ort der Grenzüberschreitung" in den Blick (Reuter 2004, S. 243), da sich das So-Sein kulturellen Sinns nicht einfach feststellen lässt, sondern als und in nebeneinander bestehende(n) Referenzzusammenhänge(n) lokaler und globaler Natur existieren. Die Verabschiedung eines „homogenisierenden Kulturmodell[s]" (ebd., S. 241) impliziert nach Reuter ein Verständnis von Differenzen, welches binäre Dichotomisierungen und die Eindeutigkeit von Zuordnungen in Frage stellt.[2]

---

[1] Uns geht es in diesem Zusammenhang vorrangig um die jeweiligen systematischen Fassungen von ‚Kultur'. Dass der Status der Akteurinnen und Akteure (auch in Reckwitz' Schriften) innerhalb der Theoriearchitektur changiert, können wir an dieser Stelle nicht weiter verfolgen (vgl. Reckwitz 2008b, S. 85). Als wichtige Aufgabe erscheint uns indes, dass die Fassung des Kulturellen in Praxistheorie und Kultursoziologie generell genauer analysiert wird (darunter auch das Konzept des Multikulturalismus bei Reckwitz 2008b). Zur Problematisierung des Verhältnisses von Praktiken und Akteurschaft vgl. im übrigen Hirschauer 2004.

[2] Es wäre unseres Erachtens wichtig, die wissenssoziologischen Hintergrundannahmen praxeologischer Ansätze kritisch zu sichten und zu diskutieren. In gleicher Weise wäre die Frage aufzunehmen, wie die Machtverwobenheit im Kulturellen systematisch Beachtung finden kann.

Während Reuter die Hybridisierungen der kulturellen Praxis als Zusammenhang von Lokalität und Globalität diskutiert, generalisiert der Philosoph Andreas Hetzel die Hybridität des Kulturellen, indem er Kultur allgemein als „Praxis der Selbstunterscheidung" (Hetzel 2002, S. 9) bestimmt. Diese Praxis der Selbstunterscheidung richtet sich darauf, dass die kulturelle Praxis in ihrem Vollzug immer auch die Referenzen und Gehalte transformiert, auf die sie sich bezieht: „Statt einfach nur vom Archiv determiniert zu werden, greift kulturelle Praxis als je individuelle immer auch transformierend ins Archiv ein. Mit jeder Form von Praxis, die nicht einfach dem Regelsystem des Archivs folgt, sondern mit den Archivalien etwas anstellt, was nicht schon im Möglichkeitshorizont des Archivs beschlossen liegt, beginnt Kultur" (ebd., S. 13 f.).

Hetzel radikalisiert folglich gegenüber Reckwitz und Hörning/Reuter den Kulturbegriff, indem er den Gedanken einer Prozessualität durch den Rekurs auf eine uneinholbare Medialität des Kulturellen durchkreuzt. Konzepte wie „Hybridisierung", auf das auch Reuter sich bezieht, erhalten bei Hetzel einen *grundsätzlichen* Status. Sie werden nicht als Effekt, als Begleiterscheinung oder als ‚Ausnahme' dargestellt,[3] sondern als (unmöglicher) Grund des Kulturellen diskutiert, von dem her Ordnungen wie etwa Homogenisierungen oder Naturalisierungen ihr Movens erhalten wie durch die grundsätzliche Differenzialität stets auch unterlaufen werden. Die von Hetzel ausgeführte Dimension der Differenzialität lässt sich im postkolonialen Kontext sehr gut verdeutlichen: Ein Blick auf Homi Bhabhas Überlegungen zur Hybridität ist für das Nachdenken über die Medialität des Kulturellen weiterführend.

In „The Location of Culture" (1994) diskutiert Homi Bhabha die „Hybridität" als Begriff, mit dem eben „die selbst befremdende Grenze" der Kultur herausgearbeitet werden kann (Bhabha in Rutherford 1990, S. 210). Gegenüber dem „Multikulturalismus", der auf eine bloße Gegebenheit, ein Nebeneinander kultureller Entitäten rekurriert, bezeichnet Hybridität in einem geteilten Lebensraum von Menschen mit unterschiedlicher/n Geschichte/n eine Überlappung oder Verschränkung von Sinnbezügen, so dass Bedeutungswahrung und Bedeutungsverschiebung im Kulturellen ineinandergreifen.

Ein für den Begriff der „Hybridität" erhellendes Beispiel sind Bhabhas Ausführungen über die missionarische Praxis in Indien (Bhabha 1994, S. 145 ff.). Die Bibel, die einerseits Inbegriff kolonialer Herrschaft gewesen ist (denn sie zielte auf die Zerstörung der Religion und Kultur der Einheimischen), erweist sich ande-

---

[3] Man kann dies auch mit dem Hinweis umschreiben, dass sich damit die Problematisierungsebene ändert: Statt – wie dies häufig in praxeologischen Ansätzen (bei Reckwitz und Hörning/Reuter gleichermaßen) geschieht – zu fragen, wie Veränderung trotz der Beharrungskräfte des Sozialen möglich wird, entsteht bei Hetzel die Frage, wie trotz einer grundlegenden Differenzialität Strukturierungen und Ordnungen etabliert werden.

rerseits in ihrer Überlieferung bzw. Verwendung als Schwachstelle des kolonialen Diskurses, dadurch, dass die Auseinandersetzung mit ihr Anlass für kritische Rückfragen seitens der Kolonisierten wird. Das Beispiel verdeutlicht nicht nur eine Verschiebung bzw. die Unterbrechung von Autoritäten und Machtformationen; es zeigt auch (in Bezugnahme auf die „Bibel") die Verunsicherung einer sicheren Sortierung von Eigenem und Fremdem, von Kolonisatoren und Kolonisierten.

Bhabha fasst demnach mit „Hybridität" ein Phänomen, das sich auf der Grundlage einer Aushöhlung der dominanten Deutung, ihrer Übersetzung und Verschiebung vollzieht, für das aber keine „einfache Empirie" oder „Formel", kein „System" angegeben werden kann (Hetzel 2002, S. 17). Die Differenzen im Kulturellen liegen nicht auf einer Ebene, sondern bringen einen so genannten ,dritten Raum' hervor: Die einzelnen Differenzen verflechten sich und verweisen in einer Art aufeinander, dass sie keinem kohärenten Zusammenhang – wie etwa Nation, Subjekt oder Identität – mehr zugeordnet werden könnten. Vielmehr wird deutlich, dass der hybride Raum einen Zwischen-Raum bzw. einen Raum der Übersetzung darstellt, in welchem die Bezüge allererst vollzogen werden müssen. Wie beispielsweise die Relationen von eigen-fremd oder herrschend-beherrscht in ein Verhältnis gesetzt werden, wie diese sich untereinander verknüpfen und wie diese Verknüpfungen Ausschlüsse produzieren – all dies ereignet sich in einem Zwischen, als „Un-eins-Sein der Kultur", wie Hetzel mit Düttmann sagt (Hetzel 2002, S. 13; Düttmann 1997, S. 78). An Bhabhas Beispiel zeigt sich die Machtverwobenheit des Kulturellen in Transformationen und Translationen.

Es hat sich ansatzweise gezeigt, dass sich in der gegenwärtigen Landschaft kulturwissenschaftlicher Ansätze – trotz Aufnahme ähnlicher oder sogar gleicher Begriffe – dennoch sehr unterschiedliche Beschreibungen von Kultur als Differenz ergeben. Je nachdem, ob diese Prozesse über alternative kulturelle Schemata, über praktische Vollzüge im Spannungsfeld von Lokalität und Globalität oder über eine Bewegung der Selbstbefremdung der Kultur beschrieben werden, ändert sich der Sinn der Transformation im Kulturellen. Die Radikalisierung des Kulturbegriffs, wie Hetzel sie unternimmt, sensibilisiert dafür, wie die Herangehensweisen von Reckwitz und Reuter Referenzen stiften, welche kulturelle Transformationen als geregelte Prozesse greifbar machen.

Ganz in diesem Sinne wollen wir im Folgenden anschließend an Hetzels Radikalisierung des Kulturbegriffs bildungstheoretische Denkfiguren analysieren: Zu untersuchen ist, dass und wie gegenwärtige Thematisierungen von „Bildung" von der Annahme eines geregelten Prozesses von „Bildung" ausgehen, die der „Kultur als Grenzüberschreitung" ihren Stachel nehmen. Die Neutralisierung dieses Stachels der Kultur gilt es auch zu untersuchen angesichts des Anspruchs aktueller Bildungstheorie, Essentialisierungen von Kultur und Bildung längst überschritten zu haben (vgl. hierzu Schäfer 1996).

Nach unserer Auffassung trifft sich eine an Hetzel anschließende kulturwissenschaftliche Herangehensweise mit einer Dezentrierung von „Bildung" als prozes-
sualem Geschehen: Im Folgenden werden wir in einem radikalisierten Grenzgang
das Problem der Identifizierbarkeit von „Bildungsprozessen" aufwerfen, wodurch
zugleich ein Grundproblem des Verhältnisses von Bildungstheorie und Bildungsforschung angesprochen ist.[4]

Bevor wir gegenwärtig bestimmende Denkfiguren von Bildung und ihre pro-
zesslogische Struktur herausarbeiten, werden wir ausgehend von einer Äußerung
Humboldts einführend eine „systematische Miniatur" des Bildungsgedankens
skizzieren. Eine Problematisierung gegenwärtiger Denkfiguren von Bildung unter
Rückgriff auf den Gedanken der Hybridität eröffnet den Horizont eines Bildungs-
denkens, das sich an „Bildung" über die Konstitution eines produktiven „Zwischen" annähert. Dies zeigen wir an zwei Beispielen aus der qualitativen Bildungsforschung (3.), aber auch im Zusammenhang einer weiterführenden Begriffsarbeit
(4.).

2   „Bildung" als Grenzgang

Dass „Bildung" als eine Veränderung des Verhältnisses des Selbst zu sich, zu anderen und zur Welt begriffen werden kann (so zuletzt Koller 2012), stellt gegenwärtig eine ‚bildungstheoretische Konsensformel' dar. Angesprochen ist damit, dass
Bildung – anders als Lernen (vgl. u. a. Marotzki 1990) – nicht lediglich Steigerung
und Ergänzung einer Welt- und Selbsterschließung meint, sondern dass damit eine
grundlegende Veränderung bezeichnet ist, sich auf sich selbst und die Welt zu beziehen. Für die systematische Beschreibung einer solchen grundlegenden Veränderung
ist ein kurzer Rekurs auf das so genannte Bildungsfragment Humboldts hilfreich.[5]

Eine der bekanntesten Äußerungen in der im Nachhinein so bezeichneten
„Theorie der Bildung des Menschen" ist, dass „Bildung" im Zusammenhang einer
allgemeinsten, regesten und freiesten Wechselwirkung von Ich und Welt zu verstehen ist (Humboldt 2002, I S. 235 f.). Diese Bemerkung lässt sich erstens als
Wendung gegen Verzweckungen von „Bildung" lesen; sie impliziert zweitens eine

---

[4] Die Angabe einiger Titel von Arbeiten der letzten Jahre mag das exemplarisch belegen:
„Das Mögliche identifizieren?" (Koller 2006), „Annäherung an eine Empirie des Unzugänglichen" (Schäfer 2006) oder „Wie ist Bildung möglich?" (Wigger 2009).

[5] Wir gehen hier aus Gründen einer knappen Einführung des Bildungsgedankens auf Humboldt ein, weisen aber zugleich darauf hin, dass sich die bildungstheoretische Lektüre Humboldts stark erweitert hat durch den Einbezug von dessen sprachwissenschaftlichen Studien
(vgl. z. B. Poenitsch 1992; Koller 1999). Witte (2010) kritisiert die Rezeption des Bildungs-
fragments unter Ausschluss der bildungspolitischen Überlegungen Humboldts.

Dezentrierung des Ich, dessen Kräfte ohne etwas, an dem sie ansetzen könnten, nicht präsent bzw. aktiv werden könnten. An der Bemerkung Humboldts wird drittens auch nachvollziehbar, dass Bildung hier nur als Bildungsbewegung verständlich werden kann: Weil die Kräfte sich nicht in der jeweiligen Wechselwirkung von Ich und Welt erschöpfen und weil sich die Welt nicht in dem Anblick erschöpft, den diese dem Ich bietet, verweist die Auseinandersetzung von Ich und Welt immer über sich hinaus.

In den Fokus kann damit eine Entzogenheit, ein Nicht-Kennen von Ich und Welt treten. Das Ich lebt in der möglichen Erkenntnis und Identität – und zugleich impliziert diese Möglichkeit einen dauerhaften Aufschub von Erkenntnis und Identität (Meyer-Drawe 1998, 2007). Diese bildungstheoretisch vielbeachtete und vieldiskutierte Figur einer ambivalenten Doppelstruktur von Bildung verknüpft Entzogenheit und Erfüllung des Selbst in der Welterschließung auf eine grundsätzliche und herausfordernde Weise. Wie aber wird nun in bildungstheoretischen bzw. pädagogischen Erörterungen oder in empirischen Studien diese Doppelstruktur gefasst? Wie wird „Bildung" konkret beschrieben?

Wir diskutieren zwei Ausrichtungen bzw. Denkfiguren, an denen der Bildungsgedanke (in leichten Variationen) immer wieder ausgeführt wird: Der eine Gedanke ist an der Semantik von Problem und Problemlösung orientiert („Bildung als Problemlösung oder Krisenbewältigung"), während der andere Gedanke auf eine Negativität im Erfahren rekurriert („Bildung als Negativität"). Die folgenden Ausführungen dürfen nicht als Generalkritik einzelner Ansätze missverstanden werden. Über die unterschiedlichen (elaborierten) bildungstheoretischen und anderen pädagogisch orientierten Ansätze hinweg interessieren wir uns für kategoriale Weichenstellungen, welche eine *Sprechweise* ermöglichen, den Vollzug von „Bildung" systematisch und empirisch in Anspruch zu nehmen.

Bildungs- und Lernprozesse werden generell in einen engen Zusammenhang mit subjektiven Relevanzen gestellt und dies schließt in besonderer Weise auch die Denkfigur ein, dass diese Prozesse als Antwort oder mit Bezug auf eine (individuelle) Problemstellung gesehen werden. Ungeachtet der Frage, ob es um ein ‚Lernen über den Lebenslauf', die ‚Erfahrung einer Krise', ein ‚subjektives Handlungsproblem' oder eine ‚Bildungsherausforderung' geht: Bildung (oder Lernen, Transformation etc.) meint eine Erschließung veränderter Handlungsressourcen, welche das Individuum über seine vormalige Handlungssituationen und Selbstverständigungen hinausführen.

In seinem kürzlich erschienenen Buch „Bildung anders denken" fasst Hans-Christoph Koller diese Denkfigur folgendermaßen: Bildung besteht „in einer grundlegenden Veränderung der Art und Weise [...], in der Menschen sich zur Welt, zu anderen und zu sich selbst verhalten, und dass solche Prozesse ausgelöst werden, wenn Menschen sich neuen Problemlagen gegenübersehen, zu deren Bewältigung ihre bisherigen Mittel und Möglichkeiten nicht ausreichen" (Koller 2012: Klappentext, vgl. auch S. 16 ff., 77). Hier gewinnt die Prozessualität von „Bildung" ihre Struktur durch das „Vorhanden-sein" eines Problems in der Auseinandersetzung von Ich und Welt. Die für die Bewältigungsmöglichkeit notwendige Veränderung wird zum Maß für die „Erkennbarkeit" von „Bildung".

Eine anders angelegte Denkfigur von „Bildung" setzt bei der „Negativität im Erfahren" an (vgl. allgemein zur Negativität: Benner 2005). „Bildung" wird hierbei als Enttäuschung und Negation dessen gefasst, was zuvor als richtig oder selbstverständlich gesehen wurde. Exemplarisch kann die hermeneutische Bildungslehre von Günther Buck angeführt werden: Buck begreift Bildung im Sinne einer Enttäuschungserfahrung, die nicht nur Erfahrungsgehalte, sondern gerade auch die Art und Weise des Erfahrens wie auch die an die Erfahrung gerichtete subjektive Erwartung verändert (vgl. Buck 1981, S. 47 ff.). Mit der Enttäuschung des Erwarteten ist eine Negation verbunden, welche eine Verschiebung im Erfahren impliziert. Das folgende Beispiel ist für die Konkretisierung der Denkfigur hilfreich: Ein sich als „tolerant" verstehendes Individuum erfährt sich entgegen seiner Erwartung in einer Situation in dieser Haltung als herablassend und gleichgültig, so dass durch diesen ‚Widerspruch' die eigene Haltung in Bewegung gerät. Im Rahmen einer solchen Erfahrung erfährt das Ich eine Negation seines Selbst-Welt-Verhältnisses, dessen Orientierung sich auf der Grundlage der Negation wandelt. Das Erfahren stellt sich auf eine neue Grundlage. Bei einer solchen Verschiebung der Erfahrungsordnung verändern sich beispielsweise die Schwellen der Aufmerksamkeit, aber auch die Maßstäbe für Werturteile und Rationalitätskonstruktionen. Der Erfahrungsbegriff steht demnach in umgreifender Weise für die Selbst-Welt-Verständigungen der Individuen.

Beide hier – in ihren theoretischen Anlagen und daraus folgenden Konsequenzen für das Bildungsdenken sehr differierenden Sprechweisen über „Bildungsprozesse" – Bildung als „Problemlösung" und als „Negativität im Erfahren" – zehren jedoch gleichermaßen von einer Logik des Übergangs, in der sich Kontinuität und Diskontinuität verschränken. Die Prozesslogik von Bildung wird von einem Bruch markiert, woraufhin sich eine Neuorientierung des Ich vollzieht. Zugleich müssen beide Denkfiguren eine Kontinuitätsannahme machen, die ermöglicht, das Vorher und Nachher im Prozess einander verbindlich zuzuordnen. Bei der Denkfigur der Problemlösung vollzieht sich diese Abstimmung über die Korrelation von Problem bzw. Krise und dessen bzw. deren Bewältigung. Im zweiten Fall liegt diese in der bestimmten Negation (im Beispiel: der Nicht-Toleranz), die eine Öffnung mit Blick auf das heraufbeschwört, was bisher akzeptiert und selbstverständlich war.

Die Frage nach den problematischen kategorialen Implikationen der beiden Denkfiguren zielt – wie bereits gesagt – nicht auf eine Generalkritik oder sogar der Verabschiedung dieser Figuren im Bildungsdenken. Vielmehr sind die in diesen Denkfiguren impliziten Vorannahmen zu explizieren und auf ihre systematischen

Grenzen hin zu befragen. Die Denkfigur von „Bildung als Problemlösung" erfordert insbesondere, nach der Identifizierbarkeit von Problem und Lösung für ein betroffenes Individuum zu fragen. Wichtig ist in diesem Zusammenhang, dass die Frage, wer welches Problem hat, generell sozial umstritten ist – ebenso wie die Bedeutung eines Problems für das betroffene Individuum.[6] Mit der Identifikation von Problemlösungen und Krisenbewältigungen sind des Weiteren immer auch Schließungen und damit mögliche Vereinseitigungen hinsichtlich der Bedeutungszusammenhänge verknüpft, die den Problembestimmungen zu Grunde liegen. Verlauf und Bewältigung stehen in der Verfügung eines Subjekts, das sich in einer souveränen Position gegenüber vormals herausfordernden Handlungssituationen wähnt.

Mit Blick auf „Bildung als Negativität im Erfahren" gehen wir ebenfalls von der Schwierigkeit der Identifizierung aus. Im Falle der Bildungslehre Günther Bucks wird die Identifizierung durch den Zusammenhang von Erwartung und Enttäuschung in der Erfahrung gestiftet: Auf diese Weise wird eine „bestimmte Negation" und die Relevanz einer bildenden Erfahrung verbindlich, wie z. B. in der Erfahrung der Nicht-Toleranz; denn hier erfährt der Erfahrende die Intoleranz seiner Toleranz, die ihre Bedeutung dahingehend entfaltet, möglicherweise nach einer anderen Toleranz für sich zu suchen. Auch wenn die negative Erfahrung der Toleranz nicht sogleich positiv überwunden wird, stellt sich die Negativität als gelungene Vermittlung von Erfahrungsordnungen des Vorher und Nachher dar.[7]

Zusammenfassend lässt sich formulieren, dass die Bezugnahme auf Bildung als „Problemlösung" eine Tendenz der *Dramatisierung* von „Bildung" enthält; denn hier werden mit Problem und Lösung zwei Relata bestimmt, die in ihrer subjektiven Bedeutsamkeit für das Leben des Einzelnen aufgewertet werden und zugleich mit der Vorstellung einer sich einstellenden Souveränität des Handelns gegenüber

---

[6] Alexander Kluge und Dirk Baecker (2003) haben auf den „Nutzen" ungelöster Probleme hingewiesen.

[7] Es sei hinzugefügt, dass es unterschiedliche Umgangsweisen mit dem Theorem der Negativität im Bildungsprozess gibt: Die phänomenologisch gestützte und handlungshermeneutisch gefasste Vorstellung von Negativität im Bildungsprozess ist bei Buck sicherlich anders angelegt als die „bestimmte Negation" im Anschluss an Adorno (vgl. Schäfer 2004; Thompson 2009). Mit Blick auf die Identifizierbarkeit von Bildungsprozessen sei außerdem auf die Überlegungen von Michael Wimmer (2007) hingewiesen, der nach dem Status des Bruchs im Prozessdenken fragt: Wenn dieser Bruch so radikal different sei, dass er eine ‚grundlegende' Veränderung anstößt, dann ist zu fragen, wie sich der Bruch zum Prozess verhält. Er sei dann eben nicht als kontinuierlicher Punkt innerhalb eines Verlaufs zu konzipieren, denn er unterbricht den Verlauf. Diese Diskontinuität wiederum verunmöglicht eine Integration des Bruchs in den Prozess – beide bleiben sich konstitutiv unverfügbar. Was also einerseits den Bildungsprozess ermöglicht, verunmöglicht zugleich die Rede von Bildung als einem Prozess. Dieser Gedankengang korrespondiert mit der poststrukturalistischen Einsicht in die unmögliche Strukturalität von Struktur, wie sie sich an verschiedenen Ansätzen bei Derrida, Butler oder auch Lacan nachvollziehen ließe.

dem ,Problem' einhergehen. „Bildung" erscheint dabei als rettender Anker für die Probleme, die sich dem Individuum stellen.

Bildung als „Negativität im Erfahren" zu verstehen impliziert demgegenüber die Neigung zu einer *Monumentalisierung* von „Bildung"; denn auf der Grundlage der bestimmten Negation, der Verwiesenheit von Erfahrungserwartung und -enttäuschung wird das Ich verbindlich und untrennbar mit einer Bildungsgeschichte verknüpft. „Bildung" erscheint in diesem Zusammenhang als Medium, in dem sich eine Bewegung des Ich im Widerstreit von Positionen artikulieren kann. Dramatisierung und Monumentalisierung stehen für zwei verschiedene kategoriale Signaturen von Bildung: für Arten und Weisen, wie die Prozessualität von Bildung systematisch zu denken ist. An dieser Stelle kann danach gefragt werden, ob es denkbar ist, dass in Bildungsprozessen diese Prozesse selbst eine Befremdung erfahren: dass die Neigung, uns auf Probleme hin zu verstehen, als Problem erscheinen kann oder dass der Versuch einer Selbstpositionierung zwischen Toleranz und Intoleranz nicht befremdet davon wird, dass wir trotz Enttäuschungserfahrung die Praxis einer bestimmenden Selbstpositionierung *fortsetzen.*

Nach dem Blick auf diese kategorialen Ausgestaltungen von „Bildung" als Prozess stellt sich uns die Frage, ob es kategoriale Alternativen zur Prozessualität von Bildung über die Problembestimmung und -bewältigung einerseits und über die Bestimmung von Negativität andererseits gibt. Könnte ein kulturwissenschaftlicher Einsatz für eine Dezentrierung und Problematisierung subjektiver Verfügung produktiv werden, ohne doch den tragenden Gedanken möglicher Veränderung und Verschiebung von Selbst- und Weltverhältnissen aufzugeben? Wie lassen sich unter der Bestimmung von Kultur als „Sichunterscheiden" (Hetzel) und dem Begriff der Hybridität nach Bhabha andere kategoriale Fassungen von Bildung entwickeln? Im Folgenden wollen wir zwei Ansätze der qualitativen Bildungsforschung aufnehmen, welche in der empirischen Erforschung von Bildungsprozessen gerade die Identifizierbarkeit von „Bildung" problematisieren. Wir gehen im Folgenden kurz auf die Bildungsprozesstheorie Rainer Kokemohrs (2007) und auf Alfred Schäfers Studie zur Bildungsmöglichkeit durch Fernreisen (2011a, b) ein. Beide Studien pointieren wir im Hinblick auf ihr Design, ihre Herangehensweise an „Bildung" und ihre Ergebnisse.

3 Bildungsforschung unter dem Problem der Identifizierung

Nachdem wir im zweiten Teil gegenwärtige kategoriale Strukturen von „Bildung", welche auf die Kohärenz eines Prozesses setzen, hinterfragt haben, wenden wir uns nun der empirischen Erforschung von „Bildung" zu und betrachten, wie dort mit der Identifizierung von „Bildung" umgegangen wird. Da sich aus systematischer

Sicht bereits Kohärenzannahmen des Individuums bzw. des sich bildenden Subjekts als problematisch erwiesen haben, verdient die Übersetzung von „Bildung" in eine empirische Erhebung eine besondere Aufmerksamkeit.

Wir wenden uns zunächst Rainer Kokemohrs Beitrag zu einer Bildungsprozesstheorie zu, den er im Jahr 2007 vorgelegt hat. Der Beitrag – nach Kokemohr *work in progress* – stellt sich von Anfang an dem Anspruch, das Bildungsproblem abseits von regulierenden Dichotomisierungen zu fassen: Das sind bei Kokemohr (in ähnlicher Weise aber auch bei Schäfer) „eigen" und „fremd" in der Situation einer ‚interkulturellen'[8] Auseinandersetzung. Die Identifizierbarkeit und die Zurechnung von Ereignissen auf einen eindeutigen Sinnzusammenhang werden ausgehend von der mehrstellig und relational verfassten Unterscheidung von „eigen" und „fremd" zu einer Herausforderung (vgl. Kokemohr 2007, S. 29).

Kokemohrs Studie befasst sich mit dem kulturbezogenen Konflikt einer Rassismuserfahrung, bei der es gerade um die Frage der Deutungshoheit in der Einordnung dieser Erfahrung als Erfahrung – also um die Macht ihrer Identifizierung – geht. Kokemohrs empirische Materialien sind Transkriptionen einer wissenschaftlichen Diskussion unter TeilnehmerInnen aus Deutschland und Kamerun. Diese setzen sich bei einem Kolloquium über den Status einer Rassismuserfahrung auseinander: In einem Schnellimbiss hat einer der Kameruner Teilnehmer die Erfahrung gemacht, dass er, der an zweiter Stelle in einer Warteschlange steht, beim Öffnen der Nachbarkasse nicht heran gebeten wird, sondern der nach ihm wartende Deutsche. Die Auseinandersetzung kreist nun darum, inwiefern diese Erfahrung von einem Rassismus der deutschen Gesellschaft her zu begreifen ist.

Kokemohr untersucht (unter Bezugnahme auf Lacan und Ricœur) die Verflechtungen von Eigenem und Fremdem in den Äußerungen der Diskussionsteilnehmer, wobei die Aufmerksamkeit besonders auf die textuellen Figurationen von Ich und Welt gerichtet wird, welche nach Kokemohr beständig Refigurationen unterlägen (ebd., S. 18, 37 f.). So wird an der Diskussion rekonstruiert, wie SprecherInnennenpositionen sich und in Relation dazu die „gegnerische Perspektive" entwerfen und wie darin eine Öffnung enthalten ist, welche das Potenzial einer Refiguration enthält. Diese Analyse wird z. B. über die Verwendung von Personalpronomina unternommen (ebd., S. 40 ff.).

Mit der systematischen Differenz von Figuration und Refiguration macht Kokemohr eine Nicht-Identifizierbarkeit der Selbst-Welt-Verständigungen der TeilnehmerInnen geltend und löst sich von der Vorstellung einheitlicher kategorialer

---

[8] Kokemohr nutzt die Bezeichnungen ‚interkulturell' bzw. ‚rassistisch' im Rahmen seiner rhetoriktheoretischen Fassung von Sprache als ‚Platzhalter', die Probleme und deren Ordnungswirkungen gleichzeitig markieren wie zu zersplittern vermögen (vgl. bspw. ebd., S. 56, FN 22). Hans-Christoph Koller hat kritisch angemerkt, dass Kokemohr dazu tendiert, das Kulturelle an den personalen Instanzen der Deutschen und Kameruner in der Diskussion festzumachen (Koller 2007, S. 72).

Erfahrungsordnungen. Kokemohr spricht dementsprechend nicht von identifizierbaren Verläufen, sondern von einem *Bildungspotenzial* oder *Bildungsvorhalt*, da hier konkurrierende Welt- und Selbstkonfigurationen zur Geltung gebracht werden *könnten* (ebd., S. 60). Dieser Forschungseinsatz verortet den Bildungsgedanken in einem *diskursiven Potenzial*, das auf der Grundlage einer Bewegung zwischen möglichen Erzählfigurationen liegt. Damit grenzt sich der Ansatz von der Annahme eines Prozesses ab, der eine individuelle Veränderung als zurechenbar behauptet. „Bildung" artikuliert sich nicht über eine identifizierbare Transformation des Sinns von Selbst- und Weltverhältnissen. Demgegenüber spricht Kokemohr von einer in Erzählfigurationen einbehaltenen Möglichkeit von Refigurationen, von einem Bildungsvorhalt.

Rainer Kokemohrs Bildungsprozesstheorie ist ein Beispiel für den Versuch, eine Bildungsforschung zu entwickeln, die in Rechnung stellt, dass es im Kulturellen keine „einfache Empirie" gibt, wie Hetzel sagt (Hetzel 2002, S. 17). Kokemohrs Zugang verknüpft dabei die Mehrstelligkeit bzw. Vieldeutigkeit kulturellen Sinns mit der Frage nach deren Verflechtungen mit Subjektivität. Hiervon ausgehend wird der Blick auf einen Möglichkeitsraum gerichtet, in dem sich nicht-zurechenbare Brüche ereignen können.

Einen ähnlichen Zugang wählt Alfred Schäfer im Zusammenhang einer diskursanalytisch orientierten Erforschung der Erfahrungen von Rucksacktouristen auf selbstorganisierten Fernreisen (vgl. Schäfer 2011a, b; vgl. auch Krüger et al. 2014). In diesem Projekt wurden die Kulturkontakte von Touristen mit den Dogon, einem Naturvolk in Mali, ethnographisch und auf der Grundlage Leitfaden gestützter Interviews diskursanalytisch erforscht.

Die Analyse der Einzelinterviews wurde nicht um eine Bildungsbewegung zentriert, sondern die Äußerungen zunächst in ihrer Inkommensurabilität und Heterologie herausgestellt. Eine solche Perspektivierung gelingt unter Heranziehung eines Diskursbegriffs, in dem Diskurs nicht als Totalität, sondern als Operation von Differenz gefasst wird: „Das in einem Interview Gesagte als Diskurs aufzufassen, heißt, es als eine performative Hervorbringung zu verstehen, die nicht durch vorgängige Gegenständlichkeiten, Regeln oder Rationalitäten bestimmt ist. Auch wenn diese nicht jedes Mal frei erfunden werden, so besteht jede diskursive Artikulation in einer Verbindung von Elementen, für die es in dieser Form eben keine vorgängige Ordnung gibt" (Schäfer 2011b, S. 172). Die methodische Vorgehensweise von Schäfer lässt sich im Anschluss an den radikalisierten Kulturbegriff Hetzels so erläutern, dass für jede Äußerung mit einem Un-Eins-Sein zu rechnen ist. Es ist der Diskurs mit seiner Affinität zu Streuung und Dispersion (vgl. Foucault 1981), der Schäfer die Einklammerung eines die Kohärenz des Gesagten verbürgenden Subjekts wie eines objektiv bestimmbaren kulturellen Hintergrunds zu denken erlaubt.

Wenn das Interview nicht für die Erschließung eines kohärenten Bildungsprozesses dient (z. B. indem es auf der Folie einer kontinuierlichen oder sich entwickelnden Argumentation analysiert wird), dann stellt sich die Frage nach der bildungstheoretischen Bedeutung der Analyse der Interviews. Diese besteht nach Schäfer letztlich darin, den diskursiven Raum in seiner Überlagerung von Virtualität und Wirklichkeit zu beschreiben: Schäfer verweist auf hybride Räume, „in denen Fragen von Imagination und Wirklichkeit von unterschiedlichen Seiten her zum Bezugspunkt einer fragilen, umstrittenen Situierung in der Differenz von Eigenem und Anderem werden" (Schäfer 2011b, S. 166). Die Interviews als Diskurse zu betrachten führt demnach dahin, anstelle einer einheitlichen subjektiven Referenz die Differenzialität von Subjekt- und Objektpositionen in den Äußerungen zu rekonstruieren, in denen das Subjekt sich zu fassen sucht. Der Ort der Bildung liegt in der Generativität dieser Differenzstrukturen verbürgt.

Insgesamt lebt in Schäfers „Bildungsforschung als Diskursanalyse" (Schäfer 2011a) „Bildung" von der Unhintergehbarkeit des nicht fassbaren Kreuzungspunktes in Diskursen (vgl. ebd., S. 16). Die Veränderung des Selbst wird von einer uneinholbaren Fremdheit durchzogen, so dass keine Gewissheit darüber erlangt werden kann, ob und wie dieses Selbst in Veränderung begriffen ist. Vielmehr wird gerade diese Unverfügbarkeit – für das Selbst ebenso wie für den empirischen Zugang – zum kategorialen Ausgangspunkt für die Rede über Bildung. Ein so verstandener Diskursbegriff impliziert folglich Analyseperspektiven, welche Subjekt- und Objektpositionen in Äußerungen – in ihrer Uneinheitlichkeit und Differenz, aber auch in ihren Kreuzungen und Kohärenzen – erforschen.

Beide hier dargestellten Studien qualitativer Bildungsforschung zeichnen sich nach unserer Auffassung durch eine kulturwissenschaftliche Rahmung aus, wie wir sie im ersten Teil im Anschluss an Hetzel und Bhabha skizziert haben. In beiden Studien ist eine Linie der Problematisierung zentral: nämlich die Referenz von „Bildung" eindeutig zu bestimmen. Beide Studien erreichen diese Problematisierung, indem sie die in ihnen relevanten Unterscheidungen, z. B. „eigen" und „fremd" in Bewegung bringen. Während Kokemohr den Begriff des „Bildungsvorhalts" aufnimmt, um damit Bildung als „Möglichkeit" einzuholen, richtet Schäfer seine Aufmerksamkeit auf ein Sprechen, das sich in einem Raum vollzieht, in dem sich Wirklichkeit und Virtualität differenziell überlagern.

Dabei nehmen beide Studien Verschiebungen von Bildung vor, indem sie erstens der Hybridität bzw. Differenzialität sozialer Wirklichkeit Rechnung tragen (Kokemohr mit dem Konzept der Figuration, Schäfer über sein Diskursverständnis), zweitens Subjektivität in einem solchen von Kontingenzen durchzogenen Raum fassen und drittens einen Vorschlag angeben, wie ohne Identifizierungszwang eine empirische Perspektive auf „Bildung" eingenommen werden kann.

4 „Bildung" und der „dritte Raum"

„[N]o culture is full onto itself, no culture is plainly plenitudinous, not only because there are other cultures which contradict its authority, but also because its own
symbol-forming activity, its own interpellation in the process of representation,
language, signification and meaning-making, always underscores the claim to an
originary, holistic, organic identity" (Bhabha in Rutherford 1990, S. 209). Diese
Äußerung von Homi Bhabha nimmt nochmals den Einsatzpunkt unserer Überlegungen auf, Kultur als Möglichkeit und Grenze zu fassen. Im Durchgang durch verschiedene gegenwärtige kulturwissenschaftliche Beiträge konnten unterschiedliche
Fassungen der Differenzialität von Kultur aufgezeigt werden. Reckwitz' Vorstellung
von kultureller Überschreitung als Rückgriff der Akteure auf alternative kulturelle
Schemata unterscheidet sich von der Perspektive auf eine (nicht um die Akteure
zentrierte) translokale Praxis nach Reuter, in der Lokalität und Globalität verfloch-
ten sind. Hetzel schließlich generalisiert[9] die Hybridisierung von Kultur, indem er
Kultur als „Grenzüberschreitung" bestimmt.

Wir haben die Vervielfältigung von Bedeutung und die Hybridität des Kulturellen kritisch auf zwei wichtige Denkfiguren bildungstheoretischer Prozesslogik
bezogen (Bildung als „Problemlösung" und Bildung als „Negativität im Erfahren")
und diese Kritik zum Anlass genommen, nach anderen kategorialen Fassungen von
„Bildung" zu fragen. Die Studien von Kokemohr und Schäfer ließen sich auf ihre
Forschungsstrategien hin untersuchen, die Identifizierbarkeit von Bildung einzu-
klammern. Ausgehend von diesen Arbeiten wollen wir die unseres Erachtens an-
stehende bildungstheoretische Arbeit am Begriff schärfen.

Sowohl Kokemohr als auch Schäfer klammern die Temporallogik eines identifizierbaren Prozesses von „Bildung" ein und fokussieren auf der Grundlage narra-
tologischer und diskursanalytischer Perspektiven auf die artikulatorische Praxis, in
der Sinn permanent hervorgebracht und verschoben wird. Dabei geht es beiden besonders darum, den Raum zu kennzeichnen, in dem sich vielfältige Differenzen zu
einem Möglichkeitshorizont für Veränderungen verdichten. Homi Bhabha hat von
einem „Dritten Raum" gesprochen, der weder epistemologische Neutralisierung
noch dialektischen Überstieg der kulturellen Differenz meint (Bhabha 1994, S. 54).
In diesem Raum geht es weniger um Zurechnung und Identifizierung von machtvollen Sinnelementen und Unterscheidungen (wie z. B. „eigen" und „fremd"), als
vielmehr darum, sichtbar werden zu lassen, wie diese Sinnelemente und Unterscheidungen in Bewegung geraten. Es ist die Infragestellung von Binarisierungen,

---

[9] Auch Reckwitz spricht an anderer Stelle von einer „generalisierten Hybridität des Sozialen
und Kulturellen" (Reckwitz 2008a, S. 18). Den Einsatzpunkt seiner Studie zum hybriden Subjekt können wir aus Platzgründen an dieser Stelle nicht weiterverfolgen.

die Selbstverständigungen im Medium des Kulturellen mit einer selbstüberschrei-
tenden Qualität ausstatten.[10]

Was bedeutet dies nun für die begrifflich-kategoriale Reflexion von Bildung? Es
erscheint wichtig, die Orientierung der Bildungskategorie von der Vorstellung individueller Zurechnung zu lösen. An ihre Stelle tritt eine Sensibilisierung für Sprech-
räume wie die von Schäfer thematisierten „travelorscapes", in denen Wirklichkeit
und Virtualität ineinandergreifen (Schäfer 2011b, S. 166). „Erfahrungen" würden
dann nicht als Erschließungsauthentizität des Ich thematisch; gegen eine Dramatisierung und Monumentalisierung sind sie nur als mögliche Erfahrungen gegeben,
als Horizont oder Resonanzraum des Möglichen.

Eine durch kulturwissenschaftliche Überlegungen inspirierte Bildungstheorie
ermöglicht in unseren Augen erstens, über Möglichkeitskonzepte wie dem ‚dritten
Raum' oder der ‚Hybridität' für die konstitutive Offenheit bzw. Unbestimmtheit
des Kulturellen zu sensibilisieren, ohne die machvollen Schließungen sozialer und
subjektiver Identitäten aus dem Blick zu verlieren (Jergus 2011). Für die weitere
bildungstheoretische Arbeit ist bedeutsam, die Tragweite der oben genannten Konzepte zu erforschen und dabei zugleich zu bedenken, wie sich diese hegemonialen
Bildungskonzeptionen im gegenwärtigen Diskurs kritisch aufschließen und diskutieren lassen.

Die in diesem Aufsatz eingebrachten kulturwissenschaftlichen Konzepte können zweitens zu einer reflexiven Sichtung und Verschiebung der empirischen Erforschung von „Bildung" führen. Was hier als „Zwischenraum" oder „dritter Raum"
bezeichnet worden ist, ist bis zu diesem Zeitpunkt empirisch kaum ausgelotet. In
den Studien von Kokemohr und Schäfer eröffnete sich mit der Problematisierung
der Identifizierung von Bildung ein Spielraum von Veränderung, der empirisch
vermessen werden kann. Dabei ist weniger bedeutsam, ob diskursanalytische, nar-
ratologische oder rhetorisch-diskursive Untersuchungsanlagen leitend sind (vgl. zu
Letzteren Jergus et al. 2012). Das Potenzial solcher Forschungen zeigt sich da, wo
Binarisierungen wie diejenige zwischen Bildungstheorie und Bildungsforschung
zugunsten einer hybriden Arbeit an Materialien und Begriffen in Frage gestellt
werden.

---

[10] In diesem Zusammenhang rücken Mecheril, Probadnick und Scherschel (2008) Binarisierung als Hervorbringung von Unterscheidungsregimen in kultureller bzw. sozialer Praxis
und Debinarisierung als deren Infragestellung eng aneinander: „Wir gehen davon aus, dass
dieses beunruhigende und anspannende Moment der Debinarisierung nicht das Andere der
Binarisierung, sondern eine zunehmend virtuelle Eigenschaft ist, die dem binären Schema
selbst eingelagert ist. Debinarisierung ist immer auf Binarität bezogen und somit die Verschiebung und Verrückung, die Irritation und Reizung, die auf das binäre Schema, es an-
rufend, es verhöhnend es herausfordernd, es thematisierend bezogen ist" (Mecheril et al.
2008, S. 399 f.).

Literatur

Adorno, Theodor W. 2003. Theorie der Halbbildung (1959). In *Gesammelte Schriften*, Bd. 8, Hrsg. von Rolf Tiedemann, 93–121. Frankfurt a. M.: Suhrkamp.

Benner, Dietrich 2005. Einleitung. Über pädagogisch relevante und erziehungswissenschaftlich fruchtbare Aspekte der Negativität menschlicher Erfahrung. In *Erziehung – Bildung – Negativität. Zeitschrift für Pädagogik*, Bd. 51, Jg. 49, Hrsg. Dietrich Benner, 7–21. Weinheim und Basel: Beltz.

Bhabha, Homi. 1994. *The location of culture.* London: Routledge.

Buck, Günther. 1981. *Hermeneutik und Bildung. Elemente einer verstehenden Bildungslehre.* München: Fink.

Düttmann, Alexander Garcia. 1997. *Zwischen den Kulturen.* Frankfurt a. M.: Suhrkamp.

Foucault, Michel. 1981. *Archäologie des Wissens.* Frankfurt a. M.: Suhrkamp.

Hetzel, Andreas. 2002. Kultur als Grenzüberschreitung. In *Dialektik. Zeitschrift für Kulturphilosophie* 2:5–17.

Hirschauer, Stefan. 2004. Praktiken und ihre Körper. Über materielle Partizipanden des Tuns. In *Doing culture. Neue Positionen zum Verhältnis von Kultur und soziale Praxis*, Hrsg. Karl H. Hörning und Julia Reuter, 73–91. Bielefeld: Transcript.

Hörning, Karl H., und Julia Reuter, Hrsg. 2004. *Doing culture. Neue Positionen zum Verhältnis vom Kultur und sozialer Praxis.* Bielefeld: transcript.

von Humboldt, Wilhelm. 2002. *Schriften in 5 Bänden*, Hrsg. von Klaus Giel und Andreas Flitner. Darmstadt: Wissenschaftliche Buchgesellschaft.

Jergus, Kerstin. 2011. *Liebe ist… Artikulationen der Unbestimmtheit im Sprechen über Liebe. Eine Diskursanalyse.* Bielefeld: transcript.

Jergus, Kerstin, Ira Schumann, und Christiane Thompson. 2012. Autorität und Autorisierung. Analysen zur Performativität des Pädagogischen. In *Judith Butler: Pädagogische Lektüren*, Hrsg. Nicole Balzer und Norbert Ricken, 207–224. Wiesbaden: VS.

Kluge, Alexander, und Dirk Baecker. 2003. *Vom Nutzen ungelöster Probleme.* Berlin: Merve.

Kokemohr, Rainer. 2007. Bildung als Welt- und Selbstentwurf im Anspruch des Fremden. Eine theoretisch-empirische Annäherung an eine Bildungsprozesstheorie. In *Bildungsprozesse und Fremdheitserfahrung. Beiträge zu einer Theorie transformatorischer Bildungsprozesse*, Hrsg. Hans-Christoph Koller, Winfried Marotzki, und Olaf Sanders, 13–69. Bielefeld: transcript.

Koller, Hans-Christoph. 1999. *Bildung und Widerstreit.* München: Fink.

Koller, Hans-Christoph. 2006. Das Mögliche identifizieren? In *Bildungsphilosophie und Bildungsforschung*, Hrsg. Ludwig Pongratz, Michael Wimmer, und Wolfgang Nieke, 108–123. Bielefeld: Janus.

Koller, Hans-Christoph. 2007. Probleme einer Theorie transformatorischer Bildungsprozesse. In *Bildungsprozesse und Fremdheitserfahrung. Beiträge zu einer Theorie transformatorischer Bildungsprozesse*, Hrsg. Hans-Christoph Koller, Winfried Marotzki, und Olaf Sanders, 69–82. Bielefeld: transcript.

Koller, Hans-Christoph. 2012. *Bildung anders denken. Einführung in die Theorie transformatorischer Bildungsprozesse.* Stuttgart: Kohlhammer.

Konersmann, Ralf. 1996/2004. Kultur als Metapher. In *Kulturphilosophie*, Hrsg. Ralf Konersmann, 327–354. Stuttgart: Reclam.

Krüger, Jens Oliver, Schäfer, Alfred und Schenk Sabrina. 2014. Zur Analyse von Erfahrungsdiskursen. Eine empirische Annäherung an das Problem der Bildung. Erscheint. In

Interferenzen. Perspektiven kulturwissenschaftlicher Bildungsforschung, Hrsg. Christiane Thompson, Kerstin Jergus, und Georg Breidenstein, 153-174. Weilerswist: Velbrück.

Marotzki, Winfried. 1990. *Entwurf einer strukturalen Bildungstheorie. Biographietheoretische Auslegung von Bildungsprozessen in hochkomplexen Gesellschaften*. Weinheim: Deutscher Studienverlag.

Mecheril, Paul, Daniela Probadnick, und Karin Scherschel. 2008. (De-) Binarisierung und Bildung. Empirisch-theoretische Vignetten eines Zusammenhangs. In *Kulturelle Differenzen begreifen. Das Konzept der Transdifferenz aus interdisziplinärer Sicht*, Hrsg. Britta Kalscheuer und Lars Allolio-Näcke, 383-406. Frankfurt a. M.: Campus.

Meyer-Drawe, Käte. 1998. Versagte Identität – Aufgegebene Suche. In *Ästhetik und Bildung. Das Selbst im Medium von Musik, Bildender Kunst, Literatur und Fotografie. Bibliothek für Bildungsforschung*, Bd. 12, Hrsg. Stephanie Hellekamps, 171-175. Weinheim: Deutscher Studienverlag.

Meyer-Drawe, Käte. 2007. „Du sollst dir kein Bildnis noch Gleichnis machen…" – Bildung und Versagung. In *Bildungsprozesse und Fremdheitserfahrung. Beiträge zu einer Theorie transformatorischer Bildungsprozesse*, Hrsg. Hans-Christoph Koller, Winfried Marotzki, und Olaf Sanders, 83-95. Bielefeld: transcript.

Poenitsch, Andreas. 1992. *Bildung und Sprache zwischen Moderne und Postmoderne. Humboldt, Nietzsche, Ballauff, Lyotard*. Essen: Die blaue Eule.

Reckwitz, Andreas. 2006. *Die Transformation der Kulturtheorien. Zur Entwicklung eines Theorieprogramms*. Weilerswist: Velbrück.

Reckwitz, Andreas. 2008a. Generalisierte Hybridität und dekonstruktive Diskursanalyse. Zur Dekonstruktion von ‚Hybriditäten' in spätmodernen populären Subjektdiskursen. In *Transdifferenz – theoretische Reflexionen und praktische Anwendungen*, Hrsg. Lars Allolio-Näcke und Britta Kalscheuer, 17-39. Frankfurt a. M.: Campus.

Reckwitz, Andreas. 2008b. Multikulturlismustheorien und der Kulturbegriff. Vom Homogenitätsmodell zum Modell kultureller Interferenzen. In *Unscharfe Grenzen. Perspektiven der Kultursoziologie*, Hrsg. Andreas Reckwitz. Bielefeld: transcript, 69-93.

Reuter, Julia. 2004. Postkoloniales Doing Culture. Oder: Kultur als translokale Praxis. In *Doing culture. Neue Positionen zum Verhältnis von Kultur und sozialer Praxis*, Hrsg. Karl H. Hörning und Julia Reuter, 239-255. Bielefeld: transcript.

Rutherford, Jonathan 1990. The third space. Interview with Homi Bhabha. In *Identity: Community, culture, difference*, Hrsg. Jonathan Rutherford, 207-221. London: Lawrence and Wishart.

Schäfer, Alfred. 1996. *Das Bildungsproblem nach der humanistischen Illusion*. Weinheim: Deutscher Studienverlag.

Schäfer, Alfred. 2004. Bildende Erfahrung und sozialisierte Selbstbehauptung. Zu Adornos ‚Theorie der Halbbildung'. *Vierteljahrsschrift für Wissenschaftliche Pädagogik* 80:312-325.

Schäfer, Alfred. 2006. Bildungsforschung: Annäherung an eine Empire des Unzugänglichen. In *Bildungsphilosophie und Bildungsforschung*, Hrsg. Ludwig Pongratz, Michael Wimmer, und Wolfgang Nieke, 86-107. Bielefeld: Janus.

Schäfer, Alfred. 2011a. *Bildungsforschung als Diskursanalyse*. Paderborn: Schöningh.

Schäfer, Alfred. 2011b. ‚Reisen bildet'. Diskursanalytische Betrachtungen eines Versprechens. In *Orte des Empirischen in der Bildungstheorie. Einsätze theoretischer Erziehungswissenschaft II*, Hrsg. Ines M. Breinbauer und Gabriele Weiß, 157-178. Würzburg: Königshausen & Neumann.

Schiller, Friedrich. 1983. *Über die ästhetische Erziehung des Menschen*. Stuttgart: Reclam.

Thompson, Christiane. 2009. *Bildung und die Grenzen der Erfahrung. Randgänge der Bildungsphilosophie.* Paderborn: Schöningh.

Wigger, Lothar. 2009. *Wie ist Bildung möglich?* Bad Heilbrunn: Klinkhardt.

Wimmer, Michael (2007): Bildung und Wahn. Konfigurationen von Wissen und Wahn in Bildungsprozessen. In *Wahn – Wissen = Institution II. Zum Problem einer Grenzziehung,* Hrsg. Karl-Josef Pazzini, Marianne Schuller, und Michael Wimmer, 83–112. Bielefeld: transcript.

Witte, Egbert. 2010. *Zur Geschichte der Bildung. Eine philosophische Kritik.* Freiburg: Alber.

Bildung und konjunktive Transaktionsräume

Arnd-Michael Nohl

Bildung ist, so heißt es bei Wolfgang Klafki, „Erschlossensein einer *dinglichen* und geistigen Wirklichkeit für einen Menschen" und zugleich „Erschlossensein dieses Menschen für diese seine Wirklichkeit" (Klafki 1974, S. 43, H.v.m.). Betrachtet man aber die Bildungstheorien unserer und vergangener Zeiten, so ist es vor allem die geistige Wirklichkeit, die in der theoretischen Reflexion und empirischen Rekonstruktion von Bildungsprozessen Beachtung findet.[1] Die Bildsamkeit der *„dinglichen* Wirklichkeit", von der Klafki spricht, findet indes kaum Aufmerksamkeit. Ich möchte mich in meinem Beitrag daher der Frage widmen, welche Bedeutung die dingliche Realität für Bildungsprozesse haben kann.[2]

In einem Band, der sich mit kulturtheoretischen Perspektiven auf Bildung beschäftigt, scheint dieses Unterfangen durchaus nicht fehl am Platze zu sein. Schon zu Anfang des Jahrhunderts hat Andreas Reckwitz (2002) der Kulturtheorie eine ‚materialistische‘ Wende vorgeschlagen. In seinen Studien zu „Subjektkulturen" weist er darauf hin, dass „die Ausbildung und Reproduktion der Subjektdispositionen abhängig von der materialen Kultur der Artefakte" sei: „Wenn Subjektformen ein Korrelat ihrer Praxis darstellen, dann auch ein Korrelat der Artefakte, die in diesen zum Einsatz kommen, ohne dass sie sich damit technikdeterministisch auf

---

[1] Dies gilt auch für Klafki, der selbst in einem Vortrag zur Didaktik des Sachunterrichts kaum von den materiellen Sachen selbst spricht, sondern hauptsächlich auf die (geistigen) „Schlüsselprobleme" Bezug nimmt (vgl. Klafki 2005).

[2] Vgl. ausführlich hierzu: Nohl 2011a, S. 91 ff. Siehe inzwischen auch: Priem et al. 2012 und Nohl und Wulf 2013.

A.-M. Nohl (✉)
Allgemeine Pädagogik, Helmut-Schmidt-Universität,
Holstenhofweg, 85, 22043 Hamburg, Deutschland
E-Mail: nohl@hsu-hh.de

F. von Rosenberg, A. Geimer (Hrsg.), *Bildung unter Bedingungen kultureller Pluralität*, 27
DOI 10.1007/978-3-531-19038-9_3, © Springer Fachmedien Wiesbaden 2014

ein ‚Produkt' einer bestimmten technologischen ‚Basis' reduzieren ließen" (Reckwitz 2006, S. 62).

Dass die Bildsamkeit der „dinglichen Wirklichkeit" sich gleichwohl nicht so
ohne weiteres in eine kulturtheoretische Perspektive einfügen lässt, lässt sich er-
ahnen, wenn man unter Kulturtheorien jene Ansätze versteht, die – so Reckwitz
– „menschliches Handeln oder soziale Ordnung verstehen oder erklären, indem sie
deren Fundierung in bedeutungsregulierenden symbolischen Codes und Schemata herausarbeiten" (Reckwitz 2002, S. 195).[3] Dinge haben zwar auch symbolische
Aspekte, aber es wäre falsch, sie auf das Symbolische zu reduzieren. Ja, folgt man
Klaus Mollenhauer (1998, S. 13), so würde sich uns der bildsame Charakter von
Dingen verschließen, wenn wir sie nur „als Zeichen innerhalb von Kulturreihen"
behandelten.

Will man also Bildung als Erschlossensein auch einer dinglichen Wirklichkeit
untersuchen, sollte man hinter den symbolischen Gehalt der Dinge blicken, anstatt
sich in den „Tanz der Signifikanten" einzureihen (Meyer-Drawe 1999, S. 334). Dieses Unterfangen wird heutzutage vor allem von den Vertreter(inne)n der Akteur-
Netzwerk-Theorie vorangetrieben, allen voran von Bruno Latour, auf den auch
Reckwitz verweist.

Latour unterläuft die Dichotomisierung von Zeichen und Materie (und die mit
ihr einhergehende Vernachlässigung materieller Dinge in den Sozialwissenschaften), indem er das „Ensemble von Praktiken" (1998, S. 19) in den Blick nimmt, in
dem sich immer wieder neue Verbindungen von Menschen und Dingen ergeben.
In diesen Verbindungen stoßen menschliche und dingliche Agenten mit ihrem jeweiligen „Handlungsprogramm" im Sinne einer „Abfolge von Zielen, Schritten und
Intentionen" aufeinander (Latour 2000, S. 216), wodurch sich die Praktiken des
nun zusammengesetzten „Hybrid-Akteurs" (ebd., S. 218) verändern. Zum Beispiel
kann aus dem eiligen Mann, der schnell nach Hause kommen möchte, zusammen
mit ihrem schnell fahrenden Wagen, ein Hybrid-Akteur auf der Überholspur der
Autobahn werden. Diese „Zusammensetzungen" (ebd., S. 220) können sofort erkennbar sein, gehören aber oftmals zu den Selbstverständlichkeiten des Lebens und
sind mithin in eine „Blackbox" überführt worden (ebd., S. 223) – wie etwa in der
Straßenschwelle, in der sich die Dinge mit dem „Handlungsprogramm" von Polizisten, die die Einhaltung der Geschwindigkeitsbeschränkung kontrollieren, zum
„sleeping policeman" (wie es in Großbritannien heißt) verbinden.[4]

---

[3] Eine weniger stark auf das Symbolische fokussierte Definition von Kultur findet sich in
Reckwitz 2006, S. 36.

[4] Der Blick auf die Praktiken zwischen Menschen und Dingen ist auch für Latours Beobachtung des Übergangs zwischen Materie und Zeichen charakteristisch. Dieser Übergang
erfolgt nicht abrupt und einmalig, sondern konstituiert eine „zirkulierende Referenz", wie

Latours Werk und die Akteur-Netzwerk-Ansätze fanden zwar erst spät in der Erziehungswissenschaft Resonanz, wurden dann aber breit rezipiert (vgl. etwa Fenwick und Edwards 2010, 2011; Sørensen 2011; Rieger-Ladich 2009). Trotz dieser Allgegenwart Latours möchte ich dessen inspirierenden Arbeiten zu den „Hybridakteuren", die sich aus menschlichen und nicht-menschlichen Aktanten zusammensetzen, nicht folgen. Dies hängt nicht nur mit „einer Reihe von begrifflichen Ambiguitäten" zusammen (Reckwitz 2002, S. 210). Auch werden in Latours Schriften einige handlungs- und sozialtheoretische Schwächen deutlich: So impliziert seine Rede von den „Handlungsprogrammen" ein intentionalistisches Handlungsmodell, in dem Routinen nur dann einen Platz haben, wenn sie in materiale Artefakte wie etwa die geschwindigkeitsbremsende Bodenschwelle übersetzt wurden (vgl. Schäffer 2007, S. 61). Und zweitens unterstellt er – etwa in seinem Aufsatz „Technology is Society Made Durable" (Latour 1992) – ein Modell von Sozialität, die auf Interaktionssituationen beschränkt ist und nur mithilfe materialer Artefakte dauerhafte Strukturen entfalten kann.[5] Ich möchte demgegenüber – in einem ersten Schritt – versuchen, unter Rückgriff auf pragmatistische und wissenssoziologische Konzepte die kollektiven Zusammenhänge von Menschen und Dingen so zu fassen, dass sie in einem zweiten Schritt in ihrer Bedeutung für Bildungsprozesse reflektiert werden können.

Mit dem Rückgriff auf den Pragmatismus und auf das, was von Karl Mannheim einmal als „soziologische Theorie der Kultur"[6] bezeichnet wurde, möchte ich keineswegs diese Ansätze als Kulturtheorie avant la lettre bezeichnen.[7] Gleichwohl

---

sie Latour (2000, S. 36) etwa zwischen der Flora und dem Boden des Urwaldes einerseits und dem Equipment der Naturwissenschaftler/innen bis hin zu ihren Forschungsberichten andererseits rekonstruiert. Die Referenz, die ständig zwischen Urwald, Messgeräten und dem Forschungsbericht zirkuliert, führt dazu, dass sich „niemals ... ein scharfer Bruch zwischen den Dingen und den Zeichen feststellen" lässt (ebd., S. 70).

[5] So schreibt Latour (1992, S. 111): „whenever we discover a stable social relation, it is the introduction of some non-humans that accounts for this relative durability".

[6] So der Titel eines in den 1920er Jahren verfassten und erst 1980 veröffentlichten Manuskripts (siehe Mannheim 1980, S. 155 ff.).

[7] Hierzu tendiert Reckwitz (2002). Zu einer differenzierteren Einschätzung gelangt Lichtblau (2011). Sehr deutlich wird die Position Mannheims, der den Gesellschaftsbegriff nicht zugunsten des Kulturbegriffs aufgeben möchte, in folgendem Zitat: „Die Kultursoziologie unterscheidet sich von den Soziologien der Einzelgebiete dadurch, daß sie nicht jeweils ein bestimmtes Gebiet auf den Gesellschaftsprozeß bezieht, sondern die Gesamtheit der kulturellen Gebiete im Zusammenhang mit dem gesellschaftlichen Leben beobachtet. Hierbei betrachtet sie diese entweder als Ausdruck des Lebens der hinter ihnen stehenden Gesellschaft, oder sie nimmt ein Kausalitäts- oder Wechselwirkungsverhältnis zwischen Gesellschaft und Kultursphäre an, oder sie setzt eine dialektische Entfaltung voraus, in der Gesellschaftsleben und Kultur erst zusammen das Bewegungsganze ergeben. Wie in der Einzelausführung auch

denke ich, dass die Kulturtheorien vom Pragmatismus und der Wissenssoziologie wichtige Anstöße erhalten können, wenn es um Bildung in der Auseinandersetzung mit dinglicher Wirklichkeit geht.

1 Konjunktive Transaktionsräume als kollektive Praxiszusammenhänge von Menschen und Dingen

Als eine Philosophie, die von vorneherein im Spannungsfeld zwischen Natur- und Sozialwissenschaften entstanden ist, unterläuft der Pragmatismus von Anfang an die Dichotomisierung von Mensch und Welt, von Zeichen und Materialität. Stattdessen wurde schon in der pragmatistischen Maxime, 1878 von Charles Sanders Peirce formuliert, auf den konstitutiven Zusammenhang von menschlichen Zeichen und materialer Welt, wie er sich in der Praxis vollzieht, aufmerksam gemacht.[8] Siebzig Jahre später hat der Pädagoge und Philosoph John Dewey, der Peirce einst als den „Philosoph der Philosophen" (zit. n. Prawat 2001) bezeichnet hatte, gemeinsam mit Arthur Bentley ein Buch vorgelegt, in dem das Verhältnis von Menschen und Dingen, vom „Wissenden" und dem „Gewussten", auf eine Weise reflektiert wird, die den viel späteren Einsichten der Akteur-Netzwerk-Theorie nahe kommt.

Bei der Betrachtung des Austauschs zwischen Menschen und Dingen kann man, so heißt es in „Knowing and the Known", von drei unterschiedlichen Perspektiven ausgehen: Die Perspektive der „self-action" betrachte Dinge und Menschen als isoliert voneinander, womit das, was die Menschen über die Dinge wissen, von diesen „abgeschnitten" bleibe (Dewey und Bentley 1989, S. 127).[9] Die Perspektive der „in-

---

diese Kultursoziologie ausfallen mag, so bedeutet sie doch darin eine einheitliche Aufgabe, daß sie die Synthese zwischen jenen Geschehensreihen wagt, die die geistesgeschichtlichen Einzeldisziplinen und die Wirtschafts- und Sozialgeschichte auseinandergerissen haben" (Mannheim 1932, zit. n. Lichtblau 2011, S. 78).

[8] Dort heißt es: „Überlege, welche Wirkungen, die denkbarer Weise praktische Relevanz haben könnten, wir dem Gegenstand unseres Begriffs in unserer Vorstellung zuschreiben. Dann ist unser Begriff dieser Wirkungen das Ganze unseres Begriffes des Gegenstandes" (Peirce 1967, S. 339). Auch wenn die pragmatistische Maxime m. E. im Sinne eines „realistischen Konstruktivismus" (Prawat 2003) gelesen werden sollte, finden sich auch (sozial)konstruktivistische Auslegungen (vgl. zu dieser Diskussion Prawat 2003; Nohl 2011a, S. 57 ff.). Auf den Pragmatismus hat sich auch Latour (2000, S. 90, 2006) positiv bezogen, wobei insbesondere der Begriff des „Aktionsnamens" stark an die pragmatistische Maxime erinnert, bezeichnet dieser Begriff doch jenen Zustand, zu dem der Akteur „noch kein Wesen" hat, sondern sich „nur durch eine Liste von Wirkungen" definiert (Latour 2000, S. 372).

[9] An anderer Stelle nennt Dewey dies die „Zuschauertheorie der Erkenntnis" (Dewey 2001, S. 27).

ter-action" sehe Menschen und Dinge demgegenüber in ihrer „kausalen Verknüpfung" (Dewey und Bentley 1989, S. 101 f.), doch behandelt sie die „untersuchten Objekte" (einschließlich des Menschen) so, „als wären sie [von vorneherein; AMN] angemessen benannt und bekannt" (ebd., S. 111). Dies wäre etwa dann der Fall, wenn wir Bildungsprozesse als Resultat der Begegnung von vorab definierten Subjekten mit ihrer sozialen und materiellen Umwelt begreifen würden.

Den Perspektiven der self-action und inter-action stellen Dewey und Bentley (1989, S. 111 f.) den Ansatz der „trans-action" gegenüber, der „keine grundlegende Differenz zwischen Subjekt vs. Objekt" unterstellt. Dieser Ansatz suspendiert also auch die Grenze zwischen Mensch und Ding zunächst in ihrer Geltung, um beobachten zu können, wie sich beide innerhalb eines „gemeinsamen Systems" (ebd., S. 114) konstituieren. In diesem Konstitutionsprozess müssen die Handlungen und Operationen beobachtet werden, noch bevor sie feststehenden Akteuren oder Gegenständen zugeordnet werden können. Genauer gesagt muss man beobachten, wie sich Menschen mit ihren (Lebens-) Orientierungen und Dinge mit ihren Funktionalitäten erst aus den Handlungen und Operationen heraus konstituieren.[10] Eine solche Perspektive der „transaction" bricht nicht nur mit der Annahme, dass Handeln intentional sei, sondern geht weiter. Sie irritiert uns als (kulturtheoretische) Beobachter/innen, wenn wir wie selbstverständlich davon ausgehen, dass die Menschen überhaupt die Träger des Handelns, also die Akteure seien.[11]

Burkhard Schäffer (2003) hat – allerdings innerhalb eines anderen theoretischen Rahmens – darauf hingewiesen, dass konstitutive Konstellationen zwischen Menschen und Dingen auch kollektiver Art sein können. In einer vergleichend angelegten Studie zeigt er, wie Menschen unterschiedlicher Geburtskohorten mit den zu ihrer Jugendzeit jeweils gängigen Mediendingen in Berührung kamen und sozialisiert wurden. Die praktischen Transaktionen, die einen 1950 Geborenen mit dem analogen Radio verbinden, das Drücken des Schalters, das hierauf folgende Knacksen der Lautsprecher, die dann eine Stimme aus dem Äther wiedergeben, kontrastieren maximal mit den praktischen Verbindungen, die die um 1980 Geborenen mit Computern eingehen. Die Transaktionen zwischen Menschen und knacksenden Radios sind so der Ausgangspunkt einer in medientechnischer Hinsicht spezifischen Generation, die sich von der „digitalen Generation" der nach 1980 Geborenen deutlich unterscheiden lässt.[12]

---

[10] Oder um es mit den Begriffen Bruno Latours zu sagen: Es geht um das „Ensemble von Praktiken", in dem auf dem Wege der „Übersetzung" neue Wesen, d. h. Menschen und Dinge, entstehen (Latour 1998, S. 19).

[11] Die Dominanz der Menschen im Handeln wird auch dort noch deutlich, wo Reckwitz (2002, S. 210 ff.) versucht, materielle Artefakte in *sozialen* Praktiken" zu verorten.

[12] Als Replikationsstudie siehe auch: Nohl (2011b).

Dass solche Transaktionen zur Ausprägung von Generationen, aber auch von spezifischen Milieus und anderen kollektiven Gebilden führen können, lässt sich allerdings nicht mehr mit den Begrifflichkeiten fassen, die uns der Pragmatismus zur Verfügung stellt.[13] Ich möchte daher an dieser Stelle zur Wissenssoziologie, genauer: zu den Arbeiten Karl Mannheims übergehen.[14] Ähnlich wie Dewey und Bentley geht Karl Mannheim (1980, S. 206) davon aus, dass der „Erkenntnisakt" auf „einer existentiellen Beziehung zwischen Subjekt und Objekt" beruht, „die jeweils eine anders geartete Gemeinsamkeit und eine stets spezifische Einheit zwischen diesen beiden stiftet."[15] Diese „Kontagion" findet nicht nur unter Menschen, sondern auch zwischen Menschen und Dingen statt; man denke nur an das Anprobieren eines neuen Schuhes, bei dem sich zunächst, wie man mit Mannheim sagen könnte, „eine Einheit mit ihm" ergibt, „die sich dann sofort oder zugleich in eine Zweiheit des Ichs und des Gegenübers spaltet" (ebd., S. 207). Dabei wird man sich seiner selbst – etwa der eigenen Hammerzehe oder des ein wenig größeren linken Fußes – „stets nur und immer erneut bewußt im Gerichtetsein" auf das „Gegenüber" (ebd.), d. h. auf den Schuh, der sich als solcher erweist, indem ich ihn von meinem Fuß trenne. Der linke Schuh erscheint zu klein bzw. mein linker Fuß ist zu groß.

Die Kontagion ist m. E. für die Beschäftigung mit Dingen auch jenseits ihres symbolischen Gehalts von wesentlicher Bedeutung. Denn im ersten Moment der Kontagion kommt es zu einer „völlig unmittelbaren Aufnahme eines einmalig Qualitativen" (Mannheim 1980, S. 209) bzw., wie man mit dem Pragmatisten Peirce (1970, S. 309) sagen könnte, zu einer vorsymbolischen „Gefühlsqualität", zu einer Gegenwärtigkeit, die genau das ist, „was es ist, ungeachtet alles Abwesenden, ungeachtet der Vergangenheit und der Zukunft". Erst im zweiten Moment kommt es zu dem Wechselspiel von „Aktion und Reaktion" (ebd.), dem Sich-Regen des Fußes und dem Drücken des Schuhs, die schließlich in eine Schlussfolgerung münden, welche symbolisch stabilisiert ist: ‚Der Schuh drückt', oder ‚ich habe eine Hammerzehe', sagt man dann. Der symbolische Gehalt der dinglichen Wirklichkeit verweist

---

[13] Dewey und Bentley, aber auch ihr Zeitgenosse George Herbert Mead, haben sich zeitlebens vornehmlich mit dem Verhältnis von Individuum und Gesellschaft beschäftigt, für kollektive Gebilde unterhalb der Gesamtgesellschaft aber kaum ein theoretisches Gespür entwickelt.

[14] Während Mannheim von John Dewey kaum zur Kenntnis genommen war, bezog sich Mannheim selbst durchaus positiv auf die Handlungstheorie des Pragmatismus, wenngleich er deren Fokussierung des Individuums zu Lasten kollektiver Praktiken kritisierte (vgl. Mannheim 1958, S. 244 ff.). Zu einem systematischen Zusammenhang von Mannheims Wissenssoziologie und dem Pragmatismus siehe: Nohl 2006, S. 195 ff.

[15] Im Original alles kursiv gesetzt. Den Hinweis auf die Fruchtbarkeit des Kontagion-Begriffs verdanke ich Burkhard Schäffer (2007).

also – folgt man wie ich hier Mannheim und Peirce – auf die unmittelbare Kontagion mit den Dingen und den praktischen Austausch mit ihnen.

Dabei ist allerdings in Rechnung zu stellen, dass die Kontagion nie völlig ursprünglich ist und damit keineswegs aus einer tabula rasa entspricht. Denn meist vollzieht sich die Berührung zwischen Menschen und Dingen vor dem Hintergrund vorangegangener Transaktionen, die sich im habituellen Handeln und in symbolischen Propositionen niederschlagen können. Schon wenn im Beispiel von der „Hammerzehe" die Rede ist, verweist dies ja auf zuvor erfolgte Transaktionen, ohne die dieser Ausdruck unbekannt wäre. Der Begriff der Kontagion erinnert uns insofern an eine Berührung mit den Dingen, die im Alltagsleben meist durch habituelles Handeln und symbolische Propositionen überdeckt wird.

Karl Mannheim hat sich in seinem Werk leider nur mit den zwischenmenschlichen Kontagionen beschäftigt. Dort zeigt er, wie sich in der unmittelbaren Gegenwärtigkeit von Menschen füreinander eine Perspektivität herausformt, die diese beiden Menschen miteinander verbindet. Jede weitere gemeinsame Erfahrung ist durch diese Perspektivität der ersten, konstitutiven Kontagion geprägt und wird von Mannheim (1980, S. 211) als „konjunktive Erfahrung" bezeichnet. Die Menschen werden in den hier entstehenden „konjunktiven Erfahrungsraum" (ebd., S. 229) ebenso einsozialisiert wie sie ihn selbst konstituieren.[16]

Dort wo sich Menschen und Dinge miteinander verbinden, wäre es wohl nicht angebracht, nur von einer spezifischen, konjunktiven *Perspektivität* zu sprechen. Denn dieser Begriff erscheint doch allzu human. Gleichwohl erhalten auch die Dinge in den Transaktionen mit dem Menschen das, was Burkhard Schäffer (2007) mit Heidegger eine „Stimmung" nennt. So werden etwa die Schuhe ‚gestimmt', wenn sie – mit dem Widerstand ihres Materials und der Eigentümlichkeit ihrer Verarbeitung – sich unter dem alltäglichen Gebrauch allmählich verformen. Gemeinsam mit den habitualisierten Fußbewegungen des Menschen, seinen spezifischen Gewohnheiten des Aufsetzens, Abrollens und Abdrückens, nehmen die Schuhe eine Form an, die auf die Fußbewegungen abgestimmt sind, welche ihre Eigentümlichkeit aber ebenso in Abstimmung auf das Schuhwerk erhalten haben.

Menschliche Perspektivität und die Stimmung der Schuhe konstituieren sich jedoch nicht nur in *individuellen* Transaktionen. Denken wir an Stöckelschuhe und die auf sie abgestimmten Muskeln von Frauen, oder an die schnell ausziehbaren Latschen und Slippers, die man in Ländern, in denen Häuser nur barfuß oder in Socken betreten werden, gerne trägt, so werden kollektiv strukturierte Transakti-

---

[16] Mit der dokumentarischen Methode, die Ralf Bohnsack (1989) im Anschluss an Karl Mannheim entwickelt hat, wurde seit den 1990er Jahren eine Vielzahl von konjunktiven Erfahrungsräumen rekonstruiert.

onen zwischen Menschen und Dingen deutlich. Ähnlich verhält es sich mit den feinen Lederschuhen des gutsituierten Stadtmenschen, die man mit den Galoschen des Bauern kontrastieren kann. Jedes dieser Beispiele steht für einen Raum von Transaktionen, die Menschen und Dinge miteinander verbinden.

Derartige soziodingliche Kollektive, in denen Menschen und Dinge aufeinander (ab)gestimmt werden, nenne ich ‚konjunktive Transaktionsräume'. Ich weiche hier bewusst von Mannheims Begriff des „konjunktiven Erfahrungsraumes" ab, ist bei Mannheim doch der Begriff der Erfahrung sehr anthropozentrisch gedacht. Demgegenüber unterstreicht Dewey und Bentleys Transaktionsbegriff die konstitutive Verwicklung von Menschen *und* Dingen. In konjunktiven Transaktionsräumen verbinden sich also Menschen mit Dingen in Praktiken in ihrer je spezifischen Weise.

Auch wenn die Praktiken in konjunktiven Transaktionsräumen irgendwann einmal in einer ursprünglichen Kontagion entstanden sind, werden sie, wenn sie wiederholt erfolgreich zur Performanz gebracht worden sind, allmählich als Verwicklungen von Menschen und Dingen in vorreflexiven „habits" (Dewey 1980, S. 15) stabilisiert. Mit dem Begriff des habit, der auf Peirce zurückgeht, werden nicht – wie in manchen Übersetzungen suggeriert – allein menschliche „Verhaltensgewohnheiten" (Peirce 1970, S. 475) bezeichnet, sondern auch Routinen, die zwischen Menschen und Dingen angesiedelt sind und sie miteinander verbinden.[17] Neben jenen ‚konjunktiven habits', die an spezifische konjunktive Transaktionsräume gebunden sind, finden sich in unserer Welt allerdings auch solche institutionalisierten habits, die dort vorliegen, wo Zusammenhänge von Menschen und Dingen – wie etwa im zeitgenössischen Autoverkehr – gesellschaftsweit etabliert sind.

2   Bildung im Aufeinandertreffen konjunktiver Transaktionsräume

Ausgehend vom Begriff des konjunktiven Transaktionsraums lässt sich nun ein Blick auf pädagogische Prozesse werfen, die mit ihm verknüpft sind. Dazu werde ich neben einigen theoretischen Reflexionen auch auf ein empirisches Beispiel zurückgreifen, um das Verhältnis von Kultur, Materialität und Bildung näher zu bestimmen.

Zunächst muss die Sozialisation in konjunktive Transaktionsräume präzise von der Bildung in der Begegnung mit konjunktiven Transaktionsräumen unter-

---

[17] Dewey (1980, S. 15) spricht ganz abstrakt von einer „cooperation of organism and environment".

schieden werden. Der Sozialisationsprozess entfaltet seine Wirkung im Modus des Selbstverständlichen, d. h. indem man in die habits eines konjunktiven Transaktionsraumes hineinwächst, ohne von dessen Mensch-Ding-Zusammenhängen in irgendeiner Weise befremdet zu werden. In der Schulforschung ist beispielsweise auf die Bedeutung der Schularchitektur und des Klasseninterieurs für das ‚hidden curriculum‘, d. h. für die implizite Sozialisierung der Schüler/innen hingewiesen worden (vgl. Lange 1967; Göhlich 1993; Böhme 2009; Kalthoff und Röhl 2011). Auch in der (erziehungswissenschaftlichen) Medienforschung wird der Sozialisation mit den Dingen eine hohe Bedeutung beigemessen (vgl. Schäffer 2003, Jörissen 2007).

Dort wo Menschen wie selbstverständlich in das, was ich hier als konjunktive Transaktionsräume bezeichne, hineinwachsen, kann es Bildung nicht geben. Denn für Bildung ist – da kann man einer Reihe von Autor(inn)en folgen – die Befremdung, die Konfrontation mit dem Anderen bzw. die Erfahrung von Differenz konstitutiv (vgl. Wulf 1998; Koller 2002; Meyer-Drawe 1999). Aus dieser Befremdung heraus können sich dann menschliche Lebensorientierungen transformieren, d. h. es kommt zu einem Bildungsprozess.[18]

Eine solch bildsame Befremdung stand auch am Anfang der Begegnung mit Computern, von der mir einige Seniorinnen vor etwa zehn Jahren erzählten: Frau Schwehn etwa bekam den Computer von ihren Kindern geschenkt: „ich hab einen **Freuden**schrei ausgestoßen es war ein Computer", heißt es dazu im Interview. Doch dann hatten die Kinder keine Zeit, ihr die Funktionen zu erklären, und auch der Computerlehrer kam nicht wie verabredet nach Weihnachten vorbei. Aber Frau Schwehn hat es, wie sie sagt, „gejuckt ich hab angemacht ich hab ausgemacht (1 Sek. Pause) DOS, können Se sich mal vorstelln Hürrogliephe, auf einmal hab ich gedacht, also [...] jetz ärgerts mich aber jetzt gehste aber mal da dran."[19]

Für die Überraschung von Frau Schwehn – die eigentlich eine Mikrowelle zu bekommen erwartet hatte – wie auch für die Fremdheit, die sich zwischen ihr und dem Computer dokumentiert, ist ihre fehlende Einbindung in den konjunktiven Transaktionsraum digitaler Technologien konstitutiv. Während ihre Kinder, wie auch der Computerlehrer, Teil dieses konjunktiven Transaktionsraums sind, ist er ihr als ca. 1940 Geborener fremd. Sie ist nicht nur mit analogen Technologien

---

[18] Ich knüpfe mit diesem Bildungsbegriff an die strukturale Bildungstheorie von Marotzki (1990) an und gebe ihr mit der Betonung der Lebensorientierungen, die die Praxis strukturieren, eine praxeologische Wendung (siehe ähnlich auch Geimer 2010; Rosenberg 2011).

[19] Dieser Transkriptausschnitt ist gekürzt und vereinfacht wiedergegeben. Für die vollständige Version und ihren Kontext siehe Nohl 2006, S. 228 f.

aufgewachsen, auch wurden an ihrem Arbeitsplatz Computer erst kurz nach ihrer Verrentung eingeführt.[20]

Diese Fremdheit, die mit einer Faszination einhergeht, markiert nun den Beginn eines nachhaltigen, die Lebensorientierungen von Frau Schwehn transformierenden Bildungsprozesses. Gerade weil ihr niemand zeigt, wie man mit dem Computer umzugehen hat, gerade weil sie also keinen gelenkten Lernprozess durchläuft, ist es ihr möglich, eigene Erfahrungen und Experimente mit dem Computer zu machen. In der Sprache Mannheims könnte man sagen, dass sich – in den ersten Bewegungen des Ein- und Ausschaltens – eine Kontagion zwischen Mensch und Ding entfaltet, deren weiterer Verlauf noch offen ist.[21]

Ähnlich wie andere Seniorinnen, die ich interviewt habe (siehe Nohl 2006, S. 219 ff.), erarbeitet sich Frau Schwehn dann unterschiedliche Programme, stößt irgendwann auf das Internet und findet dort eine ganze Reihe von altersgleichen Freundinnen, mit denen sie sich dann nicht nur über technische Details und Probleme ihres Tuns austauscht, sondern über alle möglichen Fragen des Lebens. Eine ihrer Freundinnen, Frau Brandt, hat sogar eine ausdifferenzierte eigene Homepage aufgebaut. Für Frau Brandt ist diese neue Beschäftigung zur „Erfüllung" geworden, und auch Frau Schwehn gibt an, jeden Tag „zwei drei Stunden am Computer" zu sitzen, um die Mails ihrer Freundinnen zu beantworten.

Bildung, dies wird hier deutlich, erschöpft sich nicht in der *Befremdung* durch konjunktive Transaktionsräume. Für die rekonstruierten Bildungsprozesse ist es zentral, dass sich diese Seniorinnen auf der Basis der ersten Kontagion in eine eigenständige Transaktion mit dem Computer begeben haben, ohne schon zu wissen, wie er zu benutzen ist und wozu er einmal dienen soll. Sie überlassen sich dem experimentellen Entdeckungsprozess: Anhand der Folgen dieser Praktiken, d. h. in einem Wechselspiel von menschlicher Aktion und technischer Reaktion (und umgekehrt), etabliert sich allmählich ein eigenständiger Sinnzusammenhang. Zum Beispiel wird Frau Brandts Homepage zur Anlaufstelle für die Diskussion der IT-Probleme älterer Menschen, oder die täglichen Mails zwischen Frau Schwehn

---

[20] Hier deutet sich an, dass der konjunktive Transaktionsraum, in den Frau Schwehn zuvor einsozialisiert worden war, sich in der Überlappung mit anderen „sozialen Lagerungen" (Mannheim 1964), u. a. des Geschlechts und der sozialen Schicht, konstituierte. Siehe zur Mehrdimensionalität solcher Milieus, die auch konjunktive Transaktionsräume umfassen, Nohl (2011a, S. 177).

[21] Im Sinne der Peirceschen Trichotomie könnte man ergänzen, dass die Kontagion (Erstheit) sich im Modus der Zweitheit entfalten kann, ohne durch eine Drittheit vorbestimmt zu sein. Hiervon lässt sich jene Kontagion als Berührung zwischen Menschen und Gegenständen unterscheiden, die schon gerahmt und deren weiterer Verlauf bereits prinzipiell (etwa durch eine Beratung, einen Kurs oder den Schulunterricht) festgelegt ist. Eine solche Kontagion mündet eher in einen Lernprozess (siehe hierzu Asbrand und Nohl 2013).

und ihren Freundinnen zum digitalen Lebenszeichen vereinsamter Seniorinnen. Auf diese Weise verändern sich die Lebensorientierungen der Seniorinnen ebenso nachhaltig wie die Computer eine spezifische Funktion gewinnen.[22] Die Seniorinnen verbinden sich mit den Computern, welche zuvor noch in den konjunktiven Transaktionsraum der Jüngeren eingebunden waren und dort ihre Stimmung erhalten hatten. So entsteht im Bildungsprozess ein neuer konjunktiver Transaktionsraum, an dem die Generation der Seniorinnen wie auch ihre neu gestimmte IT-Hardware teilhat.

3   Subjektivierung, Kultur und Materialität

Wenn es bei den Seniorinnen in der Transformation von Lebensorientierungen zu einem Bildungsprozess kommt, so kann dies als eine Form von Subjektivierung, d. h. als Art und Weise, sich als Subjekt und eigenständigen Akteur zu begreifen, verstanden werden.[23] Diese ist nun – folgt man den Kulturtheorien – nicht unabhängig von den „sozio-kulturellen Praktiken" (Reckwitz 2006, S. 40) zu sehen, in denen sich und die die Subjektivierung reproduziert (vgl. hierzu auch Rosenberg 2011, S. 193 ff., 287 ff.). In diese Praktiken sind auch materielle Artefakte eingebunden, welche „selbst eine ‚materiale Kultur'" bilden (Reckwitz 2006, S. 61).

Wenn man Bildung – wie in diesem Beitrag gezeigt – als einen Prozess begreift, der sich aus dem Aufeinandertreffen unterschiedlicher konjunktiver Transaktionsräume in der Lebensgeschichte eines Menschen ergibt, wird ein differenzierter Blick auf die „Bedeutung von Dingen und Artefakten für Subjektivierungsprozesse" (Rieger-Ladich 2013, S. 2) möglich. Für den Bildungsprozess von Frau Schwehn und den anderen Seniorinnen ist entscheidend, dass sie über eine lange Strecke ihres Lebens hinweg kaum Kontakt zu Computern hatten und ihnen der mit der IT-Technologie verknüpfte konjunktive Transaktionsraum fremd geblieben war. Denn nur auf diese Weise konnte es überhaupt zur Befremdung durch diese Artefakte

---

[22] Weder die neuen Orientierungen noch die Funktionen der Dinge sind intendiert gewesen, sondern haben sich erst in dem Entdeckungsprozess herauskristallisiert. Gerade dieser nicht-intentionale Aspekt des Bildungsprozesses lässt sich sehr gut mit dem Pragmatismus und seiner Maxime reflektieren, geht es doch darum, die Bedeutung der Praktiken mit den Dingen anhand ihrer Folgen zu erkennen. Oder, um es mit einem Begriff Latours zu sagen: Im Zuge des Bildungsprozesses werden neue, noch vorläufige Bedeutungen von Mensch-Ding-Praktiken zunächst noch tentativ im Sinne eines „Aktionsnamens" (Latour 2000, S. 372) erfasst.

[23] Mit dem Begriff der Subjektivierung soll hier hervorgehoben werden, dass transformative Bildungsprozesse nicht nur als Leistung von Akteuren angesehen werden können, sondern stets auch in ihren Begrenzungen und an sie gerichteten Erwartungshaltungen gesellschaftlich bestimmt sind.

kommen. Wir haben es hier mit einem transformativen Geschehen zu tun, dass gewisse Parallelen zu den „kulturellen Schwellenphasen der Subjektordnungen" aufweist, welche auch – wie Reckwitz (2006, S. 91) hervorhebt – „Schwellen einer Artefaktrevolution" darstellen. Während auf der Ebene der Gesellschaft „neue materiale Kulturen ... Bedingungen für Transformationen der Subjektformen [liefern; AMN], die sich in Auseinandersetzung mit ihnen bilden" (ebd.), kommt es auf der Ebene individueller Lebensgeschichten bereits dort zu einem transformativen Geschehen, wo Menschen auf konjunktive Transaktionsräume treffen, die *für sie* bislang fremd waren. Noch stärker als mit dem Begriff der materialen Kultur wird im Konzept des konjunktiven Transaktionsraums betont, dass letzterer sich immer in den transaktionalen Praktiken zwischen spezifischen Menschen und spezifischen Dingen entfaltet. Es geht also nicht um eine prinzipielle Möglichkeit der Betroffenheit durch eine materiale Kultur (von der man auf der Ebene der Gesellschaft ausgehen muss), sondern um die empirisch rekonstruierbaren Praktiken, die die konjunktiven Transaktionsräume fundieren. Nachdem nun die Seniorinnen, die bisher in die Praktiken eines durch analoge Medien gekennzeichneten Transaktionsraums eingebunden waren, auf den Computer stoßen, arbeiten sie sich in der Folge an diesem zunächst fremden Transaktionsraum ab. Im Zuge dessen verändern sich aber ihre Lebensorientierungen, sie erschließen sich neue Praktiken im Internet; auf diese Weise entsteht dann aber auch ein neuer Transaktionsraum, der die Seniorinnen mit dem Computer und Internet verbindet.

In dieser Hinsicht ist die Subjektivierung, die mit dem Bildungsprozess einhergeht, zwar prinzipiell in die kulturellen Praktiken in der Gesellschaft (einschließlich ihrer materialen Kultur) eingebettet. Ihre bildende Funktion erhalten diese Praktiken aber erst dann, wenn sich im Leben spezifischer Menschen das Gefüge spezifischer konjunktiver Transaktionsräume, an denen sie teilhaben, verschiebt und es zur bildsamen Befremdung kommen kann.

Literatur

Asbrand, Barbara, und Arnd-Michael Nohl. 2013. Lernen in der Kontagion: Interpretieren, konjunktives und aktionistisches Verstehen im Aufbau gegenstandsbezogener Erfahrungsräume. In *Dokumentarische Methode*, Hrsg. Peter Loos, Arnd-Michael Nohl, Aglaja Przyborski, und Burkhard Schäffer, 150–169. Opladen: Budrich.

Böhme, Jeanette, Hrsg. 2009. *Schularchitektur im interdisziplinären Diskurs*. Wiesbaden: VS Verlag für Sozialwissenschaften.

Bohnsack, Ralf. 1989. *Generation, Milieu und Geschlecht - Ergebnisse aus Gruppendiskussionen mit Jugendlichen*. Opladen: Leske + Budrich.

Dewey, John. 1980. Human nature and conduct. In *John Dewey – The middle works 1899–1924*, Hrsg. Jo Ann Boydston, Bd. 14, 1922, 1–230. Carbondale: Southern Illinois University Press.

Dewey, John. 2001. *Die Suche nach Gewißheit*. Frankfurt a. M.: Suhrkamp.

Dewey, John, und Arthur F. Bentley. 1989. Knowing and the known. In *John Dewey – The later works, 1925–1953*, Bd. 16, 1949–1952, Hrsg. Jo Ann Boydston, 1–294. Carbondale: Southern Illinois University Press.

Fenwick, Tara, und Richard Edwards. 2010. *Actor-network theory and education*. London: Routledge.

Fenwick, Tara, und Richard Edwards. 2011. Introduction: Reclaiming and renewing actor network theory for educational research. *Educational Philosophy and Theory* 43 (1): 1–14.

Geimer, Alexander. 2010. *Filmrezeption und Filmaneignung. Eine qualitativ-rekonstruktive Studie über Praktiken der Rezeption bei Jugendlichen*. Wiesbaden: VS Verlag für Sozialwissenschaften.

Göhlich, H. D. Michael. 1993. *Die pädagogische Umgebung. Eine Geschichte des Schulraums seit dem Mittelalter*. Weinheim: Deutscher Studien Verlag.

Jörissen, Benjamin. 2007. *Beobachtungen der Realität. Die Frage nach der Wirklichkeit im Zeitalter der Neuen Medien*. Bielefeld: Transcript.

Kalthoff, Herbert, und Tobias Röhl. 2011. Interobjectivity and interactivity. Material objects and discourse in class. *Human Studies* 34 (4): 451–469.

Klafki, Wolfgang. 2005. Allgemeinbildung in der Grundschule und der Bildungsauftrag des Sachunterrichts. www.widerstreit-sachunterricht.de/Ausgabe Nr. 4/März 2005.

Klafki, Wolfgang. 1974. *Studien zur Bildungstheorie und Didaktik Weinheim*. Basel: Beltz.

Koller, Hans-Christoph. 2002. Bildung und kulturelle Differenz – Zur Erforschung biographischer Bildungsprozesse von MigrantInnen. In *Biographische Arbeit*, Hrsg. Margret Kraul und Winfried Marotzki, 92–116. Opladen: Leske + Budrich.

Lange, Hermann. 1967. Schulbau und Schulverfassung der frühen Neuzeit. Zur Entstehung und Problematik des modernen Schulwesens. Diss., Philosophischen Fakultät der Universität Hamburg, Hamburg.

Latour, Bruno. 1992. Technology is society made durable. In *A sociology of monsters. Essays on power, technology and domination*, Hrsg. John Law, 103–131. London: Routledge.

Latour, Bruno. 1998. *Wir sind nie modern gewesen. Versuch einer symmetrischen Anthropologie*. Frankfurt a. M.: Fischer.

Latour, Bruno. 2000. *Die Hoffnung der Pandora*. Frankfurt a. M.: Suhrkamp.

Latour, Bruno. 2006. A textbook case revisited. Knowledge as a mode of existence. In *The handbook of science and technology studies*, Hrsg. Edward J. Hackett, Olga Amsterdamska, Michael E. Lynch, und Judy Wajcman, 83–112. Cambridge: MIT.

Lichtblau, Klaus. 2011. *Die Eigenart der kultur- und sozialwissenschaftlichen Begriffsbildung*. Wiesbaden: VS Verlag für Sozialwissenschaften.

Mannheim, Karl. 1958. *Mensch und Gesellschaft im Zeitalter des Umbaus*. Darmstadt: Hermann Gentner Verlag.

Mannheim, Karl. 1964. Das Problem der Generationen. In *Wissenssoziologie*, Hrsg. Karl Mannheim, 509–565. Neuwied: Luchterhand.

Mannheim, Karl. 1980. *Strukturen des Denkens*. Frankfurt a. M.: Suhrkamp.

Marotzki, Winfried. 1990. *Entwurf einer strukturalen Bildungstheorie*. Weinheim: Deutscher Studien Verlag.

Meyer-Drawe, Käte. 1999. Herausforderung durch die Dinge. Das Andere im Bildungsprozeß. *Zeitschrift für Pädagogik* 45 (3): 329–342.

Mollenhauer, Klaus. 1998. Die Dinge und die Bildung. *Mitteilungen & Materialien* 49: 8–20.

Nohl, Arnd-Michael. 2006. *Bildung und Spontaneität. Phasen biographischer Wandlungsprozesse in drei Lebensaltern – Empirische Rekonstruktionen und pragmatistische Reflexionen.* Opladen: Budrich.

Nohl, Arnd-Michael. 2011a. *Pädagogik der Dinge.* Heilbrunn: Klinkhardt.

Nohl, Arnd-Michael. 2011b. Cosmopolitanization and social location: Generational differences within the Turkish audience of the BBC world service. *European Journal of Cultural Studies* 14 (3): 321–338.

Nohl, Arnd-Michael, und Christoph Wulf, Hrsg. 2013. *Mensch und Ding. Die Materialität pädagogischer Prozesse. Beiheft der Zeitschrift für Erziehungswissenschaft.* Wiesbaden: VS Verlag für Sozialwissenschaften.

Peirce, Charles Sanders. 1970. *Schriften II: Vom Pragmatismus zum Pragmatizismus.* Frankfurt a. M.: Suhrkamp.

Prawat, Richard S. 2001. Dewey and Peirce, the philosopher's philosopher. *Teacher College Record* 103 (4): 667–721.

Prawat, Richard S. 2003. The nominalism versus realism debate: Toward a philosophical rather than a political resolution. *Educational Theory* 53 (3): 275–311.

Priem, Karin, Gudrun M. König, und Rita Casale, Hrsg. 2012. *Die Materialität der Erziehung. Kulturelle und soziale Aspekte pädagogischer Objekte. 58. Beiheft der Zeitschrift für Erziehungswissenschaft.* Weinheim: Beltz.

Reckwitz, Andreas. 2002. The status of the „Material" in theories of culture: From „Social Structure" to „Artefacts". *Journal for the Theory of Social Behavior* 32 (2): 195–217.

Reckwitz, Andreas. 2006. *Das hybride Subjekt. Eine Theorie der Subjektkulturen von der bürgerlichen Moderne zur Postmoderne.* Weilerswist: Velbrück.

Rieger-Ladich, Markus. 2009. Menschen und Dinge, Akteure und Aktanten: Überlegungen zur Neubestimmung des Sozialen. In *Das Soziale in der Pädagogik,* Hrsg. Jürgen Oelkers und Bettina Grubenmann, 114–130. Bad Heilbrunn: Klinkhardt.

Rieger-Ladich, Markus. 2013. Postschalter und Dreiräder: Wie kommt man Subjektivierungspraktiken empirisch auf die Spur? Erscheint in *Praxis – Ausdruck – Sinn. Versuche zur Rekonstruktion von Rede, Leib und Artefakten im pädagogischen Kontext,* Hrsg. Bernd Hackl. Wiesbaden: VS Verlag für Sozialwissenschaften.

von Rosenberg, Florian. 2011. *Bildung und Habitustransformation: Empirische Rekonstruktionen und bildungstheoretische Reflexionen.* Bielefeld: Transcript.

Schäffer, Burkhard. 2003. *Generation – Medien – Bildung. Medienpraxiskulturen im Generationenvergleich.* Opladen: Leske + Budrich.

Schäffer, Burkhard. 2007. „Kontagion" mit dem Technischen. In *Die dokumentarische Methode und ihre Forschungspraxis,* Hrsg. Ralf Bohnsack, Iris Nentwig-Gesemann, und Arnd-Michael Nohl, 45–67. Wiesbaden: VS Verlag für Sozialwissenschaften.

Sørensen, Estrid. 2011. *The materiality of learning.* Cambridge: Cambridge University Press.

Wulf, Christoph. 1998. Bildung als interkulturelle Aufgabe. In *Deutsche Gegenwartspädagogik,* Hrsg. Michelle Borelli und Jörg Ruhloff, 41–55. Hohengehren: Schneider.

Bildung unter den Bedingungen kultureller Pluralität. Zur Darstellung von Bildungsprozessen in Wolfgang Herrndorfs Roman „Tschick"

Hans-Christoph Koller

1 Zum Verständnis der Begriffe *Bildung und Kultur*

Bildung und *Kultur* sind stark umstrittene Begriffe, und in beiden Fällen steht nicht nur zur Debatte, wie diese Begriffe jeweils angemessen bestimmt werden können, sondern auch, ob sie angesichts der Vielzahl möglicher Definitionen und ihres weiten Bedeutungsspektrums überhaupt für wissenschaftliche Zwecke geeignet sind. Dennoch – so die These des folgenden Beitrags – sind diese Termini für die Erziehungswissenschaft unverzichtbar, und zwar vor allem dann, wenn man die Prozesse beschreiben möchte, die durch pädagogisches Handeln befördert, unterstützt oder zumindest ermöglicht werden sollen. Um diese These zu begründen, müssen zunächst wenigstens kurz die Debatten skizziert werden, die sich um die beiden Begriffe drehen. Im Falle des Bildungsbegriffs ist die einschlägige Kritik weithin bekannt und soll deshalb nur kurz in Erinnerung gerufen werden. Sie besagt u. a., dass der Bildungsbegriff aufgrund seiner ideengeschichtlichen Herkunft aus dem 18. Jahrhundert den Herausforderungen moderner Gesellschaften nicht mehr gerecht werde und dass er angesichts seiner Verwurzelung in der philosophisch-geisteswissenschaftlichen Tradition nicht geeignet sei, empirische Forschung anzuleiten (vgl. dazu z. B. Koller 1999, S. 11 ff.). Ein neueres Argument im Streit um Bildung ist die von Norbert Ricken vertretene These, dass dieser Begriff auch deshalb

Für kritische Lektüre und konstruktive Hinweise danke ich Birgit Haustedt, Janina Zölch und Gereon Wulftange.

H.-C. Koller (✉)
Fakultät für Erziehungswissenschaft, Universität Hamburg,
Von-Melle-Park 8, 20146 Hamburg, Deutschland
E-Mail: Hans-Christoph.Koller@uni-hamburg.de

F. von Rosenberg, A. Geimer (Hrsg.), *Bildung unter Bedingungen kultureller Pluralität*, 41
DOI 10.1007/978-3-531-19038-9_4, © Springer Fachmedien Wiesbaden 2014

problematisch sei, weil er zur Kritik an Machtzusammenhängen eingesetzt werde, in die er selbst verstrickt sei (vgl. Ricken 2006). Damit wird ein älteres Motiv der Bildungskritik aufgegriffen, das sich gegen die Verwendung des Bildungsbegriffs als Instrument sozialer Distinktion richtete, mit dem das so genannte Bildungsbürgertum sich von anderen gesellschaftlichen Klassen abzugrenzen versucht hat (vgl. z. B. Klafki 1985/2007). Rickens Argumentation spitzt diese Kritik insofern zu, als sich seiner Diagnose zufolge die Machtzusammenhänge, in die der Bildungsbegriff verstrickt ist, nicht auf die gesellschaftliche Dominanz einer Klasse über andere beschränken, sondern – im Sinne von Michel Foucaults Machtbegriff – sämtliche Formen der ‚Führung' von Individuen einschließlich der Selbst-Führung betreffen. ‚Bildung', so das zentrale Argument, ist demzufolge unweigerlich beteiligt an dem, was Foucault und Judith Butler ‚Subjektivierung' nennen, d. h. an der Unterwerfung von Individuen unter Machtmechanismen, die Subjekte im Sinne von handlungsfähigen Individuen allererst hervorbringen, ihre soziale Existenz aber zugleich an bestimmte Bedingungen binden (vgl. Butler 2001, S. 7 ff.).

Trotz der hohen Plausibilität dieser Kritik kann daraus nicht der Schluss gezogen werden, auf den Bildungsbegriff in erziehungswissenschaftlichen Kontexten gänzlich zu verzichten. Stimmt man der Einschätzung zu, dass zu den Aufgaben erziehungswissenschaftlicher Reflexion auch die Diskussion über Begründung, Zielbestimmung und Kritik pädagogischen Handelns gehört, so ist der Bildungsbegriff insofern unverzichtbar, als es eines systematischen Orts sowie einer zentralen Kategorie bedarf, an dem bzw. mit deren Hilfe diese Diskussion geführt werden kann. Diesen systematischen Ort stellt nach klassischem Verständnis die Bildungstheorie dar, und die zentrale Kategorie, um die sich diese Diskussion dreht, ist eben der Bildungsbegriff. Diese Einschätzung betrifft allerdings nur die disziplinäre Stellung und Funktion des Bildungsbegriffs, nicht seine inhaltliche Ausgestaltung, d. h. die konkrete Art und Weise, in der jeweils versucht wird, die Ziele pädagogischen Handelns zu bestimmen. Insofern stimme ich Rickens Kritik zu, dass viele Fassungen des Bildungsbegriffs von Wilhelm von Humboldt bis in die Gegenwart stärker in Machtzusammenhänge und Prozeduren der Subjektivierung verstrickt sind, als von ihnen selbst reflektiert wird, und zwar insbesondere dann, wenn sie Bildung mehr oder weniger explizit als *Gegentendenz* zu Macht bzw. Machtverhältnissen begreifen – etwa als Emanzipation, Befreiung, Autonomisierung usw.

Aber die kritische Auseinandersetzung mit solchen Zusammenhängen enthebt die erziehungswissenschaftliche Reflexion nicht der Aufgabe, die Maßstäbe solcher Kritik zu begründen und dafür Begriffe zu verwenden, die ihrerseits zu einer Orientierung pädagogischen Handelns beitragen können – also genau die Funktion zu erfüllen, die traditionell dem Bildungsbegriff zugesprochen wurde. In diesem Sinne ist der Bildungsbegriff – oder ein funktionales Äquivalent – systematisch unverzichtbar für erziehungswissenschaftliche Reflexionen. Bei Ricken (2006,

S. 345) selbst findet sich übrigens eine Bestätigung dieser These insofern, als er im Anschluss an Foucault und Butler den Terminus „Entsubjektivierung" benutzt, der sich kritisch gegen bestimmte Fassungen eines emanzipatorisch-aufklärerischen Bildungsbegriffs richtet, bei dem es sich aber funktional betrachtet nichts desto weniger um eine bildungstheoretische Kategorie im beschriebenen Sinne handelt.

In ähnlicher Weise unverzichtbar für die Erziehungswissenschaft ist auch der Begriff *Kultur* – und zwar gerade im Zusammenhang der eben beschriebenen (und als ‚bildungstheoretisch' ausgewiesenen) Diskussion um Sinn und Zweck pädagogischen Handelns. Auch ‚Kultur' ist zu Recht ein umstrittener Begriff, trotz oder gerade wegen seiner aktuellen Konjunktur im Kontext der Debatten um ‚interkulturelle' Kommunikation, ‚multikulturelle' Gesellschaften oder den ‚cultural turn' der Geistes- und Sozialwissenschaften. Dabei ist am Kulturbegriff nicht mehr nur sein Gebrauch im Singular fraglich geworden (weil unter den Bedingungen kultureller Pluralität statt von *der* Kultur nur noch von Kultur*en* im Plural die Rede sein könne). Kritisiert wird vielmehr auch die weit verbreitete Rede von der Vielfalt der Kulturen, und zwar in zweifacher Hinsicht. Die Kritik richtet sich zum einen darauf, dass diese Rede in vielen Fällen – etwa im Blick auf die gesellschaftlichen Folgen weltweiter transnationaler Migration – als *kulturelles* Phänomen deute, was in Wirklichkeit *sozialstrukturelle* Ursachen habe (vgl. z. B. Bukow und Llaryora 1998; Auernheimer 1994). Zum andern wird an der Verwendung des Kulturbegriffs kritisiert, dass dieser auch und gerade im Plural dazu neige, Kulturen als vermeintlich homogene, nach außen abgrenzbare Einheiten anzusehen und soziale Akteure auf die eindeutige Zugehörigkeit zu einer einzigen solchen Einheit festzulegen (vgl. z. B. Terkessidis 2010).

So berechtigt diese Kritik ist, so verfehlt wäre es dennoch auch in diesem Fall, daraus den Schluss zu ziehen, man könne oder solle von der Verwendung des Kulturbegriffs völlig Abstand nehmen. Auch der Kulturbegriff ist – nicht nur, aber auch für die Erziehungswissenschaft – insofern unverzichtbar, als sozialstrukturelle Faktoren (oder, mit Bourdieu gesprochen, die „objektiven Existenzbedingungen"), so wichtig diese auch sein mögen, ihre Wirkung nur entfalten können, wenn und indem sie von den sozialen Akteuren wahrgenommen und gedeutet werden. Anders formuliert: Ihre Wirksamkeit verdanken diese sozialstrukturellen Bedingungen nicht zuletzt dem Umstand, dass die Akteure, die von ihnen betroffen sind, sich selbst zu ihnen in ein Verhältnis setzen. Und eben diese sozialstrukturelle Bedingungen wahrzunehmen und zu deuten bzw. sich zu ihnen in ein Verhältnis zu setzen, bewerkstelligen die Akteure eben nicht nur ‚materiell' bzw. in ihrem faktischen, beobachtbaren Verhalten, sondern vielmehr stets auch und vor allem im Medium symbolischer bzw. diskursiver Ordnungen – und damit genau im Medium dessen, was im neueren kulturwissenschaftlichen Verständnis des Begriffs ‚Kultur' ausmacht (vgl. dazu Reckwitz 2004).

Auch hier kommt nun freilich alles darauf an, wie man den Kulturbegriff genauer fasst. Im Blick auf die zweite oben referierte Kritik, die sich gegen die vereinheitlichende und Akteure auf ihre kulturelle Zugehörigkeit festlegende Wirkung der Rede von Kultur(en) richtet, ist in diesem Zusammenhang an die von Andreas Reckwitz getroffene Unterscheidung im Blick auf die Verwendungsweisen des Kulturbegriffs zu erinnern. Denn während die älteren Versionen eines „normativen", eines „totalisierenden" oder eines „differenzierungstheoretischen" Kulturbegriffs (ebd., S. 3 ff.) sämtlich dazu tendierten, die Kontingenz kultureller Orientierungen (und damit eine wesentliche Ursache kultureller Pluralität) unsichtbar zu machen, biete der bedeutungs- bzw. symbolorientierte Kulturbegriff, den Reckwitz als charakteristisch für die neuere kulturwissenschaftliche Diskussion beschreibt, prinzipiell die Chance, diese Kontingenz zu thematisieren und dabei nicht nur die ständige Veränderbarkeit, sondern auch die wechselseitige Durchdringung, Überlagerung oder Vermischung von Kulturen zu denken.

Kulturen gelten in diesem Verständnis als kontingente, nach Ort und Zeit verschiedene „Verhaltenskomplexe", die „vor dem Hintergrund von symbolischen Ordnungen, von spezifischen Formen der Weltinterpretation entstehen, reproduziert werden und sich verändern" (ebd., S. 7). Als den auf Ernst Cassirer zurückgehenden Kerngedanken einer solchen Kulturauffassung beschreibt Reckwitz die These, dass „Welt nicht anders erfahren werden kann, als dadurch, dass ihr fortwährend und meist implizit Bedeutungen verliehen werden" (ebd.). Dieses Kulturverständnis radikalisiere die im Kulturbegriff von Anfang an angelegte „Implikation der Kontingenz menschlicher Lebensformen" und betone gegen die universalistischen Tendenzen früherer Kulturtheorien, dass „sämtliche Komplexe von Praktiken der Vergangenheit und Gegenwart (…) erst vor dem Hintergrund der jeweiligen, sehr spezifischen Sinnhorizonte und Bedeutungscodes möglich sind (…) oder sogar als ‚notwendig' und ‚natürlich' erscheinen" (ebd., S. 8).

Vor diesem Hintergrund wird es nun nicht nur möglich, am Kulturbegriff festzuhalten, ohne in die Falle der Kulturalisierung zu laufen bzw. Akteure auf die unhintergehbare Bindung an eine einzige, unveränderliche Herkunftskultur festzulegen. Die eben skizzierte Fassung des Kulturbegriffs erlaubt es vielmehr auch, die beiden umstrittenen Begriffe *Bildung* und *Kultur* auf spezifische Weise miteinander in Verbindung zu bringen. Bildung wäre dann nicht mehr nur als die subjektive Aneignung ‚der' bzw. ‚einer' Kultur zu verstehen, wie das die bildungstheoretische Tradition nahe legt – man denke etwa an Theodor W. Adornos Formel, Bildung sei „nichts anderes als Kultur nach der Seite ihrer subjektiven Zueignung" (Adorno 1980, S. 94). Denn mit einer solchen Auffassung ist allzu leicht (wenn auch gegen Adornos Intention) die Vorstellung verbunden, bei Bildungsprozessen handle es sich um den Erwerb einer ‚kulturellen Identität', die es dann gegen alle Angriffe und Entfremdungstendenzen zu verteidigen gelte. Vor dem Hintergrund der radikalen Kontingenz und Pluralität von Kulturen wäre Bildung vielmehr nicht nur als *Aneignung*, sondern auch und vor allem als *Transformation* jener kulturellen Orientierungen zu begreifen, die es den Akteuren ermöglichen, die objektiven Bedingungen ihrer Existenz auf je spezifische Weise wahrzunehmen und zu deuten bzw. sich zu diesen Bedingungen zu verhalten. Zu Bildung gehört diesem Verständnis nach deshalb die Fähigkeit und Bereitschaft, nicht nur die objektiven Existenzbedingungen selbst, sondern auch ihre jeweiligen kulturellen Deutungen zum Gegenstand kritischer Reflexion zu machen und kreativ weiterzuentwickeln bzw. zu transformieren.

Dieses Bildungsverständnis weist deutliche Parallelen zu dem Konzept transformatorischer Bildungsprozesse auf, das ich an anderer Stelle vorgestellt habe und in dem Bildung als Transformation von Welt- und Selbstverhältnissen in Auseinandersetzung mit solchen Erfahrungen begriffen wird, die sich einer Bearbeitung im Rahmen etablierter Orientierungsmuster entziehen (vgl. Koller 2012). Diesem Konzept entsprechend würde die Konfrontation mit fremden kulturellen Deutungsangeboten den Anlass solcher Bildungsprozesse darstellen, während diese Prozesse selber sich als Transformation bestehender bzw. als Entwicklung neuer kultureller Figuren des Welt- und Selbstverhältnisses vollziehen – unter Einschluss aller Formen der wechselseitigen Durchdringung oder Vermischung solcher Figuren.

Statt dieses Bildungsverständnis nun theoretisch weiter zu entfalten, soll im Folgenden ein anderer Weg eingeschlagen werden. Das Ziel des vorliegenden Beitrags besteht vielmehr darin, die Fruchtbarkeit der skizzierten Bildungsauffassung an einem literarischen Beispiel zu erproben, das als exemplarische Darstellung eines Bildungsprozesses unter den Bedingungen kultureller Pluralität verstanden werden kann. Im Mittelpunkt der Aufmerksamkeit stehen dabei zwei Fragen. Zum einen geht es darum, genauer herauszuarbeiten, inwiefern die Begegnung mit fremden symbolischen Ordnungen und kulturellen Deutungsmustern einen Anlass für Bildungsprozesse darstellt und welche Bedeutung dabei der zunehmenden Pluralität solcher Deutungsmuster zukommt. Zum andern soll untersucht werden, welche Bedingungen dazu beitragen, dass es im Zuge solcher Begegnungen tatsächlich zur Entstehung neuer und nicht zur Restabilisierung etablierter Figuren des Welt- und Selbstverhältnisses kommt.

Die besondere Qualität literarischer Quellen beruht dabei darauf, dass sie individuelle Erfahrungen und Entwicklungen weitaus konkreter, anschaulicher und differenzierter zu beschreiben vermögen, als dies theoretischen Arbeiten in der Regel möglich ist (vgl. Koller und Rieger-Ladich 2005, S. 8 f.). Die entscheidende methodische Herausforderung ist dabei darin zu sehen, dass es nicht darum gehen kann, literarische Texte nur zur Illustration bereits vorhandener theoretischer Konzepte einzusetzen. Es kommt vielmehr darauf an, das Irritations- und Erkenntnispotential solcher Texte zu nutzen, um neue Einsichten hervorzubringen und die der Analyse bzw. Interpretation zugrunde liegenden theoretischen Konzepte in Frage zu stellen, weiter zu entwickeln oder gänzlich zu transformieren.

2 Analyse und Interpretation des Romans „Tschick" von Wolfgang Herrndorf

Das Beispiel, das im Folgenden auf diese Weise analysiert und interpretiert werden soll, ist der Roman „Tschick" von Wolfgang Herrndorf, der 2010 erstmals erschien und von der Kritik sehr positiv aufgenommen wurde (vgl. Bartels 2010; Dürr 2011; Höbel 2011; Lovenberg 2010; Rüdenauer 2011; Seibt 2010). Der Roman erzählt die Geschichte einer abenteuerlichen Fahrt durch Ostdeutschland, die zwei Jugendliche mit einem gestohlenen Lada unternehmen. Ich-Erzähler ist der 14-jährige Maik, der in die achte Klasse des Gymnasiums geht und mit seinen Eltern, einem gescheiterten Immobilieninvestor und dessen alkoholkranker Frau, am Rande von Berlin-Marzahn in einer Villa mit Swimmingpool lebt. Die Story beginnt am Anfang der Sommerferien. Maik hat zwei Wochen ohne seine Eltern vor sich, da die Mutter sich so lange auf einer „Beautyfarm" befindet (wie der von ihr erfundene Tarnname für die Entzugsklinik lautet), während der Vater die Zeit für eine „Geschäftsreise" mit seiner jungen und hübschen Assistentin nutzt. Über die unverhoffte Freiheit kann Maik sich jedoch nicht so recht freuen, da er anders als ersehnt nicht zur Geburtstagsparty seiner Klassenkameradin Tatjana eingeladen wurde, in die er heftig verliebt ist und für die er in mühevoller Arbeit eine Porträtzeichnung ihres Idols Beyoncé als Geburtstagsgeschenk angefertigt hat. Da kreuzt Tschick auf, der eigentlich Andrej Tschichatschow heißt und erst vor kurzem in Maiks Klasse kam. Tschick ist Russlanddeutscher, wohnt in einem Plattenbau, kommt manchmal mit Alkoholfahne in die Schule und wird gerüchteweise mit der Russenmafia in Verbindung gebracht, hat es aber immerhin innerhalb von vier Jahren von der Förderschule bis ins Gymnasium geschafft. Er überredet Maik, mit ihm in einem geklauten Lada zu Tatjanas Party zu fahren (Tschick ist einer der wenigen aus der Klasse, die dort ebenfalls nicht eingeladen sind) und dann zu einer Urlaubsreise aufzubrechen.

Widerstrebend lässt Maik sich auf den Vorschlag ein, doch da sie weder eine Straßenkarte mitgenommen haben noch jemand nach dem Weg fragen können (man würde ja sofort erkennen, dass sie nicht alt genug sind, Auto zu fahren), verläuft die Fahrt eher chaotisch. Allerdings konfrontiert sie die beiden mit einer Reihe seltsamer Landschaften und nicht weniger seltsamer Menschen. Nach einem Unfall, bei dem ihr Lada sich überschlägt, landen die beiden in einem Krankenhaus, aus dem sie aber wieder abhauen, um sich erneut auf den Weg zu machen.

Dabei kommt es zu einem zweiten Unfall, bei dem Maik auf der Autobahn auf einen ins Schleudern geratenen Viehtransporter auffährt, was das definitive Ende ihrer Reise bedeutet.

Wieder zurück in Berlin widersetzt Maik sich dem Rat seines Vaters, die ganze Schuld auf „den Russen" zu schieben, kommt aber in der Gerichtsverhandlung aufgrund einer günstigen Sozialprognose mit der Auflage davon, 30 h gemeinnützige Arbeit zu verrichten, während Tschick in ein Erziehungsheim eingewiesen wird. Bei seiner Klasse (einschließlich Tatjana) verschafft die Geschichte Maik ein völlig verändertes Ansehen, besonders als zwei Polizisten in der Schule erscheinen, um ihn wegen eines weiteren gestohlenen Autos zu verhören (mit dessen Diebstahl er freilich nichts zu tun hat). Der Roman endet mit einer Szene, in der Maiks Mutter beginnt, zuhause Möbel, Lampen und Fernseher in den Swimmingpool zu werfen. Maik hilft ihr dabei, bis die von Nachbarn verständigte Polizei eintrifft, während seine Mutter und er gemeinsam den Möbeln hinterher ins Wasser springen.

Aus der eingangs skizzierten bildungs- und kulturtheoretischen Perspektive lassen sich Maiks Erlebnisse auf der gemeinsamen Reise mit Tschick als kulturelle Differenzerfahrungen verstehen, bei denen der Protagonist Menschen und Situationen begegnet, die seine vertrauten Wahrnehmungs- und Deutungsmuster nachhaltig in Frage stellen.

Diese irritierenden Erfahrungen beginnen bereits mit der Frage nach dem Ziel der Reise und nach Tschicks Herkunft. Als dieser vorschlägt, mit dem geklauten Lada einfach wegzufahren, und Maik ihn fragt, wo er überhaupt hin wolle, antwortet Tschick: „Wir könnten meine Verwandtschaft besuchen. Ich hab einen Großvater in der Walachei." (Herrndorf 2010, S. 97; im Folgenden nur mit Angabe der Seitenzahl zitiert) Die Doppeldeutigkeit des Ortsnamens, der einerseits eine historische Region im heutigen Rumänien, andererseits aber metaphorisch eine abgelegene, unzivilisierte Gegend bezeichnet, führt zu einem längeren Disput der beiden Jugendlichen, in dem Maik die Ansicht vertritt, „Walachei" sei nur ein Wort wie „Dingenskirchen", „Jottwedeh" oder „Pampa", dem kein realer Ort entspreche, während Tschick darauf beharrt, dass die Walachei wirklich existiere und sein Großvater dort lebe: „Und da fahren wir morgen hin." (98).

Das wiederum bringt Maik auf die Frage, was Tschick eigentlich sei, „Russe? Oder Walacheier oder was?", bzw. – nach Tschicks Verweis auf seinen deutschen Pass – wo er denn herkomme. Tschicks Antwort: „Aus Rostow. Das ist Russland. Aber die Familie ist von überall. Wolgadeutsche. Volksdeutsche. Und Banater Schwaben, Walachen, jüdische Zigeuner –" (98) Die hybride natio-ethno-kulturelle Herkunft Tschicks und der mehrdeutige Name des von ihm vorgeschlagenen Reiseziels bringen nicht nur das geographische Koordinatensystem Maiks durcheinander, sondern auch die auf Eindeutigkeit setzende diskursive Ordnung, die der

Frage nach der Herkunft bzw. der nationalen Zugehörigkeit zugrunde liegt. Der
Dialog der beiden Jugendlichen entspricht den aus der Interkulturalitätsdebatte bekannten Berichten vieler MigrantInnen, die seit langem in Deutschland leben oder
sogar hier geboren sind, aber immer wieder danach gefragt werden, woher sie denn
‚eigentlich' oder ‚ursprünglich' stammten. Im Roman wird die nach Eindeutigkeit
verlangende Zugehörigkeitsordnung, die solchen Fragen zugrunde liegt (vgl. dazu
Mecheril und Hoffarth 2009), außer Kraft gesetzt. Das bringt Maik in erhebliche
Verwirrung, der nicht glauben mag, dass es „jüdische Zigeuner" oder eine Gegend
namens „Walachei" wirklich gibt, der aber – nachdem er den Wikipedia-Eintrag zu
„Walachei" gelesen hat – dann doch anfängt, sich „wirklich Gedanken zu machen"
(100).

Die Reise der beiden Jugendlichen stellt also einen Aufbruch ins Ungewisse dar.
Da das Ziel unbestimmt-mehrdeutig ist und die beiden Jugendlichen weder eine
Landkarte dabei haben noch Autobahnen oder große Straßen zu nutzen wagen,
führt die Fahrt sie schneller, als ihnen lieb ist, in die metaphorische Walachei, d. h.
in seltsame, abgelegene Gegenden fernab der ihnen vertrauten Zivilisation. Ihre
erste Nacht verbringen Maik und Tschick in einem „Meer aus gelbem Weizen"
(110), das sich durch stundenlange Regenfälle in einen ungeheuren Sumpf verwandelt. Später gelangen sie auf eine riesige Müllkippe, baden in einem Stausee in
den Bergen und verirren sich schließlich in die Mondlandschaft eines stillgelegten
Braunkohletagebaus samt Geisterdorf – um nur einige Stationen der bestens für ein
road movie geeigneten Romanhandlung zu erwähnen.

Verwirrend für Maik sind aber nicht nur sein Reisegefährte und die Gegenden, in die ihre Reise führt, sondern vor allem die Verhaltensweisen der Menschen,
denen sie auf ihrer Fahrt begegnen und die – wie ein Rezensent bemerkt – „so
schräg und überraschend sind wie die Landschaften, durch die sie kommen" (Seibt
2010). Anders als im Fall der Auseinandersetzung über das Reiseziel und Tschicks
Herkunft spielen dabei weniger nationalkulturelle Aspekte eine Rolle als vielmehr
solche „Verhaltenskomplexe", die keiner ethnisch oder national definierbaren
Gruppe zugeschrieben werden können, denen aber dennoch „spezifische Formen
der Weltinterpretation" zugrunde liegen, die im Sinne des oben skizzierten Kulturbegriffs von Reckwitz als „Sinn- und Unterscheidungssysteme" bzw. „symbolische
Ordnungen" zu verstehen sind (Reckwitz 2004, S. 7).

So treffen Tschick und Maik etwa in einer kurzen Episode auf eine Gruppe jugendlicher Fahrradfahrer, die ihnen merkwürdig erscheinen,u. a. weil sie einen Be-
treuer dabei haben, der mit ihnen redet, „als wären sie seine Vorgesetzten" (124).
Sich selbst bezeichnen die Jugendlichen als „Adel auf dem Radel" und geben an,
„von Gut zu Gut" zu fahren (ebd.). Die strikt an die Perspektive des 14-jährigen
Maiks gebundene Erzählweise des Romans bewirkt, dass die Irritation aus solchen

Begegnungen sich auch auf den Leser überträgt. Denn „was die Jungs und Mädchen auf dem Berg da wirklich machten" (ebd.), wird eben so wenig geklärt wie die Frage, welche konkreten Orientierungen und Weltdeutungen der Befremdlichkeit ihrer Erscheinung und ihres Verhaltens zugrunde liegen.

Ähnliches gilt für die Begegnung mit einer Familie, von der in einer weiteren Episode erzählt wird. Als Maik und Tschick in einem Dorf nach dem örtlichen Supermarkt suchen, um Lebensmittel einzukaufen, stoßen sie auf einen etwa zwölfjährigen Jungen, der ihre entsprechende Frage nur damit beantwortet, dass sie „immer bei Froehlich" einkaufen würden (127). Die Episode endet damit, dass die beiden Jugendlichen von der Mutter des Jungen zum Mittagessen in die Familie eingeladen werden, zu der noch vier weitere jüngere Kinder gehören. Den Höhepunkt dieses Essens bildet ein seltsames Ritual, bei dem die Verteilung der ungleich großen Nachtischportionen mittels eines Ratespiels erfolgt, bei dem die Kinder abwechselnd Fragen aus „Harry Potter", Geographie, Wissenschaft, Religion und Politik beantworten müssen. Schien die Familie den beiden Gästen zunächst einfach nur beschränkt, weil der Älteste nicht einmal weiß, wo in ihrem Dorf der Supermarkt ist, so entpuppen die Kinder sich in dem seltsamen Quiz als Maik und Tschick derart überlegen, dass diese die Gelegenheit nutzen und sich darüber aufklären lassen, wie man mit einer Armbanduhr die Himmelsrichtungen herausfinden kann (was sie zuvor ohne Erfolg versucht hatten).

Auch hier werden die Verhaltensweisen der Familie perspektivisch so geschildert, dass die Irritation Maiks sich unwillkürlich auf den Leser überträgt. Zwar erkennt man einige der beschriebenen Praktiken wieder (etwa eine Art Tischgebet am Beginn der Mahlzeit), doch insgesamt bleibt das Verhalten so befremdlich, dass man Maiks Fazit beipflichten möchte, der die Familie abschließend als „tolle, spinnerte Leute" beschreibt, die „nett waren und ein bisschen durchgeknallt, verdammt gutes Essen machten und außerdem wahnsinnig viel wussten – außer wo der Supermarkt ist" (134).

Die nächste größere Station auf ihrer Reise stellt – nach der Verfolgungsjagd mit einem Dorfpolizisten und der vorübergehenden Trennung der beiden Protagonisten – die Begegnung mit Isa dar, einem Mädchen, das Maik und Tschick auf einer riesigen Müllkippe über den Weg läuft. Zu dieser Müllkippe gelangen die beiden auf der Suche nach einem Schlauch, den sie benötigen, um damit Benzin aus einem fremden Auto zu zapfen, als der Tank des Lada plötzlich leer ist. Das Mädchen ist etwa so alt wie die beiden Jungen, scheint aber schon eine Weile auf der Müllkippe zu leben, wie ihr verschmutztes Outfit und der von ihr ausgehende Geruch verraten. Obwohl Isas Kontakt mit Tschick und Maik sich zunächst auf den Austausch von Beschimpfungen beschränkt und sie von den Jungen mehrfach verjagt wird, verfolgt das Mädchen die beiden bis zu deren Auto. Dort erweist Isa sich dann überraschender Weise als sehr nützlich, da sie im Unterschied zu den beiden Jungen weiß, wie man einen Schlauch benutzt, um damit Benzin aus einem fremden Tank in einen Kanister zu bekommen.

Weil Isa sich nicht abwimmeln lässt und die Jungen ihr immerhin die Möglichkeit verdanken, ihre Reise fortzusetzen, nehmen die beiden das Mädchen schließlich im Auto mit. Die gemeinsame Weiterfahrt führt sie an einen Stausee in den Bergen, in dem die drei baden und Maik und Isa sich näher kommen. Die irritierende Erfahrung, der Maik sich in dieser Szene ausgesetzt sieht, besteht in der Konfrontation mit einer völlig anderen Art und Weise, über Sexualität zu sprechen. Nachdem Maik Isa auf deren Bitte die Haare geschnitten hat und noch darüber nachdenkt, wie er ihr sagen kann, wie schön er das gefunden habe, fragt Isa ihn unvermittelt: „Hast du schon mal gefickt?" (171).

Die Szene lässt sich als Darstellung eines Bildungsprozesses verstehen, in dem Maik mit einer ihm fremden kulturellen Praktik konfrontiert wird, die seine eigenen Deutungsmuster und Handlungsorientierungen nachhaltig in Frage stellt und ihn nötigt, neue Figuren des Verhaltens hervorzubringen. Die Kunst des Romanautors besteht darin, die Leser gewissermaßen an diesem Bildungsprozess teilhaben zu lassen, indem sowohl die Irritation als auch die Suche nach neuen Figuren anschaulich beschrieben werden. Nachdem Maik Isas überraschende Frage verneint hat, setzt sie hinzu: „Willst du?" (ebd.) Auf Maiks abermals verneinende Antwort folgt dann diese Passage:

„Was hatte Isa da gerade gesagt? Was hatte ich geantwortet? Es waren nur ungefähr drei Worte, aber – was bedeuteten sie? Mein Gehirn nahm ungeheuer Fahrt auf, und ich würde schätzungsweise fünfhundert Seiten brauchen, um aufzuschreiben, was mir in den nächsten fünf Minuten alles durch den Kopf ging. [...] Ich fragte mich [...] hauptsächlich, ob Isa das ernst gemeint hatte, und auch, ob ich das ernst gemeint hatte, als ich gesagt hatte, dass ich nicht mit ihr schlafen will, falls ich das überhaupt gesagt hatte. Aber tatsächlich wollte ich gar nicht mit ihr schlafen. Ich fand zwar Isa toll und immer toller, aber ich fand es eigentlich auch vollkommen ausreichend, in diesem Nebelmorgen dazusitzen und ihre Hand auf meinem Knie zu haben, und es war wahnsinnig deprimierend, dass sie die Hand jetzt wieder weggenommen hatte. Ich brauchte eine Ewigkeit, bis ich mir einen Satz zurechtgelegt hatte, den ich sagen konnte. Ich übte den Satz in Gedanken ungefähr zehnmal, und dann sagte ich mit einer Stimme, die klang, als würde ich gleich einen Herzinfarkt kriegen: ‚Aber ich fand es schön mit deiner ... ähchrrm. Hand auf meinem Knie.'" (172)

Isas unerwartete Frage, ob er Sex mit ihr haben wolle, wird von Maik zwar umgehend verneint, löst aber in ihm eine Flut von Gefühlen und Gedanken aus, die nicht nur darum kreisen, was diese Frage und seine Antwort darauf bedeuten bzw. wie ernst sie gemeint waren, sondern die auch die Frage nach seinen eigenen Wünschen sowie die Suche nach einer Form, mit diesen Wünschen und Gefühlen umzugehen, zum Gegenstand haben. Die Lösung, die Maik schließlich wählt, ist insofern neu, als er damit zum ersten Mal innerhalb des Romans einen Weg findet, einem Mädchen gegenüber seine eigenen Gefühle in Worte zu fassen. Isas Antwort „Wir könnten ja auch erst mal küssen. Wenn du magst" (ebd.), verbleibt zwar in demselben schnoddrigen Ton wie zuvor, signalisiert aber zugleich auch, dass sie auf Maiks differentes kulturelles Muster im Umgang mit Sexualität einzugehen bereit ist.

Aus dem Küssen wird freilich nichts, weil in diesem Moment Tschick vom Brötchenholen wiederkommt. Doch auch abgesehen davon bleibt die Begegnung mit Isa für Maik Episode, weil das Mädchen, als sie wenig später auf einem Parkplatz ein paar Reisebusse mit fremdsprachigen Aufschriften entdeckt, von Maik Geld borgt, um sich der Reisegruppe anzuschließen und ihre Halbschwester in Prag zu besuchen. Was Maik bleibt, ist nur Isas Versprechen, sich zu melden, sowie eine Verabredung, sich zu dritt in fünfzig Jahren wieder zu treffen – am 17. Juli 2060 um fünf Uhr nachmittags, auf einem Berggipfel, den sie zuvor gemeinsam bestiegen hatten.

Diese Verabredung geht auf einen Vorschlag Maiks zurück, der sich bei der Betrachtung von ins Holz einer Berghütte geschnitzten Namen (wie z. B. „Anselm Wail 1903") ausgemalt hatte, dass sie in hundert Jahren alle tot wären, und als Antwort darauf jenes gemeinsame Treffen in fünfzig Jahren vorgeschlagen hatte. Damit wird ein Thema angesprochen, das im Roman schon zuvor mehrfach angeklungen war, nämlich der Gedanke an die eigene Endlichkeit, der Maik z. B. bei der Beobachtung einer Gruppe von Rentnern befallen hatte:

„Ich konnte mir immer nicht vorstellen, dass ich selbst einmal so ein beiger Rentner werden würde. Dabei waren alle alten Männer, die ich kannte, beige Rentner. Und auch die Rentnerinnen waren so. […] Am meisten deprimierte mich der Gedanke, dass unter diesen Rentnerinnen auch welche sein mussten, die nicht öde oder langweilig gewesen waren in ihrer Jugend. […] Diese Mädchen waren jetzt auch beige Rentnerinnen und man konnte sie von den anderen beigen Rentnerinnen nicht mehr unterscheiden. Alle hatten sie die gleiche graue Haut und fette Nasen und Ohren, und das deprimierte mich so, dass mir fast schlecht wurde." (117 f.)

Der deprimierende Gedanke, selbst nicht nur älter und erwachsen, sondern irgendwann einmal sogar alt und folglich „beiger Rentner" zu werden, kontrastiert mit dem wenig später beschriebenen Gefühl einer „unbegreiflichen Unendlichkeit" (122), das Maik und Tschik beim Blick in den nächtlichen Sternenhimmel überkommt. Anschaulich wird so die Ambivalenz jugendlicher Welt- und Selbstdeutungen dargestellt, die zwischen der Sehnsucht nach Grenzenlosigkeit und der Angst vor der eigenen Endlichkeit hin und her schwankt.

Das Spannungsverhältnis zwischen Endlichkeit und dem Auskosten des Augen-
blicks ist auch Thema einer weiteren (und der – sieht man von Krankenhaus und
Polizeirevier ab – letzten) Episode von Maiks und Tschicks Reise. Nach der Trennung von Isa landen die beiden Jungen beim Versuch, einem Polizeiauto auszuwei-
chen, in einer sumpfigen Ebene, an deren Rand plötzlich „die Welt zu Ende" zu sein
scheint. Eindrücklich wird die Landschaft beschrieben, bei der es sich vermutlich
um einen aufgelassenen Braunkohletagebau handelt: „Vor unseren Füßen war die
Erde senkrecht weggefräst, mindestens dreißig, vierzig Meter tief, und unten lag
eine Mondlandschaft. Weißgraue Erde, Krater, so groß, dass man Einfamilienhäu-
ser dadrin hätte bauen können. (…) Hinter uns der große Sumpf, vor uns das große
Nichts." (179) Auf einer schmalen Konstruktion aus Holz und Eisen, die über den
Abgrund führt, fahren die beiden in Richtung des gegenüberliegenden „Ufers", das
nur undeutlich zu erkennen ist. In der Mitte machen sie Halt: „Dann starrten wir
in die Kraterlandschaft, und als ich lange genug in diese Kraterlandschaft gestarrt
hatte, dachte ich an Berlin. Ich hatte plötzlich Schwierigkeiten, mir vorzustellen,
dass ich dort einmal gelebt hatte. Ich konnte mir kaum vorstellen, dass ich da zur
Schule gegangen war, und konnte mir auch nicht vorstellen, dass ich es einmal wieder tun würde." (180 f.)

Die Beschreibung der Landschaft und der eigenen Gefühle signalisiert, dass
Maik nun wirklich seine bisherige Welt verlassen hat und sich in einer Art Nie-
mandsland jenseits vertrauter Gewohnheiten befindet. Ähnlich wie in den Initi-
ationsriten so genannter traditionaler Gesellschaften (wenn auch ganz ohne erwachsene Anleitung) werden die beiden Heranwachsenden hier ihrer gewohnten
Umgebung entrissen, um sich fernab der vertrauten Welt auf eine grundlegende
Veränderung vorzubereiten.

Auf der anderen Seite der Brücke gelangen Maik und Tschick in „eine Art Dorf"
(182), das aber offenbar schon vor längerer Zeit verlassen worden ist. Dort werden
sie urplötzlich von einem alten Mann mit einem Gewehr beschossen, der sich dann
aber doch als ganz zugänglich erweist und die Jungen mit Limonade bewirtet. Im
Gespräch erzählt ihnen Horst Fricke, wie der seltsame Schütze heißt, er sei Kom-
munist und Mitglied in der „Widerstandsgruppe Ernst Röhm" gewesen und habe
später im Krieg „gegen den Iwan" gekämpft (186 f.). Irritierend wirkt hier nicht
nur das eigenartige Nacheinander von Aggression und Freundlichkeit, sondern
auch die widersprüchliche politische Selbstverortung des Mannes, die das gängige
Rechts-Links-Schema durchkreuzt. Auf die Widersprüchlichkeit seiner Geschichten hingewiesen, gibt Horst Fricke den beiden Jugendlichen schließlich Folgendes
mit auf den Weg: „Und eins müsst ihr euch merken, meine Täubchen (…). Alles
sinnlos. Auch die Liebe. Carpe diem." (188)

Auch hier belässt der Roman es bei der Darstellung aus Maiks Perspektive, dem der alte Mann, der sich so deutlich von den „beigen Rentnern" der oben zitierten Passage unterscheidet, letztlich ein Rätsel bleibt. Weder die politische Vergangenheit Horst Frickes noch der Inhalt eines kleinen braunen Fläschchens, das er den Jungen zum Abschied schenkt, werden aufgeklärt. (Das Fläschchen, von dem der alte Mann gesagt hatte, es würde ihnen, wenn sie einmal nicht weiterwüssten, das Leben retten, wirft Tschick bei der Weiterfahrt im Auto aus dem Fenster, weil es intensiv nach faulen Eiern stinkt.) Insofern stellt diese Begegnung ebenfalls eine Konfrontation mit einer fremden Lebensform dar, die die Deutungsmuster des Protagonisten in Frage stellt, freilich ohne eine schlüssige neue Orientierungsfigur anzubieten. Was Maik bleibt, ist vor allem der Satz „Carpe diem", an den er sich am Ende der Romanhandlung, beim gemeinsamen Sprung mit seiner Mutter in den Swimmingpool[1] noch einmal erinnert (253). Das legt die Deutung nahe, dass die Episode das Spannungsverhältnis unterstreicht, in dem die Erinnerung an die Endlichkeit der menschlichen Existenz (der alte Mann, das verlassene Dorf am Ende der Welt usw.) zum jugendlichen Aufbruchswillen und Freiheitsdrang steht. „Carpe diem" wäre so gesehen eine Verdichtung dieser Spannung, die beidem gerecht zu werden versucht: dem Bewusstsein der Endlichkeit des eigenen Lebens, aber auch dem Wunsch, dennoch die Gegenwart („diem") zu genießen.[2]

Anlässe für eine Infragestellung der eigenen kulturellen Figuren des Welt- und Selbstverhältnisses bietet die Reise mit Tschick für Maik dank der zahlreichen Begegnungen mit seltsamen Menschen und Situationen also in Fülle. Zu den beschriebenen Episoden gesellen sich im Zusammenhang mit Tschicks und Maiks erstem Unfall noch die Begegnung mit einer dicken Frau, die sie mit ihrem BMW ins Krankenhaus fährt, sowie ein nächtliches Telefonat mit einem Unbekannten,

---

[1] Das fast surreal anmutende Ende des Romans wäre eine eigene Analyse und Interpretation wert. An dieser Stelle sei nur festgehalten, dass die Schilderung von Maiks Sprung in den Swimmingpool zu jenen Szenen gerechnet werden kann, deren irritierende Wirkung nicht durch irgendwelche Erklärungen aufgelöst wird – mit dem bemerkenswerten Unterschied allerdings, dass diesmal die Irritation von der Hauptfigur selbst ausgeht.

[2] Eine andere Interpretationsmöglichkeit eröffnet sich, wenn man das „Carpe diem"-Zitat als Anspielung auf Peter Weirs Film „Der Club der toten Dichter" liest, wo der charismatische Lehrer Mr. Keating diesen Spruch seinen Schülern mit auf den Weg gibt (vgl. dazu Wimmer 2011). Dass dieser Spruch in „Tschick" einem etwas wirren alten Mann in den Mund gelegt wird, könnte deshalb auch als ironisierende Relativierung des romantischen Pathos verstanden werden, das solche Lebensweisheiten begleitet.

den Maik angerufen hatte, um der Krankenschwester weiszumachen, sie würden von einer Tante aus dem Krankenhaus abgeholt. Zu Maiks Überraschung fängt der Angerufene nicht etwa an zu schimpfen, sondern geht auf das Spiel ein und bietet dem jungen Anrufer sogar seine Hilfe an. Seine eigenen Schlussfolgerungen aus den Begegnungen mit überraschenden Verhaltensweisen anderer resümiert der Ich-Erzähler nach dieser Episode folgendermaßen:

„Seit ich klein war, hatte mein Vater mir beigebracht, dass die Welt schlecht ist. Die Welt ist schlecht, und der Mensch ist auch schlecht. Trau keinem, geh nicht mit Fremden und so weiter. Das hatten mir meine Eltern erzählt, das hatten meine Lehrer erzählt, und das Fernsehen erzählte es auch. Wenn man Nachrichten guckte: Der Mensch ist schlecht. Wenn man Spiegel TV guckte: Der Mensch ist schlecht. Und vielleicht stimmte das ja auch, und der Mensch war zu 99 % schlecht. Aber das Seltsame war, dass Tschick und ich auf unserer Reise fast ausschließlich dem einen Prozent begegneten, das nicht schlecht war. Da klingelt man nachts um vier irgendwen aus dem Bett, weil man gar nichts von ihm will, und er ist superfreundlich und bietet auch noch seine Hilfe an. Auf so was sollte man in der Schule vielleicht auch mal hinweisen, damit man nicht völlig davon überrascht wird." (209)

Auf diese Weise fasst Maik selbst einen wichtigen Aspekt des Transformationsprozesses zusammen, den er im Zuge der Reise mit Tschick durchläuft: die Infragestellung der von Eltern und Lehrern vermittelten Sicht auf die Welt bzw. auf andere Menschen. Es mag dahin gestellt bleiben, wie die Frage nach der statistischen Wahrscheinlichkeit der Erfahrungen, die Tschick und Maik gemacht haben, zu beantworten wäre. Und natürlich handelt es sich bei dem Roman um keinen Tatsachenbericht, sondern um die Darstellung eines fiktiven Geschehens. Bildungstheoretisch bedeutsam erscheint der Roman aber dennoch insofern, als es sich immerhin um ein *mögliches* Geschehen und dessen Verarbeitung handelt, die zusammen darauf verweisen, dass kulturelle Pluralität nicht nur jenseits nationaler Grenzen bzw. ethnischer Zugehörigkeiten zu finden ist, sondern sozusagen mitten in dieser Gesellschaft, und dass die Begegnung mit dieser Pluralität zur Veränderung bisheriger Deutungsmuster führen kann.

Bleibt die Frage nach den Bedingungen, die einen solchen Prozess der Transformation kultureller Figuren des Welt- und Selbstverhältnisses ermöglichen oder zumindest begünstigen. Die Antwort, die sich dem Roman auf diese Frage entnehmen lässt, ist eine doppelte. Die erste wird bereits durch den Titel des Romans angedeutet, der ja Tschick zum eigentlichen Helden der Geschichte erklärt. Folgt man dieser Spur, so lässt sich der Roman als Hinweis darauf verstehen, dass Bildungsprozesse im Sinne der Verflüssigung etablierter kultureller Strukturen durch die Beziehung zu signifikanten Anderen befördert werden können, die durch ihre Andersheit vertraute Denkweisen und Orientierungsmuster in Frage stellen und zugleich durch ihre Zuwendung einen emotionalen Rückhalt bieten, der das Experimentieren mit Welt- und Selbstdeutungen erleichtert. Tschick erweist sich insofern als der eigentliche Held des Romans, als er die gesamte Reise über ein verlässlicher Freund ist, der sich am Ende Maik gegenüber sogar als schwul outet (was er noch niemand anderem gegenüber getan habe) – allerdings erst, nachdem er Maik dessen Wirkung auf Mädchen erklärt und ihn so von dem Gefühl befreit hat, ein Langweiler zu sein.

Die zweite Antwort auf die Frage nach den Bedingungen gelingender transformatorischer Bildungsprozesse wurde in dem Vergleich der Romanhandlung mit einem (Selbst-)Initiationsprozess bereits angedeutet. Entscheidend für die Bereitschaft und die Fähigkeit Maiks, sich aus der Bindung an etablierte Weltdeutungen zu lösen und neue Denk- und Verhaltensweisen auszuprobieren, scheint der Charakter der Reise als eine Art unbestimmter Möglichkeitsraum[3] zu sein, der etablierte Ordnungen außer Kraft setzt und das Experimentieren mit Neuem erlaubt. Der Aufbruch in die „Walachei" im Sinne eines unbestimmten Irgendwo fernab der gewohnten Koordinaten erweist sich so als ausschlaggebende Öffnung, und es ist kein Zufall, dass die irritierenden Begegnungen mit fremden Menschen und Verhaltensweisen sich in ebenso fremden Situationen und jenseits der gewohnten räumlichen Umgebung Maiks vollziehen. Bildung, so könnte man daraus schließen, bedarf der räumlichen Distanz zum Hergebrachten im wörtlich-geographischen Verständnis wie im übertragenen Sinn einer Lockerung kultureller Geltungsansprüche, und kulturelle Pluralität stellt dafür in besonderer Weise Gelegenheiten bereit.

Was das für die Orientierungsfunktion des Bildungsbegriffs im Blick auf das pädagogische Handeln bedeutet (denn als Orientierungskategorie für dieses Handeln war der Bildungsbegriff eingangs ja vorgestellt worden), wäre auf einem anderen Blatt zu beschreiben. Hier sei nur festgehalten, dass das als Bildungsprozess gedeutete Romangeschehen sich ganz ohne Zutun pädagogisch Handelnder bzw. gerade in Abwesenheit pädagogischer Instanzen wie Eltern oder Lehrer vollzieht. Bildung, verstanden als Transformation kultureller Orientierungen, kann also – folgt man den von „Tschick" gelegten Spuren – ganz unabhängig von pädagogischen Interventionen stattfinden, ja vielleicht müsste man sogar sagen: kann durch pädagogisches Handeln weder bewirkt noch veranlasst werden. Trotzdem aber wäre Pädagoginnen und Pädagogen die Lektüre des Romans ans Herz zu legen – und sei es nur, um eine Ahnung davon zu bekommen, was Bildung unter den Bedingungen kultureller Pluralität *auch* bedeuten kann.

---

[3] Den Begriff übernehme ich von Vera King (2002), die damit ein Spezifikum adoleszenter Entwicklung beschreibt. Damit sei zugleich die Möglichkeit angedeutet, „Tschick" als Adoleszenzroman zu lesen, was hier aber nicht weiter verfolgt werden kann.

Literatur

Adorno, Theodor W. 1980. Theorie der Halbbildung. In ders. *Gesammelte Schriften*, Hrsg. von Rolf Tiedemann. 2. Aufl. Bd. 8., 93–121. Frankfurt a. M.: Suhrkamp.

Auernheimer, Georg. 1994. Struktur und Kultur. Über verschiedene Zugänge zu Orientierungsproblemen und -strategien von Migranten. *Zeitschrift für Pädagogik* 40 (1): 29–42.

Bartels, Gerrit. 2010. Wolfgang Herrndorf: Tschick. Der Tagesspiegel vom. http://www.tagesspiegel.de/kultur/buchkritik-wolfgang-herrndorf-tschick/1956422.html. Zugegriffen: 21. Aug 2012.

Bukow, Wolf-Dietrich, und Robert Llaryora. 1998. *Mitbürger aus der Fremde. Soziogenese ethnischer Minderheiten*. 3. Aufl. Opladen: Westdeutscher Verlag.

Butler, Judith. 2001. *Psyche der Macht. Das Subjekt der Unterwerfung*. Frankfurt a. M.: Suhrkamp.

Dürr, Anke. 2011. „Tschick" sucht neue Freunde. In: Spiegel online vom. http://www.spiegel.de/kultur/gesellschaft/ausreisser-roman-auf-der-buehne-tschick-sucht-neue-freunde-a-797978.html. Zugegriffen: 21. Aug 2012.

Herrndorf, Wolfgang. 2010. *Tschick. Roman*. Berlin: Rowohlt.

Höbel, Wolfgang. 2011. Warum denn nicht ich? *Der Spiegel* 6:122–125.

King, Vera. 2002. *Die Entstehung des Neuen in der Adoleszenz. Individuation, Generativität und Geschlecht in modernisierten Gesellschaften*. Opladen: Leske + Budrich.

Klafki, Wolfgang. 1985/2007. Die Bedeutung der klassischen Bildungstheorien für ein zeitgemäßes Konzept allgemeiner Bildung. In ders. *Neue Studien zur Bildungstheorie und Didaktik. Zeitgemäße Allgemeinbildung und kritisch-konstruktive Didaktik*. 6. Aufl., 15–42. Weinheim: Beltz.

Koller, Hans-Christoph. 1999. *Bildung und Widerstreit. Zur Struktur biographischer Bildungsprozesse in der (Post-)Moderne*. München: Fink.

Koller, Hans-Christoph. 2012. *Bildung anders denken. Einführung in die Theorie transformatorischer Bildungsprozesse*. Stuttgart: Kohlhammer.

Koller, Hans-Christoph, und Markus Rieger-Ladich. 2005. Einleitung. In *Grenzgänge. Pädagogische Lektüren zeitgenössischer Romane*, Hrsg. Hans-Christoph Koller und Markus Rieger-Ladich, 7–17. Bielefeld: Transcript.

Lovenberg, Felicitas von. 2010. Wenn man all die Mühe sieht, kann man sich die Liebe denken. Frankfurter Allgemeine Zeitung vom. http://www.faz.net/aktuell/feuilleton/buecher/rezensionen/belletristik/wolfgang-herrndorf-tschick-wenn-man-all-die-muehesieht-kann-man-sich-die-liebe-denken-1613025.html. Zugegriffen: 21. Aug 2012.

Mecheril, Paul, und Britta Hoffarth. 2009. Adoleszenz und Migration. Zur Bedeutung von Zugehörigkeitsordnungen. In *Adoleszenz – Migration – Bildung. Bildungsprozesse Jugendlicher und junger Erwachsener mit Migrationshintergrund*. 2., erweiterte Aufl, Hrsg. Vera King und Hans-Christoph Koller, 221–240. Wiesbaden: VS Verlag für Sozialwissenschaften.

Reckwitz, Andreas. 2004. Die Kontingenzperspektive der ‚Kultur'. Kulturbegriffe, Kulturtheorien und das kulturwissenschaftliche Forschungsprogramm. In *Handbuch der Kulturwissenschaften, Bd. 3. Themen und Tendenzen*, Hrsg. Friedrich Jäger und Jörn Rüsen, 1–20. Stuttgart: Metzler.

Ricken, Norbert. 2006. *Die Ordnung der Bildung. Beiträge zu einer Genealogie der Bildung*. Wiesbaden: VS Verlag für Sozialwissenschaften.

Rüdenauer, Günter. 2011. Abenteuerreise ins eigene Leben. Frankfurter Rundschau vom.
    http://www.fr-online.de/literatur/nominiert-leipziger-buchpreis-2011-abenteuerreise-
    ins-eigene-leben,1472266,4829466.html. Zugegriffen: 21. Aug 2012.
Seibt, Gustav. 2010. Zauberisch und superporno. Süddeutsche Zeitung vom. http://www.
    sueddeutsche.de/kultur/wolfgang-herrndorf-tschick-zauberisch-und-superpor-
    no-1.1011229. Zugegriffen: 21. Aug 2012.
Terkessidis, Mark. 2010. *Interkultur*. Frankfurt a. M.: Suhrkamp.
Wimmer, Michael. 2011. Zwischen schöpferischer Gewalt und aggressivem Pathos. Lehren
    im Film „Der Club der toten Dichte". In *Lehr-Performances. Filmische Inszenierungen des
    Lehrens*, Hrsg. Manuel Zahn und Karl-Josef Pazzini, 81–96. Wiesbaden: VS Verlag für
    Sozialwissenschaften.

Das Bildungsreformprojekt von Mbouo, Kamerun

Rainer Kokemohr

Das Bildungsreformprojekt von Mbouo, Bandjoun, Kamerun, über das ich hier berichte, umfasst den Aufbau zunächst einer Reformschule und dann eines Lehrerbildungsinstituts, das seit 2010 zur Gründung einer kleinen Universität mit mehreren Fakultäten geführt hat. Entstanden ist dieses langfristige Projekt aus dem Zusammentreffen zweier komplementärer Motive.

Auf meiner Seite ist zunächst die Entwicklung sozialwissenschaftlicher Interaktionsforschung in den 1970'er Jahren zu nennen. Ihre weithin fruchtbare Detailliertheit hatte mich zunehmend fragen lassen, ob sich die Grundannahmen von Ethnomethodologie, Symbolischem Interaktionismus oder Diskursanalyse in Untersuchungen zu Turn-taking, Themenwechsel oder Körperhaltungskonfigurationen auch in nicht-okzidentalen Kulturen bewähren. Deshalb habe ich gern eine unerwartete Möglichkeit zur Feldforschung aufgegriffen. Einer meiner ehemaligen Studenten[1] arbeitete damals in Kamerun am *Centre Polyvalent de Formation* (*CPF*) in Mbouo, Bandjoun. Während eines Heimaturlaubs lud er mich ein, ihn in Kamerun zu besuchen und seine Arbeit im Rahmen der damals noch so genannten Entwicklungshilfe einzuschätzen.

Dieser überraschende Einsatz hatte zwei gute Voraussetzungen. Die erste bestand darin, dass durch meinen Gastgeber der Aufbau eines offenen Forschungsfeldes in fremder Kultur sehr schnell möglich war. Die zweite war negativer Art. Sie bestand in meiner damaligen Nicht-Kenntnis afrikanischer und besonders Kameruner Kulturen, so dass meine gleichwohl bestehenden Voreinstellungen oft

---

[1] Da es hier auf die Darstellung der strukturellen Bedingungen des Projekts ankommt, verzichte ich auf die Nennung von Namen so weit wie möglich.

R. Kokemohr (✉)
Arbeitsbereich Bildungs- und Transformationsforschung, Universität Hamburg,
Von-Melle-Park 8, 20146 Hamburg, Deutschland
E-Mail: RKokemohr@gmx.de

F. von Rosenberg, A. Geimer (Hrsg.), *Bildung unter Bedingungen kultureller Pluralität*, 59
DOI 10.1007/978-3-531-19038-9_5, © Springer Fachmedien Wiesbaden 2014

gründlich enttäuscht wurden und mich in Beobachtungen und Analysen sowohl der Arbeit des *CPF*, des Dorf- und Familienlebens sowie unterrichtlicher Interaktion in sehr vielen Schulen in städtischem Umfeld wie auch in abgelegenen Berg- und Waldregionen zur Suche nach möglichen Interpretationen und ihrer Erprobung in verschiedensten Gesprächen und Diskussionen zwangen. Schul- und Unterrichtssituationen können im Sinne von M. Mauss[2] als Situationen gelesen werden, in denen sich Phänomene sozialer Komplexität ausspielen. Deren kaum einholbare Totalität ist der eigentliche Grund meiner langen Geschichte immer wieder neuer Lesarten. Deshalb ist auch der folgende Bericht als reflektierender Rückblick auf das Projekt zwischen möglichem Gelingen und Scheitern an den Moment des Schreibens gebunden, und ein zukünftiger Rückblick kann zu modifizierten Interpretationen führen.

Das Motiv der Partnerseite war und ist im Interesse von *Dr. Jean-Blaise Kenmogne* (*JBK*) gegeben, einem Pastor der *Eglise Evangélique du Cameroun* (*EEC*), der zum Zeitpunkt meines ersten Aufenthaltes in Kamerun Direktor des *CPF* geworden war. Er richtet sein Denken und Handeln im Sinne politischer Theologie auf eine grundlegende Verbesserung der Lebensbedingungen in Kamerun aus. Die wichtigste Bedingung sieht er in einer Bildung, die auf Kernprobleme der Gesellschaft antwortet. Getroffen haben wir uns gleich zu Beginn meines ersten Feldforschungsaufenthaltes. Aus unserem intensiven Austausch ist sehr schnell eine Freundschaft erwachsen, die uns bis heute durch alle Probleme der Projektgeschichte getragen hat. Dass sie jedoch nicht frei von Krisen ist, darf nicht verschwiegen werden. Auch Freundschaft ist kein zweifelsfreier Ankerpunkt, der einen einfachen Blick auf die Welt erlaubte. Grundpobleme einer Gesellschaft können sich durchaus verschieden darstellen, sofern eingelebte Selbstverständlichkeiten unser Denken und Handeln jenseits bewusster Diskurse prägen.

Der politische Gehalt der Studien ab 1986 wurde in der sensiblen Phase der Jahre 1990 bis 1992 relevant, als Oppositionsbewegungen in den Ländern südlich der Sahara auf den Zusammenbruch des Ostblocks reagierten und in blutigen Kämpfen Mehrparteiensysteme durchsetzten. In dieser auch für Kamerun schwierigen Pha-

---

[2] Mauss hat den Begriff des totalen sozialen Phänomens in seiner Arbeit über die Gabe eingeführt, vgl. Mauss (1990, S. 17 ff.). Wenn Mauss von „totalen" gesellschaftlichen Phänomenen spricht, markieren die Anführungszeichen, was heute in phänomenologischer Tradition Marion betont: Die Totalität des Verstehens ist begrenzt durch die eingelebten Kategorien, unter die wir Phänomene subsumieren, vgl. Marion (2011, S. 78–98). Vereinnahmende Subsumtion wird in riskanten Feldprojekten wie dem hier beschriebenen immer wieder herausgefordert – auch wenn ich in diesem kurzen Überblick nur wenige Punkte ansprechen kann und auf eine situationsspezifische Kritik sozio-ökonomischer, politischer, moralischer oder mythologischer Interpretationen weitgehend verzichten muss.

se schlug *JBK* vor, Konsequenzen der Feldforschung praktisch auszumünzen. So konnten wir 1991 mit dem Aufbau der Reformschule, der später so genannten *Ecole de Référence von Mbouo* (*ER*), beginnen. Da sich die Arbeit als relativ fruchtbar erwies, haben wir ab 1997 auf den Aufbau des 2005 eröffneten Instituts für Lehrerbildung, des *Institut pour Sociétés en Mutation* (*IPSOM*) hin gearbeitet. Dieses Institut haben wir 2010 in einer Antwort auf einen innerkamerunischen Machtkampf zur Universität mit mehreren Fakultäten, der *Université Evangélique du Cameroun* (*UEC*), erweitern können.

Das pädagogische Profil des in wechselvoller Geschichte entwickelten, oft gefährdeten und bisher doch erfolgreichen Projekts speist sich aus Ideen, zu denen die Feldstudien geführt hatten. Prüfen und entwickeln konnten wir die Ideen in der praktischen Zusammenarbeit mit den Lehrerinnen und Lehrern der *ER* sowie in begleitenden Situationsanalysen und Reflexionen. Das geschah einerseits durch Beobachtungen, Diskussionen, Interaktions- und Hintergrundanalysen vor Ort und andererseits durch intensive Untersuchungen der aus Kamerun mitgebrachten Audio- und Videodokumente im theoretisch entsprechend ausgelegten Arbeitskontext meines Oberseminars an der Universität Hamburg. So entstand ein Süd-Nord-Arbeitszusammenhang, in dessen südlichem Teil ich kultureller Fremdheit ausgesetzt war, während mich die Mitglieder des Oberseminars intelligent und kritisch engagiert in der Analyse und Interpretation der Fremdheitserfahrungen unterstützten.[3] Während der Schwerpunkt unserer Hamburger Arbeiten auf formalpragmatischen Analysen und Interpretationen der mitgebrachten Dokumente lag, galten Diskussionen in Kamerun selbst neben den praktischen Handlungsaufgaben der Frage, ob und wie welche Konzepte auf kulturelle Selbstinterpretationen antworten konnten. Auf diese Weise führten empirische Erfahrungen und theoretische Annäherungen zu einer dichten Verschränkung von Anregung, Widerstand und Korrektur. Diese Nord-Süd-Kooperation entwickelte sich über Jahre als tentativer Prozess, der im Süden zu fruchtbarer Zusammenarbeit mit den Lehrerinnen und Lehrern im Aufbau der *ER* führte und uns im Hamburger Arbeitskreis mit wichtigen Einsichten und Reflexionen belohnte.[4]

---

[3] Hierher gehören u. a. unsere sehr gründlichen Lektüren von Schriften von Lyotard, Elias, Waldenfels, Ricœur, Sperber bzw. Sperber/Wilson u. a. Im Austausch der Kulturen habe ich u. a. die Inferenzanalyse entwickeln können. Als qualitative sozialwissenschaftliche Methode bewährt sie sich im Rahmen von Biographieforschung als Analyse lebensgeschichtlicher Erzählungen und eben so in der Analyse institutionell gerahmter und ungerahmter Interaktionsprozesse.

[4] Die Zusammenarbeit hat im September 1998 zu einem Symposium an der Universität Hamburg geführt, an dem neben Kolleginnen und Kollegen aus Kamerun, Frankreich, der Schweiz und Deutschland auch eine Lehrerin und zwei Lehrer der Kameruner Reformschu-

Einen langfristigen, konsequent abzuarbeitenden Aufbauplan für das schließlich zum Hochschulprojekt gewordene Schulprojekt gab es aber nicht. Er wäre
nicht nur ohne institutionelle Unterstützung geblieben. Angesichts wechselnder,
oft widriger Umstände und der manchmal gefährlich einbrechenden Fremdinter-
essen hätte er uns wohl auch zur Verzweiflung und Aufgabe des Projekts getrieben.
Nur die Entwicklung als Schritt-für-Schritt-Geschichte hat uns erlaubt, je gegebene
Umstände abzufedern und im Blick auf die im Projektfluss weiterentwickelten Leitideen überschaubar auszulegen.

Vor diesem Hintergrund glaube ich, dass ein Bildungsreformprojekt unter der
Bedingung gesellschaftlichen Wandels, wie wir ihn in Kamerun angetroffen haben,
gut daran tut, auf den Import kulturfremder Modelle zu verzichten. Stattdessen
kommt es darauf an, situative Bedingungen, regionale und überregionale, sozio-
sowie ökonomisch-kulturelle Momente ernst zu nehmen und in theoriebezogener
Auseinandersetzung Leitideen möglichen Handelns zu entwickeln, zu prüfen und,
wenn nötig, zu revidieren.[5]

Ein solches Vorgehen setzt das Vertrauen des Geldgebers voraus. Der steht
in der Regel jedoch unter Legitimationsforderungen in der Form zweckrational
konzipierter und administrativ abzuarbeitender Pläne und entsprechender Re-
chenschaftsberichte. Natürlich haben auch wir in gewissem Maße auf solche For-
derungen reagieren müssen. Doch konnten wir die Planungen in den üblichen
3-Jahres-Phasen allgemein genug formulieren, um in Rücksicht auf die leitenden

---

le mit einem eigenen Beitrag teilgenommen haben. Seine Fortsetzung hat das Hamburger
Symposium in Kamerun im Februar 1999 in einem Kolloquium auf dem Col de Batié in der
Nachbarschaft des Projektortes gefunden. Hier ist der Entschluss, ein Institut wissenschaft-
licher Lehrerbildung aufzubauen, öffentlichkeitswirksam gefasst worden. Am Kameruner
Kolloquium haben neben den in Hamburg beteiligten Kollegen auch die Mitglieder meines
Oberseminars teilgenommen.

[5] Der gegenwärtig weltweite Trend, Lernerfolge an transkulturell interpretierten Kompetenzen zu messen und durch didaktische und unterrichtsmethodische Umsetzung auch neuro-
physiologischer Lernforschung zu verbessern, führt zur Tendenz, lokale und situative Bedingungen unter allgemeine, vermeintlich kulturindifferente Lerngesetze zu subsumieren. Da
aber kulturelle Bedingungen unter der Decke des Allgemeinen stumm fortwirken, können
sie – wie meine unterrichtlichen Interaktionsanalysen in Taiwan zeigen – produktive Interaktionsformen des Lehrens und Lernens blockieren und eben das verhindern, was sie anzu-
streben behaupten. – Auch ein Vorgehen, wie es in westlichen Ländern üblich ist, Projekte
in Dreijahres-Phasen, Zielvereinbarungen und Produktevaluierungen steuerbar zu machen,
stößt an Grenzen, weil sich kulturelle Differenzen nach Abschluss der Aufbauphase wieder
durchsetzen können.

Projektideen flexibel oder, wenn nötig, widerständig auf wechselnde Ereignisse und Rahmenbedingungen antworten zu können.[6]

Die komplexe, inzwischen 28-jährige Projektgeschichte auf einem historischen, von kolonialen Hypotheken belasteten Boden war für Jean-Blaise Kenmogne und mich, oft gleichsinnig, manchmal verschieden und manchmal gegensätzlich, mit immer wieder wechselnden Deutungen, Aussichten und Gefühlen verbunden. Hoffnungen, die sich mit Forschungseinsichten, mit dem Erfolg der Reformschule oder im Aufbau des Lehrerbildungsinstituts einstellten, wurden nicht selten durch abrupt einbrechende Ereignisse, Widerstände und auch Intrigen auf die Probe gestellt oder zerstört. Ein solches Wechselbad, das uns in einer der schwersten Krisen bis zu realer Überlebensangst belastet hat, schlägt sich natürlich auch im Wechsel von Einstellungen, Motivation und theoretischen Lesarten zwischen Optimismus, Skepsis und Pessimismus nieder. Das, was man vielleicht die leibgebundene Vernunft vieler am Projekt Beteiligter nennen kann, hat, ähnlich dem im Wechselbad erstarkenden Körper, in oft zwar vagen, dem Zweifel ausgesetzten Entwicklungsvorstellungen gesellschaftstheoretischer und geschichtsphilosophischer Art überlebt und in der *UEC* institutionell festeren Grund gefunden. Zunächst waren wir einer weit ausgelegten, erziehungswissenschaftlich ausgerichteten und bildungspolitisch interpretierten Lesart gefolgt, Gesellschafts- als Bildungsreform zu betreiben. Doch eine Bildungsreform, die ihren Namen verdient, stellt immer auch gesellschaftliche Machtgefüge in Frage. Entsprechende Erfahrungen haben uns deshalb gelehrt, den pädagogisch optimistischen Blick auf das Projekt durch eine skeptische gesellschaftstheoretische Lesart zu relativieren.

In afrikanischen Gesellschaften südlich der Sahara werden Hypotheken der Vergangenheit im Alltagsleben oft als Widersprüche zwischen Herkunft und Zukunft, zwischen gesellschaftlichen Traditionen und Modernisierungsansprüchen erfahrbar. Auch was innerhalb von Schule oder Hochschule geschieht, ist oft Manifestation oder Bearbeitung von Problemen, die in der Gemengelage von kolonialer Ausbeutung, Unabhängigkeits- und Bürgerkrieg und deren traumatischen Nachwirkungen, aber auch deren ideologischer Instrumentalisierung, von zunehmenden Globalisierungszwängen und ihren neoliberal-postkolonialen Verblendungen entstehen.

Deshalb scheinen für Projekte in Entwicklungskooperation Theorien zu Kultur und Kulturalisierung, Kolonialismus oder Rassismus, zu interkultureller Ver-

---

[6] Für dieses uns über zwei Jahrzehnte gewährte Vertrauen danken wir dem Evangelischen Entwicklungsdienst (*EED*) in Bonn, vertreten vor allem durch Rudolf Heinrichs-Drinhaus, als entscheidender Vermittlungsinstanz zwischen dem Ministerium für Zusammenarbeit (*BMZ*) und der Evangelischen Kirche Kameruns (*EEC*), dem institutionellen Projektträger.

ständigung oder kultureller Identität nahezuliegen. Im gegebenen Rahmen hätten
solche Theorien ihren Wert vor allem in der Sensibilität gegenüber neokolonialen Einflüssen, die sich im Interesse und Handeln europäischer und afrikanischer
Beteiligter niederschlagen können. Doch sofern Theorien dieses Typus den Blick
dichotomisch generalisierend auf die Unterscheidung von gewünschtem und un-
erwünschtem Verhalten einengen, können sie in gegebenen Situationen sinnvolle
Handlungsmöglichkeiten verstellen. Deshalb ist ein roter Faden angemessener, der
die das Projekt grundierenden Widersprüche als Ausdruck eines geschichtlichen
Umbruchs zu lesen erlaubt, in dem Handlungsmöglichkeiten mit Zustimmungen
und Hoffnungen verbunden sein, aber auch diffusen Widerständen, Verletzungen,
Enttäuschung und Angst gegenüberstehen können.

Unterstützen lässt sich diese Lesart mit einem Argument, das u. a. A. Ehrenberg entfaltet. Er zeichnet in seinem Buch „Das erschöpfte Selbst" die Begriffs- als
Problemgeschichte des depressiven Subjekts der Neuzeit nach.[7] Ohne hier das Argument in seiner Komplexität zu entwickeln, lässt es sich für eine Deutung des an-
derskulturellen Projektrahmens nutzen. Denn auch ohne die Annahme, dass auch
die Entwicklungsgeschichte Kameruns als eine Subjektivierungsgeschichte im ok-
zidentalen Sinne zu lesen ist, lässt sich an das Argument in der abstrakteren Form
anknüpfen, dass die Herausforderung durch eine noch unbeantwortete Zukunft
zum Auf- oder Zerbrechen tradierter Normen und damit zu einem qualitativ anderen Vergesellschaftungsprozess führt. Für das Europa der letzten zwei Jahrhunderte
sieht Ehrenberg diese Tendenz in der Herausbildung einer Gesellschaft, in der sich
die Menschen aus Systemen kollektiver Verhaltensregulierung durch strafbewehrte
Pflichten lösen und sich als individuierte Subjekte in Selbstverantwortung freige-
setzt auf einem Feld der Möglichkeiten wiederfinden. Allerdings ist die Rede von
dem, was möglich *ist*, eine quasi retrospektiv idealisierende Rede im Modus des Fu-
turum II. Sie lässt Möglichkeiten des Denkens und Handelns als etwas imaginieren,
das möglich gewesen *sein wird*. Unseren okzidental geprägten Erwartungen an die
Bestimmtheit von Welt und Selbst kommt sie entgegen, indem sie Möglichkeiten
als etwas erscheinen lässt, das bereit liegt, um ergriffen zu werden.

Im Blick auf das Kamerun der letzten Jahrzehnte lässt sich jedoch von einem solchen Feld idealisiert gedachter Möglichkeiten kaum sprechen. Denn Kamerun ist
ein kolonial auferlegtes Staatengebilde ethnischer Gruppengesellschaften, in denen

---

[7] Der Bezug auf Ehrenberg (Ehrenberg 2008) mag überraschen. In seinem Buch wirkt das
okzidentale Motiv sich letztlich natürlich durchsetzender Vernunft fort. Im Blick auf Zukunft
formuliert dieses Motiv eine Hoffnung, die im Vergleich zu anderen Kulturen als Interpre-
tationsfolie dienen kann. Angesichts mancher Reaktionen und Kehren lasse ich aber offen,
ob oder wie „Vernunft" sich „letztlich" auch in unserem Projekt durchsetzt, auch wenn es als
Pro-Jekt „natürlich" von diesem Glauben zehrt.

Keime einer subjektbezogenen Bürger- und Zivilgesellschaft sehr schwach sind. Dennoch ist Ehrenbergs Argument nutzbar, sofern man es so denkt, dass die durch den Kolonialismus und den Unabhängigkeitskrieg bewirkten, im Gruppenkosmos oft unterdrückten Widersprüche zwischen politischen, ökonomischen und soziokulturellen Interessen, statt zu einem Feld der frei gesetzten und subjektiv verantworteten Möglichkeiten zu führen, sich in einem Milieu diffuser Unbestimmtheit und spontanen Gelegenheitshandelns ausspielen. Zusammengehalten wird dieses Milieu jederzeit neu interpretierbarer Austauschprozesse von Figuren eingelebter Gruppenrhetorik, deren undefinierte Augenblicke durch oft virtuose Interpretationsverschiebungen den schnellen Vorteil zu nutzen erlauben. Charakteristisch für Länder wie Kamerun ist, dass solche Rede- und Handlungsimpulse oft auf Zustimmung stoßen, weil sie sich im rhetorischen Dispositiv eines kollektiven Zusammenhalts gegen koloniale Erblast und zunehmenden Modernisierungsdruck artikulieren. Kraft dieses Dispositivs können sich partikulare Interessen in Diskursen eines vermeintlichen Allgemeinwohls maskieren, dessen Formulierungen, von der Nachfolgerin der alten Einheitspartei gepflegt, die Mehrzahl der Menschen ratlos dem ethnisch orientierten Machtgefüge aussetzt.[8]

So gibt die Schwächung der Verhaltensregulierung im Schein des Gemeinsamen eine Heterogenität sozialer Artikulation frei, in der sich mit Blick auf das in Frage stehende Projekt vereinfachend vier Gruppen unterscheiden lassen. Neben der Gruppe der nicht Wenigen, die sich auf die eigennützige Ausnutzung diffuser situativer Chancen richten, gibt es die Gruppe der eher Wenigen, die, oft gestützt auf Studienerfahrungen im europäischen oder anglo-amerikanischen Ausland, an eine Entwicklung der Gesellschaft als ganzer glauben und zu handeln sich mühen, drittens diejenigen, die den gesellschaftlichen Zusammenhalt in der normativen Berufung auf traditionelle Vergesellschaftungsformen zu restituieren suchen, und schließlich die vielen, die Sicherheit in traditionellen Verhaltenskonventionen suchen.

Diese Gemengelage, in der die „Grenze zwischen dem Erlaubten und dem Verbotenen" (Ehrenberg 2008, S. 19) oft verschwimmt, hat unsere experimentierenden Schritte vor allem zu Beginn des Projekts manchmal auch erleichtert. Konkret war

---

[8] Auch wenn sich diese Sicht auf das Ganze einer Gesellschaft erst in der Rückschau ergibt, dürfte in der Vorstellung der Freisetzung des Möglichen die normative Idee des Gesellschaftsvertrags nachwirken. Diese Idee ist in Kamerun und anderen Ländern südlich der Sahara nicht zuletzt deshalb schwach, weil die Staaten durch kolonialen Oktroy entstanden sind, als multiethnische Gesellschaften tatsächlich aber in hohem Masse Imperativen und Sonderinteressen ethnischer (Klein-)Gruppen folgen. Die orale Geschichte der sprachlich verschiedenen Gruppen dürfte ein anderer Grund sein, der die Ausbildung einer kulturellen Identität nicht leichter macht.

das möglich, weil die Schülerinnen und Schüler wie auch der Elternrat, die *Association des Parents d'Elèves (APE)* mit großer Zustimmung reagierten. Hierher gehört auch, dass manche Eltern unsere *nouvelle pédagogie*, wie es schnell formelhaft hieß, als eine Rückkehr zu jener traditionsgebunden affirmativen Erziehung missverstanden, zu der sich Familien unter den veränderten Bedingungen nicht mehr in der Lage sahen. Daneben war (und ist) das Wissen der Elternschaft wichtig, dass schulische Ausbildung zu einer entscheidenden Bedingung für Lebenschancen geworden ist. Nachdem die Schule in den landesüblichen Leistungsvergleichen schnell den regionalen Spitzenplatz erobern konnte, fand sie die Zustimmung des ganzen Dorfes.

Für die Reformarbeit kam uns also zugute, dass Erwartungen selten randscharf sind. Ihre Unschärfe ermöglichte uns, unser Handeln weniger auf die Vorgaben des Curriculums und mehr auf das Wie ihrer lehrend-lernenden Be- und Verarbeitung auszurichten und die Bedeutung curricularer Themen mit dem Leben in Kamerun in Beziehung zu setzen. Das war notwendig, weil es nicht genügt, dem frankophon ausgerichteten Schulbuch zu folgen, das – um ein einfaches Beispiel zu nennen – in Anlehnung ans frankophone Biologielehrbuch die Ziege als paarhufiges Säugetier darstellt. Denn tatsächlich ist die Ziege im ländlichen Umfeld vor allem ein traditoneller Bestandteil des Brautpreises, ohne dessen Entrichtung an die Brauteltern ein Mann schwerlich heiraten kann. Zugleich ist sie als freilaufender, nimmersatter Grünfutterfresser mitverantwortlich für die Zerstörung von Strauchwerk, jungen Bäumen, landwirtschaftlichen Anbauflächen und begrünten Berghängen, was vielfältigen Nachbarschaftsstreit nach sich zieht. So konnten wir am Thema der Ziege schon für Grundschüler Grundzüge gesellschaftlicher Existenz erfahrbar werden lassen. Doch um sie erfahrbar zu machen, bedarf es der Veränderung unterrichtlicher Praxis selbst. An die Stelle eines dozierenden und allein aufs Memorieren ausgerichteten Lehrerhandelns traten Interaktionen, in denen sich die Schülerinnen und Schüler im auch praktischen Umgang z. B. mit Ziegen und den von ihnen verursachten Problemen zu selbstständigem Denken herausfordern ließen und zur Produktivität des Unterrichts beitrugen.

Das Feld des diffus Unbestimmten kann sich im Zustand des Umbruchs in einer traditionsgeprägten Gesellschaft weit öffnen. Doch auch für unser Reformprojekt galt, dass sich der oder die Einzelne aus fortdauernden Verhaltenserwartungen nur lösen kann, wenn er oder sie das Risiko sozialer Exklusion eingeht. In Kamerun ist der Einzelne in weit höherem Maße als das europäische Individuum in kollektive Erwartungen eingebunden. Im Blick aufs Projekt war also nur zu handeln, sofern es gelang, Verhaltenserwartungen so zu modifizieren, dass das Risiko der Exklusion gemindert wurde. Im ethnischen Umfeld der Bamiléké, dem Ort des Projekts, war dieses Gelingen u. a. darin begründet, dass sich *JBK*, selbst Bamiléké, in traditionsgebundenen Figuren des Chefseins bewegen kann, was einschließt, dass ihn diejenigen, die ihn umgeben, in seinem Chefsein anerkennen und stützen. Das handelnde Individuum ist erfolgreich, wenn es von seiner Gruppe als unteilbarer Einheit getragen wird. Ein Handeln Vereinzelter ohne Gruppenbindung wird dagegen sensibel als Angriff auf kollektive Zuschreibungen und Zugehörigkeiten verstanden und zur Exklusionsgefahr in dem Maße, in dem sich Gruppen bedroht sehen. Viel stärker als in migrationsdurchsetzten Wissensgesellschaften ist Handeln hier langfristig nur erfolgreich, sofern es gelingt, im wissenssoziologischen Sinn an gruppenbezogene Stützkonzeptionen für Sinnwelten anzuschließen und sie fortzuschreiben. Das Überforderungs- ebenso wie das Missbrauchspotential dieser Vergesellschaftungsform liegt auf der Hand.

1 Individuelle Voraussetzungen des Projekts, Politische Theologie und Feldforschung

Jean-Blaise Kenmogne war in den 1970-er Jahren als Stipendiat nach Frankreich gegangen, um sich zum Spezialisten für Dieselmotoren ausbilden zu lassen. Sein in dieser Zeit aufgenommener Kontakt zu einer afrikanisch-christlichen Gruppe hatte ihn, vermittelt durch ein Bekehrungserlebnis, zu dem Entschluss geführt, ein Theologiestudium aufzunehmen. Nach der Rückkehr nach Kamerun hat er zunächst an einer Ausbildungsstätte für Theologen gearbeitet, was ihn gelehrt hat, Religion im Blick auf tatsächliche Lebensprobleme der Menschen praktisch-politisch auszulegen. Ende 1985 ist er dann zum Direktor des Fortbildungszentrums *CPF* in Mbouo, Bandjoun, in der Westprovinz Kameruns ernannt worden.

Im Februar 1986 bin ich zu meinem ersten Aufenthalt ans *CPF* gekommen. Trotz unseres guten persönlichen Austauschs empfand er in seinem bildungspolitischen Interesse mein Forschungsinteresse jedoch lange als fremd und wenig relevant. Sein Denken war auf große politische Entwicklungslinien ausgerichtet, während ich nach langjähriger Erfahrung in sozialwissenschaftlicher Interaktionsforschung daran interessiert war, die okzidentale Forschungsorientierung auf fremde Kulturen hin zu überschreiten und in mikroanalytischer Einstellung etwas darüber zu erfahren, wie eine nicht europäische Gesellschaft lernt und auf solche Herausforderungen reagiert, für die der gesellschaftliche Wissensvorrat keine Antworten anbietet.

Da *JBK* ein sensibler Interpret ist, der Anregungen und Ideen schnell produktiv auszumünzen weiß, konnten wir trotz unserer unterschiedlichen Ausrichtungen auf makropolitische Perspektiven einerseits und mikroanalytische Studien andererseits im Rahmen konkreter Fälle sehr gut zusammenarbeiten. Was ich in zahlreichen Ton- und Videoaufzeichnungen in Fortbildungsveranstaltungen im *CPF*, in Besuchen und Unterricht in vielen Schulen der Region oder in Gesprächen und Diskus-

sionen mit vielen Familien des Dorfes als formalpragmatische Auffälligkeiten wahr-
nahm, für ihn aber oft in der Selbstverständlichkeit stummen Wissens gebunden
war, konnten wir in wechselseitiger Anregung kulturtheoretisch auslegen. So ergab
sich über die Dokumente oft ein Austausch, der im Geertzschen Sinn zu dichten
Beschreibungen führte, gleichsam kulturellen Bodensatz freilegte, Funktionszusam-
menhänge sichtbar machte und für uns beide oft überraschende und nutzbare Einsichten erbrachte, die den Handelnden normalerweise nicht bewusst sind.

Anhand von Ton- und Videoaufnahmen im Siedlungsgebiet der Bamiléké sind
wir etwa der Frage nachgegangen, ob und wie Probleme gedeutet, bedacht und ange-
gangen wurden, die sich aus historischen Hypotheken und strukturellen Verschiebungen im Modernisierungsprozess ergaben, der in jenen Jahren im Zusammenhang zunehmender Mobilität und Migration und der durch sie begünstigten Auflösung tradierter Familienstrukturen, aus der Veränderung des Autoritätsgefüges der
Generationen, aus der Einführung des Fernsehens oder aus der Nutzlosigkeit von
Diplomen angesichts eines Arbeitsmarktes resultierte, den die von der Weltbank
auferlegte Bindung ökonomischer Hilfsprogramme an die Umstrukturierung und
Verkleinerung des staatlichen Funktionärsapparates weiter geschwächt hatte. Jenseits einer eng auf schulischen Unterricht beschränkten Interaktionsforschung war
uns also die bildungstheoretische Frage wichtig, wie Menschen der Region solche
Probleme auf der Ebene ihrer Welt-Selbstkonstruktionen bearbeiteten. Dass man
nicht *bifurquer*, nicht abzweigen dürfe von Tradition und sozialen Konventionen
und das soziale Gefüge bewahren müsse, war die häufigste Antwort.

Dem entspricht die Einsicht, dass die Memorierschule, die das frankophon geprägte Kameruner Schulsystem beherrscht, die restaurative Ausrichtung auf traditionelle Autoritäten stärkt, gegenüber den tatsächlichen Erfordernissen einer
Gesellschaft im Umbruch aber oft grotesk dysfunktional ist. In diesem System
versteht sich der Lehrer tendenziell als *Chef* der Klasse. Er stärkt ein Interakti-
onsverhalten, das nicht eigentlich die traditionelle Struktur der ethnischen Ord-
nungssysteme spiegelt, sondern deren zentralistisch-koloniale Überformung in der
Chefferie. Ohne hier auf die komplizierte traditionale Funktionalität der *Chefferien*
im Siedlungsgebiet der Bamiléké einzugehen[9], können zwei Merkmale des Habitus
genannt werden, den die frankophon geprägte Schule fördert. Sie fördert die Erwartung, dass alles Handeln durch einen *Chef*, sei es als Stimme der Gruppe oder

---

[9] Vgl. dazu Pradelles de Latour, der in seinem Buch ‚Ethnopsychanalyse en pays bamiléké‘,
E.P.E.L. (Paris) 1991; 2. Auflage unter dem Titel ‚Le crâne qui parle‘, E.P.E.L (Paris) 1991,
umfangreich die Bamiléké-Kultur analysiert.

als übergeordnete Instanz, bestimmt oder legitimiert wird.[10] Und sie verpflichtet die Menschen auf ein reziprokes Bemühen um die Zustimmung ihrer je Anderen in einem Feld kontradiktorisch strenger Scheidung von In- und Exklusion, in dem exkludiert wird, wer aus welchen Gründen auch immer Inklusion verfehlt.[11] Auch wenn dieses Bild durch Hinweise auf die Kolonialisierung, auf die Zentralisierung der Staatsgewalt, auf die Rolle der Frauen oder auf Veränderungen in der jüngeren Generation zu modifizieren ist, gilt, dass der genannte Habitus enge Grenzen einem Denken und Handeln setzt, das persönliche und gesellschaftliche Entwicklungen über den Status quo hinaus fördern könnte. Zugunsten dieses Habitus lässt sich abstrakt zwar sagen, dass er doch auch die Stabilität der Gesellschaft begünstigt. Doch dieses Argument gilt nur unter der Bedingung eines relativen Gleichgewichts zwischen Tradition und Entwicklung. Angesichts des realen Ungleichgewichts und der tatsächlichen Probleme ökonomischer, politischer, sozialstruktureller und anderer Art ist es zynisch.

Wie schon angedeutet, glaubte *JBK* meine „kleinen" Analysen zu weit von seinen „großen" politischen Fragen entfernt. Dies änderte sich schlagartig während meines Aufenthaltes 1990, als ich meine Ergebnisse zwecks Überprüfung der Analysen und Interpretationen in ihrer Gesamtheit zum Abschluss meiner Kamerunforschungen ein letztes Mal ihm sowie anderen Kameruner Gesprächspartnern vor- und zur Diskussion stellen wollte. Dies geschah in der politisch sensiblen Phase, in der sich im politischen Blick auf den Zusammenbruch Osteuropas Widerstand gegen die Einparteienherrschaft und der Kampf um ein Mehrparteiensystem in landesweiten Streiks und blutigen Unruhen Bahn brach. In dieser Situation nahm *JBK* die konkret politisch-pädagogische Dimension meiner als Abschluss gedachten Kritik der zentralistisch dysfunktionalen, antidemokratischen Schule und insbesondere das praktische Entwicklungs- und Demokratiepotenzial der Analysen für die Be- oder Verarbeitung neuer gesellschaftlicher Probleme wahr. So entstand die Vision, sein abstraktes Engagement auf der Grundlage meiner Feldforschungsergebnisse zu konkretisieren und eine Reformschule aufzubauen. Nachdem die notwendigen Finanzmittel von *EED* eingeworben waren, habe ich, beginnend mit dem Schuljahr 1991/1992, meine Semesterpausen regelmäßig dem Aufbau der anfangs *Ecole Pilote de Mbô* genannten Reformschule gewidmet.

---

[10] „*Nous sommes une seule bouche*", „*wir sind ein einziger Mund*", mit diesem geflügelten Wort hat die Lehrergruppe den Beitrag überschrieben, den sie auf dem Hamburger Symposium 1998 vorgetragen hat.

[11] „*Fous*" und „*folles*", die als Verrückte gelten, mit denen ein normaler Umgang nicht möglich ist und die nicht selten auch als Bedrohung durch ihnen innewohnende Geister wahrgenommen werden, irren völlig verlassen, mittellos und manchmal nackt durchs Land. Sie zeugen von der Härte, mit der man jemand nur dann ist, wenn ein signifikanter Anderer hinter einem steht, und ausgeschlossen wird, wenn man den Beistand des Anderen verfehlt.

2   Das Schulprojekt im politischen Aufbruch der 1990er Jahre

Ein Schulreformprojekt ist ein komplexes Unternehmen. Sein Gelingen hängt nicht nur von der Zusammenarbeit aller aktiv Beteiligten ab, sondern ebenso von der Frage, wie es auf welche Herausforderungen seiner soziokulturellen Umgebung antwortet. Seine Wirklichkeit kann deshalb nicht in einem statischen, applizierbaren Modell repräsentiert werden. Denn Applikation setzt voraus, dass sich die Empirie den Regeln des Modells fügt. Da uns die Empirie diesen Gefallen aber nur selten tut, verführt Modelldenken zu kolonialen Strategien. Um dieser Gefahr zu entgehen, haben wir uns jeweils bemüht, zunächst die Probleme kennen zu lernen, auf die die Projektschule, das Lehrerbildungsinstitut und schließlich die neu gegründete Universität in der gegebenen Situation Kameruns reagieren kann, und erst dann über mögliche Schritte nachzudenken. Diese Probleme lassen sich überwiegend als strukturelle und oft institutionelle Verankerung restaurativer Denkblockaden und der Abwehr schneller Veränderungen des gesellschaftlichen Lebens zusammenfassen. Doch wir haben nicht immer durchhalten können, in unserem Handeln auf erkannte Probleme zu antworten.[12] Denn mit der zunehmenden Komplexität des Projekts haben kontextuelle Bedingungen ein Gewicht bekommen, die manchmal ein schnell entschiedenes Handeln erforderlich machten. Im komplexen Ineinander von situativer Herausforderung, Handlungsdruck und einer Reflexion, die – im Wortsinnn des Re – erst oft im Nachgang des Geschehens den Blick aufs Kommende vorbereiten kann, ist die Projektwirklichkeit vielmehr ein unabschließbarer Prozess, dessen Gelingen von gesellschaftlichen Problemlagen, personalen Bedingungen und der Nutzung glücklicher Umstände abhängt.

Das Schulsystem der *EEC*, einst ein Pionier im Feld der pädagogischen Institutionen Kameruns, war seit Jahrzehnten durch schwere Missstände der Infrastruktur, der Ressourcen und der Lehrerbesoldung sowie durch dramatische Unangepasstheiten an die Probleme der Gesellschaft gekennzeichnet. Es wird durch Schulgeld und durch Subventionen des Staates finanziert. Doch die oft unregelmäßigen Subventionen haben zu sehr schwierigen Lebensbedingungen der Lehrerinnen und Lehrer geführt. Die karge Besoldung macht das Schulsystem der *EEC* für Lehrerinnen und Lehrer wenig attraktiv, so dass sich die Lehrerschaft der *EEC* zu einem erheblichen Teil aus Personen rekrutiert, die oft aus ökonomischen Gründen ein Lehrerstudium nicht abschließen und nicht selten sogar die Sekundarschule vorzeitig beenden mussten, manchmal nicht einmal die besuchen konnten.

---

[12] Die – aus anderen Gründen – zunächst plausibel erscheinende Plötzlichkeit, mit der die *UEC* wirklich wurde, hat eine genauere Problemerkundung stark behindert. Die daraus resultierenden Hypotheken bedrohen die *UEC*.

Die pädagogisch-didaktische Konzeption frankophon kolonialer Herkunft hat sich mit soziokulturellen Stabilitätsmomenten ethnischer Prägung zu einem kaum auflösbaren Syndrom verbunden. Es findet seinen Ausdruck in einem scholastisch-zentralistischen Habitus, der Lernen auf eine Funktion des Lehrens reduziert, Lernende zu ohnmächtig Abhängigen macht und Wissen zur Abfragbarkeit verdinglicht. Im kolonial-zentralistisch überformten Traditionserbe einer in komplizierten Allianzen organisierten Gesellschaft hat sich damit ein Schulsystem entwickelt, das den Blick auf oft nutzlose Diplome statt auf tatsächlich bedeutsame Bildung und Erziehung ausrichtet. Blockiert wird damit die Entfaltung einer Kreativität, die es den Menschen erlauben würde, unter schwierigen Lebensumständen Existenzen aufzubauen und zur Entwicklung des Landes beizutragen. So verstärkt ein Arbeitsmarkt, der sich weithin im informellen Sektor notdürftiger Subsistenzwirtschaft verliert und kaum verlässliche Perspektiven bietet, die Tendenz, nach dem Abschluss von Schule oder Studium Wege der Überlebenssicherung jenseits zivilgesellschaftlicher Vorstellungen zu suchen.

Seit einigen Jahren reagiert ein besseres, seit kurzem ein sehr entschiedenes Management des Schulsystems der *EEC* auf die verschärfte Krise. Einerseits wird versucht, jahrelang angehäufte Schulden abzutragen und zugleich die desolate Altersversorgung der Lehrerschaft zu sichern. Andererseits werden pädagogisch-didaktische Initiativen unterstützt, um die Funktion der Schule für die Entwicklung des Landes zu stärken. Vor diesem Hintergrund gilt das Reformprojekt als entscheidende Initiative zur Reform des Bildungssystems der *EEC*. Alle Unterstützung konnte jedoch nur praktisch werden, weil der *Evangelische Entwicklungsdienst* in Bonn (*EED*) das Projekt langjährig durch die Bereitstellung von Finanzmitteln, eingeworben beim Bundesministerium für Zusammenarbeit, ermöglicht hat.

Der Aufbau der *Ecole Pilote de Mbouo* im Anschluss an die Feldforschung von 1986 bis 1990 lässt sich in zwei Etappen darstellen. Die Etappe von 1991 bis 1995 war durch die eigentliche Gründungsarbeit bestimmt. In *Mbouo*, einem Ortsteil des Großdorfes Bandjoun unmittelbar angrenzend an die Provinzhauptstadt Bafoussam, gibt es schon seit 1926 eine Primarschule.[13] Sie teilte baulich und pädagogisch-didaktisch das Verfallsschicksal anderer Schulen der Region. Jean-Blaise Kenmogne konnte, wenn auch zunächst nur inoffiziell, durchsetzen, diese Schule

---

[13] Foaleng (2005) verweist im Rahmen seiner kritischen, bis zum Jahre 2001 reichenden Würdigung des Projekts und seines historischen, entwicklungspolitischen und soziokulturellen Kontextes darauf, dass Mbouo, als Quartier des Großdorfes Bandjoun an die Provinzhauptstadt Bafoussam angrenzend, mit Kirche, Pfarrhaus, Schule und Hospital ausgerüstet und in der Nähe des Verwaltungspostens Bafoussam, ein strategisch günstig gelegener Ort Evangelischer Mission „im Wettrennen mit den Katholiken und vor allem mit dem Islam" war (a. a. O., S. 51).

in unmittelbarer Nachbarschaft des *CPF* zu einer Reformschule zu machen. Bauliche Renovierungen und Erweiterungen um einen Kindergarten, um Handwerkerateliers, einen Saal für größere Veranstaltungen sowie einen größeren Schulgarten folgten zügig. In jenen Jahren bin ich mindestens zwei Mal pro Jahr zu je einmonatiger Lehrerfortbildung, Konzeptentwicklung und begleitender Forschung nach *Mbouo* gereist. Eine wichtige Bedingung dieser Aufbauphase war die engagierte Begleitung der Tagesarbeit in der Schule durch einen deutschen Lehrer, der von 1988 bis 1996 als so genannter Entwicklungshelfer die Stelle des Pädagogischen Beraters im benachbarten *CPF* übernommen hatte. Seine tagespraktische Projektbegleitung im Geflecht der allfälligen Handlungsprobleme konnten wir während meiner Aufenthalte jeweils gemeinsam entwickeln und reflektieren.

Konzeptionell ist hier auf eine zentrale Erfahrung aus der Feldforschung hinzuweisen. Sie hatte gezeigt, dass eine Veränderung des Lehrplans nicht schon zu einer wirksamen Reform führen kann. Eine Reform, wenn sie wirksam sein soll, muss an der Interaktionsstruktur in Lehr-Lern-Prozessen ansetzen. Denn ein neuer Lehrplan, sofern er nur altes durch neues Wissens ersetzt, setzt die Ausrichtung auf verdinglichtes Wissen fort. Stattdessen kommt es auf qualitativ andere Prozesse der Wissensbearbeitung an. Deren Fruchtbarkeit hängt in hohem Maße von der Qualität interaktiver Austauschprozesse ab. Deshalb sahen wir unsere Aufgabe darin, mit den Lehrerinnen und Lehrern Interaktionsformen zu entwickeln, die Traditionspotentiale der Wissensbearbeitung nutzen, ohne von Traditionswiderständen um ihre Produktivität gebracht zu werden.

Die Spannung zwischen Potentialen und Widerständen hat uns zur Formulierung von Leitsätzen geführt, an denen wir den Reformprozess zunächst der Primarschule und dann auch des *IPSOM* und der *UEC* auszurichten suchten. Diese Leitsätze haben zugleich eine epistemologische und eine interaktionsorientierende Funktion. Es sind das „*principe des sens divers*" (*Prinzip der Vielfalt der Lesarten*), das „*principe d'interaction*" (*das Prinzip der Interaktion*) und das „*principe de la responsabilité réciproque*" (*das Prinzip reziproker Verantwortungsübernahme*).

Frühe Ideen zu den zwei erstgenannten Leitsätze verdanken sich den Feldforschungserfahrungen der Jahre ab 1986. Zu deren Interpretation konnte ich im Rahmen meines eingangs genannten Oberseminars u. a. auf kommunikationstheoretische Relevanzforschung zwischen Kommunikations- und Kognitionstheorie zurückgreifen.[14] Die relevanztheoretischen Annahmen konnten wir später in einem kleinen Forschungsprojekt zur Habitusformation älterer Kameruner Lehrer

---

[14] Zu nennen ist hier u. a. Sperber und Wilson (1986). Das Buch nimmt eine wichtige Stelle in der wichtigen, von H. Paul Grice angestoßenen Debatte um Bedeutung in der Spannung von Logik und Konversation ein.

außerhalb des Reformprojektes prüfen und zugleich Einsicht in reformoffene und reformwiderständige Mentalitäten gewinnen.

Da sich aus Leitsätzen praktische Handlungen nicht deduzieren lassen, können sie nur heuristisch als regulative Orientierungsaussagen dienen. Diese Funktion können sie in einem wissenschaftsfernen Milieu nur übernehmen, wenn sie alltagsnah formuliert sind.[15] Die Prinzipien der Vielfalt der Lesarten und der Interaktion sprechen gegensätzliche Formen inferentieller Satzverknüpfung in kommunikativen Äußerungen und deren interaktionelle Einbettung an. Die Formulierung *principe des sens divers* ist lokal plausibel, weil sie auf den Gegensatz, das von einer nahen Einbahnstraße her bekannte *principe du sens unique* verweist. Die Formulierung *principe d'interaction* ist plausibel, weil sie Elemente des gruppenbezogenen Lebens aufnimmt. Dennoch bleibt es auf allen Schul- und Studienstufen schwierig, die *Prinzipien* so zu nutzen, dass die verschiedenen Stimmen von Lehrenden und Lernenden in produktiver Wissensentfaltung zusammenarbeiten. Ihre zentrale Herausforderung liegt darin, Themen epistemologisch so als offene Probleme aufzubereiten, dass sie in altersgemäßer Interaktion zu erfindungsreichen Konstruktionen Lernender und Lehrender anregen. Dieser hohe Anspruch kann natürlich nicht jede Unterrichtsstunde bestimmen. Wir glauben jedoch, dass es darauf ankommt, in immer wiederkehrenden Einsätzen auf ihn zu antworten, um verdinglichende Wirkungen konventionelleren Lehrens und Lernens zugunsten produktiven Denkens und Handelns aufzulösen.

Ein Unterrichtsthema als ein Problem zur Sprache bringen zu können, setzt voraus, über die Einzelheiten eines Themas hinaus epistemologische und pragmatische Aspekte seiner Konstitution zu begreifen. Doch da das Alltagsleben abstrakt denkt und Konstitutionsbedingungen abdunkelt, haben sich vor allem zwei Wege zu seiner Auflösung bewährt. Den ersten konnte ich in der Kooperation mit den 15 Lehrerinnen und Lehrer der Schule entwickeln. Er besteht darin, konkrete Sequenzen aus eigenem Unterricht unter dem Aspekt des *sens unique*, des einsinnigen, auf nur ein mögliches Ergebnis ausgerichteten Denkens als Einübung in manchmal gerechtfertigte, oft aber ungerechtfertigte Konventionen zu erkennen. Die Kritik wurde nicht selten als lustvolle Befreiung erlebt. Der zweite Weg bestand in der aufwändigen, an sehr vielen Beispielen durchgeführten Vorbereitung, Durchführung und kritischen Reflexion von Unterrichtsthemen und –stunden oder –phasen unter dem Anspruch verschiedener Lesarten, der *sens divers*. Für sie konnten wir einige Aspekte und Zugangswege formulieren, die in vielen Fällen nützlich waren. Um der starken Neigung zu widerstehen, die Unterrichtsplanungen als applizier-

---

[15] Die Leitsätze sind im strengen Sinn keine Prinzipien. Wir nennen sie dennoch so, um an den Sprachgebrauch des Alltags anzuschließen.

bare Modelle misszuverstehen, war es immer wieder notwendig, von der Analyse und Hermeneutik des jeweiligen Themas auszugehen und ein offenes thematisches Feld entstehen zu lassen, in dem sich Lehrende und Lernende als interessante Gesprächspartner wahrnehmen können.

Der Anspruch an die produktive Vielfalt thematischer Lesarten ist auch in anderen Ländern nicht leicht einzulösen. In Ländern südlich der Sahara kommt erschwerend die entfremdende Durchdringung der Gesellschaft durch okzidentale Kulturen und ihre Semantiken hinzu. Dies wird zwar als Widerspruch wahrgenommen, stärkt aber dennoch – zumindest im frankophonen Afrika – eine scholastisch-nominalistische Wissensstruktur, die Wissen in abstrakten Begriffen als benennbar erscheinen lässt und einen erfolgreichen Zugriff auf Welt verspricht. Diese illusorische Wissensvorstellung korrespondiert mit einem Sozialgefüge, in dem der „Chef", der „Père" oder der Lehrer der Wissende ist, auf dessen Wort und Gunst alle warten. Deshalb sind eine Themenanalyse, ihre didaktische Aufbereitung und unterrichtliche Exposition (nicht nur) für Kameruner Lehrende zugleich ein kognitives Problem thematischen Begreifens und eine sozialpragmatische Zumutung in der Auseinandersetzung mit der sozialen Existenz.

Das *Prinzip der reziproken Verantwortung* haben wir zunächst auf der Ebene des Lehrerhandelns entwickelt. Es ist aber zunehmend auch zu einer handlungsleitenden Idee für Schülerinnen und Schüler sowie für die akademische Selbstorganisation Lehrender und Studierender innerhalb des *IPSOM* geworden. Es reagiert auf das soziokulturell typische Problem, sich in individueller Distanz zur Bezugsgruppe zu profilieren. Dabei nimmt es einerseits die Stabilitätsfunktion der sozialisatorischen Gruppenformierung der Bamiléké-Gesellschaft auf, regt durch den Disput der drei Verantwortungsgruppen aber auch dazu an, aufkommende Probleme auf neuen Wegen anzugehen.

Die Verpflichtung auf die Gruppe wäre unangemessen dargestellt, wenn ihre restaurative Kraft im Vordergrund stünde. In der Begleitforschung zeigte sich, dass das Dasein als Gruppe einer lebensgeschichtlich tief sitzenden Solidaritätsvorstellung verpflichtet ist, die sich produktiv nutzen lässt. Sie besteht darin, dass sich die Mitglieder eines sozialen Handlungsfeldes – Mitglieder einer Großfamilie oder eines Dorfes – als Glieder eines sozialen Organismus verstehen, der als Ganzes für bestimmte Aufgaben einsteht.[16]

---

[16] Ein Beispiel ist die „tontine", ein traditioneller Gruppenverband (oft von Frauen), der gruppenintern auf der Basis kleiner Beiträge Kleinstkredite an Gruppenmitglieder für existenzsichernde Aufbauprojekte vergibt. Eine umfangreiche Analyse anderer soziokultureller Tiefenstrukturen der Bamiléké-Gesellschaft gibt Pradelles de Latour (1991), Neuauflage unter dem Titel: Le crâne qui parle. E.P.E.L. (Paris) 1997.

Nachdem das Solidaritätspotenzial von den Lehrerinnen und Lehrern in vielen Beispielen herausgearbeitet worden war, haben wir zusammen nach Wegen gesucht, es als *Prinzip reziproker Verantwortung* auf die Bedürfnisse der Schularbeit hin auszulegen. Ihm zufolge übernimmt jede Gruppe innerhalb des sozialen Organismus der Schule bestimmte Pflichten und setzt sich der sozialen Kontrolle durch die anderen Gruppen aus.

Die Rolle, die handlungsbegleitende Reflexion in diesem Feld hat, wird in einem Detail sichtbar. Der Umstand, dass man auf das Wort desjenigen wartet, der für die Gruppe spricht, führte dazu, dass stets auf eine Anweisung des Pädagogischen Beraters gewartet wurde, der sich so zunehmend und wider Willen in der Rolle einer Kontroll- und Legitimationsinstanz sah. Um dieser Tendenz zu begegnen, haben wir mit den Lehrenden diskutiert, innerhalb des 15-köpfigen Lehrerkollegiums drei Gruppen zu bilden, den Gruppen die Verantwortung für spezifische Aspekte des schulischen Lebens zuzusprechen und die Gruppen zu regelmäßiger Rechenschaft gegenüber den anderen zwei Gruppen zu ermuntern. Das Aufgabenprofil der Gruppen ist so angelegt, dass alle Standardthemen pädagogischer Art behandelt werden können. Eine Gruppe arbeitet exemplarische Unterrichtsphasen aus, um alle Kolleginnen und Kollegen zu besserer Qualität des Lehrens und Lernens anzuregen, eine zweite widmet sich spezifischen Interaktionsproblemen von Gruppen sowie besonderen Schwierigkeiten einzelner Schülerinnen und Schüler in deren jeweiligem sozialen Umfeld (Familie, Gleichaltrigengruppe außerhalb der Schule), die dritte pflegt das soziale (Eltern und Elternvertretung) und das physische Umfeld (Schulgarten, Aufforstungswald). Die Verschränkung der Gruppenpflichten und -rechte in reziproker Verantwortungsübernahme fördern das Arbeitsethos und berücksichtigen zugleich die kulturspezifische Gruppensolidarität, der individuierte Verantwortung fremd ist. An sie zu appellieren, wie es in europäischer Gewohnheit naheliegt, wäre kontraproduktiv. Das – nur als eins von vielen angeführte – Beispiel zeigt, wie wir Handlung sichernde Notwendigkeiten aus der Vorgabe durch die Hierarchie (Schulverwaltung, Schulleitung) so auf die Ebene der tatsächlichen Handlungsakteure zu übersetzen suchen, dass Potenziale der gegebenen Kultur reformkonform ausgelegt werden können.

Die Zeit ab 1996 war durch intensive Begleitforschung gekennzeichnet. Sie wurde möglich, weil *EED* das Schulprojekt inzwischen als Ort bildungstheoretischer Grundlagenforschung anerkannt und der *EEC* ermöglicht hatte, Mittel für eine Mitarbeiterstelle zur Verfügung zu stellen. Zwei Untersuchungen haben wir in den Jahren 1996 bis 1998 durchgeführt. Die eine galt den Sozialisationsbedingungen und -prozessen in polygamen und monogamen Familien des Dorfes, die andere den Problemen und der Struktur der reziproken Verantwortungsübernahme innerhalb des Kollegiums.

Die Erfahrungen schon bis etwa 1994 hatten gezeigt, dass sich auf dem ein-
geschlagenen Wege zwar eine deutliche Verbesserung der Schulsituation, ablesbar
sowohl an der Zufriedenheit von Lehrerinnen und Lehrern, von Schülerinnen
und Schülern sowie von Eltern, als auch an den offiziellen Prüfungsergebnissen,
erreichen ließ, dass aber das Projekt so nicht zu einer Selbstständigkeit zu führen
war, die es unabhängig vom fortdauernden Einsatz der Projektinitiatoren vor dem
Rückfall in alte Routinen hätte sichern können.

Deshalb hatte der relative Erfolg des Projekts zu dem Wunsch mancher Beobachter geführt, möglichst schnell weitere *Ecoles Pilotes* zu gründen. Doch eine
solche Vervielfältigung hätte eine an mehreren Orten zugleich und kontinuierlich
geführte Lehrerfortbildung erfordert. Diesem Wunsch ließ sich mit begrenzten
Kräften aber nicht entsprechen, und aus dem schon genannten Grund konnten wir
Versuche nicht unterstützen, das Mbouo-Projekt als Modell zu kopieren. Deshalb
haben wir anlässlich des Besuches des zuständigen *EED*-Ressortleiters in einem
kühnen Gedankenexperiment die Notwendigkeit einer grundständigen Lehrerbildung angesprochen. Dieses Gespräch ist die Keimzelle des im Jahre 2005 schließlich eröffneten *IPSOM*.

Eine wichtige Etappe[17] war das im September 1998 von der Volkswagenstiftung
finanzierte Symposion der Universität Hamburg, auf dem wir die Ergebnisse der
eben genannten Untersuchungen unter Teilnahme afrikanischer Wissenschaftlerinnen und Wissenschaftler, ergänzt durch drei Lehrer der *EP*, sowie Wissenschaftlerinnen und Wissenschaftlern aus mehreren europäischen Ländern diskutieren
konnten. Ein bildungspolitisches Fortsetzungskolloquium in Kamerun im Februar
1999, finanziell durch *EED* ermöglicht, hat dann zu der Veröffentlichung des Plans
geführt, die Erfahrungen der *EP* für zukünftige Lehrergenerationen fruchtbar zu
machen, und den politischen Prozess des Aufbaus eines Pädagogischen Instituts,
des später so genannten *IPSOM*, eingeleitet.

Für *EED* war dieser Plan aus zwei Gründen interessant. Einerseits versprach er,
langfristig den Mangel des kirchlichen Schulsystems an qualifizierten Lehrern zu
mindern. Andererseits sollte das *IPSOM* die Lehrerausbildung mit Möglichkeiten
einer Schulreform in Kamerun und ähnlichen Ländern verbinden.

3   Leitsätze des Handelns und die Begleitforschung

Die drei „Prinzipien" genannten Leitsätze haben heuristischen Charakter. Aus ihnen lässt sich praktisches Handeln nicht einfach deduzieren, sondern nur in interpretativer Rücksicht auf situative Bedingungen konstruieren.

---

[17] Vgl. Anmerkung 5.

Da konkurrierende Lesarten von kommunikativem Austausch gefördert werden, gehören das *principe des sens divers* und das *principe d'interaction* zusammen. Sie reagieren auf die schon genannte Einsicht, dass eine Bildungsreform, statt durch einen neuen Lehrplan im Sinne neuer Informationen, erst durch produktive Informationsverarbeitung möglich wird.

Die beiden Prinzipien kennzeichnen die notwendigen, den erlebbaren Charakter der Schule prägenden Höhepunkte von Unterricht. Wir sind zufrieden, wenn es immer wieder zu entsprechenden Lehr-Lern-Prozessen kommt. Wichtig ist darüber hinaus, dass die hermeneutische Sensibilität der Lehrenden auch dann aufgerufen wird, wenn der Unterricht den Leitsätzen zwar nicht ausdrücklich folgt, aber nutzbare Chancen freisetzt.

Kameruns Schulen leiden nicht zuletzt daran, dass ihre Inhalte wie auch ihre Praxis sich kaum auf die Herausforderungen beziehen, vor denen die Menschen tatsächlich stehen. Die europäisch-neuzeitlichen Wissensformen, die als kolonialer Import auch Länder wie Kamerun beherrschen, sind einem positivierten Aufklärungsideal verpflichtet, das an die Figur des selbstreferenziellen Subjekts gebunden ist. Als verschwiegene Setzung steht dieses Ideal dem Vergesellschaftungsprinzip der Gruppenidentität fremd gegenüber.

Die Fremdheit ist uns in einer Begleitforschung zur familiären Sozialisation besonders deutlich geworden. Auf eine der Untersuchungen will ich hier kurz eingehen. Anlass für diese Untersuchung war ein Junge, der sich weigerte, mit Erwachsenen zu sprechen. Nach einer problematischen, aber nicht untypischen Schulbiographie an anderem Ort mit 14 Jahren immer noch Schüler einer frühen Grundschulklasse – des *Cours Elémentaire I* – war er stark überaltert. Seine Weigerung wurde zum Anlass genauerer Untersuchung, als eine neue Lehrerin die Klasse übernahm. Gespräche mit den Eltern zeigten, dass er auch zu Hause dem Gespräch mit Erwachsenen auswich. Er schlief oft außerhalb des Hauses im Buschwerk der Hecken, was angesichts der realen Schlangengefahr wie auch des Glaubens an die nächtens wiederkehrenden Ahnen gefährlich ist. Während wir zunächst nach Interpretationen seines Schweigens in seinem unmittelbaren Lebensumfeld suchten, führten lange und intime Gespräche mit dem Vater auf das ganz andere, zunächst nicht erklärungsrelevant scheinende Feld des Befreiungs- und Bürgerkrieges der Jahre ab 1958. Während dieses Krieges hatte sich der ältere Bruder des Vaters der Guerilla angeschlossen und für die Unabhängigkeit Kameruns von der Kolonialmacht Frankreich gekämpft. Dass die mit Frankreich verbündeten Regierungstruppen ihn dann gefasst und umgebracht hatten, ohne dass sein Leichnam je gefunden wurde, hat die Familie in ein Unglück gestürzt, das über das Elend des Todes spezifische kulturelle Momente enthält und die Mutter des Toten in den Wahnsinn getrieben hat, in dem sie zwei Jahre lang wie oder als eine *folle* verwirrt, elend und verwahrlost durch das Land geirrt ist, um ihren Sohn zu finden.

Die Bamiléké halten ein sehr ausgeprägtes Verhältnis zu ihren Ahnen aufrecht. Deren Schädel werden dem Grab nach einigen Jahren entnommen und in der Schädelstätte bestattet. So können die Lebenden, meistens in der Gestalt des Familienchefs, mit den Toten kommunizieren und sie erinnern, was diesen, dem Glauben zufolge, ermöglicht, einst als Kind in die Welt der Lebenden zurückzukehren. Doch mit einem Toten, dessen Leichnam nicht gefunden wird, lässt sich nicht in der kulturell notwendigen Weise kommunizieren. So treibt die unlösbare Sorge um die ruhelosen Ahnen die Lebenden um.

Der Vater hatte in seiner Jugend im Hause des älteren Bruders gelebt. Die Erfahrungen des Krieges und die dramatischen Umstände der Verfolgung und Ermordung des Bruders hatten ihn traumatisiert, wie seine Erzählungen noch nach 40 Jahren nahelegten. Dieses Trauma schien, was sich in langwierigen Analysen erkennen und durch Untersuchungen an Parallelfällen erhärten ließ, in der Kommunikation des polygamen Vaters mit dem schweigenden Jungen, dem Sohn seiner dritten Frau, so nachzuwirken, dass ein Denken und Sprechen gemieden wurde, das gefährliche Phantasien über das Schicksal des toten Bruders hätte aufrufen können. Diese vom Vater ausgehende, die Familie prägende und dem Sohn eindringlich als Gehorsam auferlegte Vermeidung als gefährlich geltender Denkmöglichkeiten mag sich im Schweigen des Sohnes niedergeschlagen haben. Wäre es so, hätte sich in der Kommunikationsweigerung des Sohnes letztlich die intergenerative Wirkung eines durch den Krieg ausgelösten Traumas manifestiert.[18] In offenen Interaktionssituationen, die ein Denken in Möglichkeiten begünstigten, haben Lehrer der zuständigen Lehrergruppe, von uns unterstützt, versucht, die Vorstellungswelt des Jungen zu lockern und ihn für Gespräche auch mit Erwachsenen zu öffnen. Inzwischen ist er zu einem normal lebenden Erwachsenen herangewachsen. Da ich während meiner Kamerun-Aufenthalte den zum Freund gewordenen Vater bis zu dessen kürzlichem Tode immer besucht habe, habe ich das Gespräch auch mit dem Sohn aufrecht erhalten können.[19]

An seinem Schicksal wird deutlich, warum Schule gut beraten ist, den konkreten soziokulturellen Kontext wahrzunehmen, auch wenn dieser manchmal nur sehr schwer zu entschlüsseln ist.[20] Wenn wir zur Auflösung des Schweigeproblems

---

[18] Ilse Grubrich-Simitis diskutiert in einer Rekonstruktion psychoanalytischer Erfahrungsberichte Phänomene transgenerativer Weitergabe von Traumata durch die schweigende Vermeidung gefährlicher Semantiken vor allem in der Form möglichkeitseröffnender Metaphern, vgl. Grubrich-Simitis (1984, S. 1–28).

[19] Zur genaueren Darstellung siehe Verf., Kokemohr (2010, S. 201–223).

[20] Auf die Vermeidung von Vorstellungswelten und Möglichkeitsspielräumen im Zusammenhang des toten Partisanen-Bruders bin ich erst spät durch die Entdeckung eines syntaktischen Regelverstoßes in den Erzählungen des Vaters gestoßen, der immer und nur dann

beitragen konnten, dann wohl auch, weil unsere langen, teils sehr intimen Gespräche dem Vater die Möglichkeit gegeben haben, im Beisein des Sohnes seine bewe-
gende Lebensgeschichte zu erzählen und der traditionellen Pflicht zu entsprechen,
den toten Bruder zu erinnern.

Diese und ähnliche Erfahrungen haben zu der Einsicht geführt, dass Ideen wie
die der konkurrierenden Lesarten, der Interaktion und der reziproken Verantwortung erst dann hilfreich sind, wenn sich die schulische Arbeit im kundigen und
sensiblen Austausch mit dem soziokulturellen Kontext vollzieht. Natürlich kann
sich ein Schulreformprojekt punktuell durch Handlungsmöglichkeiten anregen lassen, die in anderen soziokulturellen Kontexten entwickelt worden sind. So nutzen
wir etwa die Wandzeitung und die Klassenkonferenz, wie sie von Freinet entwickelt
worden sind. Und natürlich haben wir auch Formen des Gruppenunterrichts nicht
neu erfunden. Wenn aber konkrete soziokulturelle Bedingungen in ihren dynamischen Potenzialen nicht aufgenommen werden, werden auch die besten Beispiele
zu einem wenig fruchtbaren, letztlich neokolonialen Importmodell schematisiert,
das abstirbt, sobald die Projektinitiatoren das Feld verlassen.

4   Die Ausweitung zum Institut für Lehrerbildung

Trotz des relativ guten Erfolgs des Schulprojekts stellte sich die Frage, wie es Dauer
gewinnen könne. Die Antwort sahen wir in der grundständigen Ausbildung künf-
tiger Lehrergenerationen im *IPSOM*.

So trat das Projekt aus dem kleinen Rahmen einer Dorfschule mit gut 500 Schülerinnen und Schülern, 15 Lehrerinnen und Lehrern und 8 Zusatzlehrkräften für
Hauswirtschaft, Feldarbeit, Musikerziehung und Handwerk in die politische Arena
einer überregionalen Lehrerausbildungsinstitution, deren Aufbau zunächst die Zustimmung der Kirchenleitung und des staatlichen Erziehungsministeriums erfor-
derte und dann die notwendige Einwerbung von Finanzmitteln für den Aufbau des
Campus voraussetzte. Der Gang durch die Gremien war schwierig und langwierig.
Unsere Vorstellungen von dem, was notwendig war, traf oft auf den erfahrungs-
fernen Widerstand tradierter Erziehungsvorstellungen und im Wettbewerb um Finanzmittel auch auf konkurrierende Interessen.

---

auftrat, wenn ein Sprechen über den toten Bruder nahelag. Gerade wegen dieser verborgenen
Struktur ist das Beispiel wichtig. Es repräsentiert fallspezifisch die Traumata des Befreiungs-
kampfes und anschließenden Bürgerkriegs, der die Bamiléké-Gesellschaft Kameruns bis
heute belastet.

Damit hing das Überleben des Projektes, statt von der Zustimmung der lokalen
Elternschaft, von Kräften und Interessen sowohl der Evangelischen Kirche Kameruns (*EEC*) als auch von einer Verständigung mit dem staatlichen Erziehungsministerium ab.[21] Ein Feld gegensätzlicher Erwartungen war eröffnet. Dass die Schule
neben Kulturtechniken und dem durch die Lehrpläne gegebenen Wissen auch Fähigkeiten in Feldbau und in Hauswirtschaft entwickelt und in ihren amtlich erhobenen Prüfungsergebnissen den Schulen der Region überlegen war, stärkte für die
Einen die restaurative Erwartung, dass die Schule dazu beitrage, aus der Not zer-
rissener Gegenwart in eine Zukunft zu führen, in der die „alte Ordnung", das sich
auflösende Traditionsgefüge wiederhergestellt werde. Dem stand das nicht immer
klar artikulierte, manchmal auch von persönlichen Interessen durchsetzte Wissen
Anderer gegenüber, dass Schule immer die Grenzen traditional funktionaler Erziehung überschreitet und ihr im Blick auf eine andere Zukunft eine intentionale
Erziehung gegenüberstellt.

In dieser Spannung der Erwartungen kam es darauf an, die *ER* und die benach-
barte Sekundarschule, das *Collège Elie Allegret (CEA)*, als Referenzschulen eng mit
dem Lehrerausbildungsinstitut *IPSOM* zu verbinden, und zwar nicht nur als Orte
praktischer Erprobung eines im Studium erworbenen Wissens durch Studierende, sondern auch als Orte konkreten Forschens, empirischen Handelns und Nach-
denkens von Lehrenden und Studierenden über die Frage, wie Schule ein Ort sein
kann, in dem Lehr-Lern-Prozesse in der Vielfalt ihrer Themen und Formen Schülerinnen und Schülern ermöglichen können, sich auf aktive Teilnahme am gesellschaftlichen Leben vorzubereiten und auf Herausforderungen zu antworten, in denen sich sowohl Gefahren als auch zukünftige Gestaltungsmöglichkeiten andeuten.
Damit ist der Anspruch verbunden, wissensverdinglichende Memoriertechniken
durch ein Milieu zu überwinden, zu dem universitäre Erziehungswissenschaft als
von Lehrenden und Studierenden in der Zusammenarbeit mit den Referenzschulen getragener Forschungszusammenhang beiträgt.

Um den Anspruch auf institutioneller Ebene zu stützen, haben wir das *IPSOM*-
Projekt durch einen Wissenschaftlichen und einen Verwaltungs-Beirat begleitet.
Der Verwaltungsbeirat verantwortet die ökonomischen und institutionspolitischen
Aspekte. Der Wissenschaftliche Beirat diskutiert Fragen der pädagogisch-didakti-
schen Entwicklung des *IPSOM* einschließlich ihrer soziokulturellen und polit-öko-

---

[21] Nicht zuletzt Konkurrenzdenken und Machtansprüche, die in einer Umbruchgesellschaft
noch ohne ein selbstverständlich gewordenes positiviertes Rechtssystem abrupter, erratischer
und damit gefährlicher auftreten können, haben den Weg schwierig gemacht. Doch ohne
dass hier der Ort für eine genauere Darstellung ist, ist auch die Kehrseite der Umbruchgesellschaft zu nennen. Der Mangel an positivierten Rechtsfiguren hat manchmal auch positive
Wendungen ermöglicht.

nomischen Aspekte und achtet auf die Qualität der Berufungen von IPSOM-Lehrenden, die über die allgemeinen Kriterien der Wissenschaftsverpflichtung hinaus den besonderen Ansprüchen des Reformprojektes entsprechen sollen.

Doch vom skizzierten Ideal sind wir weit entfernt. Ihm zu folgen setzt erfindungsreiche Fähigkeiten didaktisch kluger Schulentwicklung voraus. Sie werden aber durch administrative und andere Gepflogenheiten be- oder sogar verhindert, die Ordnungs- und Herrschaftssicherung in den Vordergrund stellen. Dieser nicht nur in Kamerun naheliegende Fehler droht dem Projekt in besonderem Maße, weil sich unausgesprochene Koalitionen zwischen traditionsorientiertem Ordnungs- und herrschaftsfunktionalem Verwaltungsdenken immer wieder einstellen.[22] Sie kritisch aufzulösen und kritisch herauszuarbeiten, dass ihr Wuchern das Projekt im Kern bedroht, fordert Anstrengungen, die uns immer wieder in projektinterne Konflikte geführt haben. Dass wir sie bisher aushalten und produktiv wenden konnten, gehört zu den stärksten Erfahrungen, die unseren Optimismus grundieren.

Wir hatten zunächst angestrebt, das Studium entsprechend den in der *ER* entwickelten „Prinzipien" der Vielfalt der Lesarten, der Interaktion und der reziproken Verantwortungsübername anzulegen. Das sollte durch zwei Besonderheiten geschehen. Teile des Studiums sollten sich in projektbezogenen Arbeitsepochen einer engen Verschränkung empirischer Erfahrung mit theoretischer Auseinandersetzung vollziehen. Ergänzt werden sollte dieses Konzept durch ein Forum, in dem alle Lehrenden und Studierenden des zunächst noch kleinen *IPSOM* wöchentlich zusammenkommen, um ausgehend von einleitenden Präsentationen oder Vorträgen frei und über Disziplingrenzen hinweg über grundlegende bildungs- und gesellschaftstheoretische Themen diskutieren zu können.

Das Studium in Arbeitsepochen hat sich bisher aus zwei Gründen nicht realisieren lassen. Wir wollten mit der Ausbildung von Primarschullehrern beginnen. Das Erziehungsministerium hat uns die für notwendig erachtete dreijährige Studienzeit – die Ausbildungszeit von Primarschullehrern beträgt in Kamerun üblicherweise nur ein (!) Jahr[23] – aber nur für Sekundarschullehrer zugestanden. Damit aber

---

[22] Dieses Verwaltungsdenken hat sich zeitweise in starrer, von vorgreifendem Gehorsam motivierter Durchsetzung der vom staatlichen Erziehungsministerium vorgegebenen Curricula und Stundentafeln geäußert. Und auch intern hat das administrative Milieu die Arbeit durch den Umstand belastet, dass der Aufbau eines überdimensionierten Verwaltungsapparates mit entsprechenden Machtinsignien das lebensgeschichtlich eingeübte Denken in hierarchischen Abhängigkeiten restituiert hat.

[23] Ein Studienjahr dauert formal von Oktober bis Juni, umfasst also, wenn die Zeit tatsächlich genutzt wird, maximal 9 Monate. Der Themenkatalog, der in dieser Zeit bearbeitet werden soll, ist aber qualitativ und quantitativ so anspruchsvoll, dass er in der knappen Zeit kaum zu mehr als leeren Begriffen führen kann. Der Anspruch ist kaum anders zu erklären als durch eine unkritische Übernahme zeitlich breiter angelegter europäischer Studienpläne.

kam nicht nur die Vielfalt der Schulfächer und ihrer Didaktiken, verbunden mit
der Einrichtung entsprechend vieler Professuren, ins Spiel. Ebenso groß war die
Last durch die Vorgabe eines detaillierten Lehrstundendeputats, das sich nur bei
geschickter Planung für Arbeitsepochen hätte nutzen lassen. Doch nicht zuletzt in
strategischem Interesse einer Anpassung an ministerielle Vorgaben hat der damali-
ge Akademische Direktor des *IPSOM* entsprechende Nutzungsansätze für unmöglich erklärt. Mit dieser Hypothek wurde es sehr schwer, die Vielfalt der Lesarten in
den Vordergrund zu bringen und zugleich neu hinzukommende Professorinnen
und Professoren für sie zu gewinnen. Nur das wöchentliche Forum konnte sich als
Ort etablieren und zur Öffnung verschiedener Lesarten und entsprechend freier
Diskussion beitragen.

Damit war ein Spannungsfeld vorgezeichnet, das seit dem Jahre 2007 *IPSOM*-
interne Konflikte zeugte. Unter dem Schirm ministerieller Vorgaben hatte sich zunehmend ein Klima der Administrierung entwickelt, in dem Lehre und Studium
zunehmend als Funktionen der Verwaltung erschienen. Konflikte entzündeten sich
in diesem Milieu u. a. am Versuch des Akademischen Direktors, ein Forschungs-
symposium, für das wir zwei Kulturpsychologen aus Deutschland und aus Indien
gewonnen hatten, durch die Belegung der Symposiumstage mit Semesterklausu-
ren zu blockieren. Auch wenn wir die Blockade überwinden konnten, war die Ar-
beitsatmosphäre noch bis ins Folgejahr gestört, so dass erst zwei Jahre später ein
zweiwöchiges Arbeitsprojekt mit einer Studierendengruppe den Typus eines Empirie und Theorie verschränkenden Studiums ermöglicht hat, den wir ursprünglich
mit den Arbeitsepochen beabsichtigt hatten.

5 Die Universität

Die administrative Milieuveränderung hatte meine schon seit 1994 im Projekt
mitarbeitende Frau und mich skeptisch gegenüber der weiteren Entwicklung des
Projekts gemacht. Zu stark schienen uns die Administrationsimpulse in eingelebte
Verhaltensfiguren von Vorgabe und Nachfolge zu führen, damit die Konventionen
des tradierten Erziehungssystems zu restituieren und das Projekt als ganzes ernst-
haft zu gefährden. Auch deshalb hatten wir uns im Frühjahr 2009 entschlossen, uns
aus der Präsenz zurückzuziehen, bei Nachfrage jedoch als Gesprächspartner per
Email oder Skype zur Verfügung zu stehen.

Drei Monate nach unserem Entschluss ist es dann zu einem eruptiven Konflikt
gekommen. Weil der Konflikt bei anderem Ausgang das Gesamtprojekt zerstört hätte und einen exemplarischen Blick auf Gefahren von Entwicklungsprojekten erlaubt,
soll er knapp skizziert werden. Entzündet hatte er sich durch den völlig unerwarte-

ten Versuch des damaligen Leiters des Kirchlichen Schulwesens, das *IPSOM* in strategischer Kooperation mit dem Akademischen Direktor in eigene Regie zu nehmen, um es auf Kurzlehrgänge einer praktizistischen Lehrerfortbildung hin auszurichten. Ohne hier Details entfalten zu können, sind zwei Punkte zu nennen. Der Angriff war nur möglich, weil er das Interesse des Akademischen Direktors an zentralistisch ausgerichteter Administration instrumentalisieren und so erziehungswissenschaftliche Diskussionen über das eine oder das andere Konzept umgehen konnte. In dieser Allianz wurde hinter dem Rücken aller Betroffenen zunächst Jean-Blaise Kenmogne als der von der *EEC* bestimmte, für das *IPSOM*-Projekt Gesamtverantwortliche auf ein scheinbar ehrenvolles Nebengleis abgeschoben, und alle Lehrerinnen und Lehrer der *ER* wurden ohne jede Ankündigung von einem Abend auf den nächsten Morgen von der Schule wegversetzt und durch eine Lehrergruppe ersetzt, die keinen Einblick in die Konzeption der Reformschule hatte.[24]

Dieser Angriff war auch deshalb möglich geworden, weil er eine Initiative nutzen konnte, die aus einem Auftrag des Evangelischen Entwicklungsdienstes (EED) resultierte. Der hatte, seinerseits durch eine Vorgabe des deutschen Bundesministeriums für Zusammenarbeit motiviert, eine Evaluation des Projektes in Auftrag gegeben. Ein solcher Auftrag ist im Prinzip richtig. Denn ein Projekt bedarf kritischer Auseinandersetzung, um nicht der Verselbstständigung und ideologischen Verbrämung wohlfeiler Eigentheorie zu erliegen.

Doch der gegebene Fall zeigt eine Kehrseite. Die eingesetzte deutsche Evaluationskommission hatte nach einem nur kurzen Besuch und wenigen Gesprächen vor Ort eine grundlegende Umstrukturierung des IPSOM empfohlen. Die Empfehlung folgte einem verwaltungsaffinen Zweck-Mittel-Denken, dass dem Interesse des Leiters des Kirchlichen Schulwesens entgegenkam und ihm erlaubte, die Wahrnehmung davon abzulenken, dass der von ihm geplante Umbau die kulturell herkünftige Gruppenstruktur pervertieren und ihr produktives Potential zerstören würde. Der Modernisierungsimpuls aus dem Norden, der eine funktionierende Zivilgesellschaft voraussetzt, hatte sich, weil diese Voraussetzung nicht gegeben ist, im Schein der Kooperation von Kräften des Nordens und des Südens und im importierten Glauben an die Sache der Entwicklung in einen Neokolonialismus verwandelt, der, hätte man ihn nicht abwehren können, zum Ende des Gesamtprojektes geführt hätte.

---

[24] Mit welcher Unbedenklichkeit und Härte vorgegangen wurde, zeigt ein Detail: Den Lehrern der *ER* wurde ihre Versetzung durch die nachkommenden Lehrer bekannt gemacht. Diese klopften in der Abenddämmerung an die Türen der Lehrer-Hütten – den zur Schule gehörenden Lehrerwohnungen – und teilten den Lehrern mit, ihnen, den Ankommenden, seien ab sofort alle Lehrerstellen und Wohnungen zugeteilt.

In dieser Situation haben wir unsere Reisezurückhaltung wieder aufgegeben. Jean-Blaise Kenmogne und ich haben in intensiver Diskussion nach Wegen gesucht, den Angriff zu überwinden. Das wurde möglich, weil sich das Präsidium der *EEC* in das Problem einbezogen sah und erkannte, was der Angriff auf das *IPSOM* nicht nur für das *IPSOM*, sondern für die *EEC* insgesamt bedeuten würde. Doch eine einfache Rückkehr zum Status Quo des *IPSOM* und der *ER* vor dem Angriff hätte in der Bevölkerung nur das verheerende Bild eines weiteren Interessenkampfes hinterlassen, wie er so oft erlebt und für die praktische Lebensnot mitverantwortlich gemacht worden war. Deshalb war ein anderer Weg plausibler, nämlich die Umwandlung des Lehrerbildungsstitutes *IPSOM* in eine Universität, die *UEC*. Denn mit der Etablierung mehrerer Fakultäten entstand eine neue institutionelle Struktur jenseits der durch den Angriff entstandenen Verzerrungen. Wenig später haben die kooperierenden Angreifer ihre Positionen im Bildungssystem der *EEC* aufgeben müssen.

Mit der unvorbereiteten Umwandlung des *IPSOM* in die *UEC* waren und sind natürlich erhebliche Fragen aufgeworfen worden. Ein relativ kleines Institut lässt sich nicht einfach per Dekret zu einer Universität mit mehreren Fakultäten machen. Zwar zog vor allem die neue medizinische Fakultät viele Studierende an, was – ein guter Nebeneffekt – durch eingehende Studiengebühren zur Milderung der finanziellen Enge der *UEC* beitrug. Doch die quantitative und qualitative Ausweitung des Projektes hat auch neue Probleme gezeugt, für die Antworten zu finden waren oder noch zu finden sind.

Die *UEC* soll wie schon das *IPSOM* auf dem jeweils gegebenen Niveau die in der *ER* entwickelten Prinzipien aufnehmen. Was das unter den neuen Umständen bedeutet, lässt sich exemplarisch am Schicksal des Wochenforums skizzieren. Ursprünglich war das Forum als Ort akademischer Diskussionskultur auf etwa 50 Teilnehmer ausgerichtet. Inzwischen gibt es mehrere hundert Studierende an der *UEC*. Da ein Forum mit so vielen Teilnehmern, dazu noch unter ungünstigen Raumbedingungen, seinen Zweck diskutierenden Austauschs aber schwerlich erfüllen kann, lähmt es, wie sich schnell gezeigt hat, studentisches Interesse. Seinen Sinn als eine Art Studium Generale jenseits fakultativer Ausbildung können vor allem Studierende der neuen Fakultäten – Medizin, Agrarwissenschaft, Wirtschaftslehre – um so weniger einsehen, als sie von ihren Professoren so mit Wissensstoff belegt werden, wie diese es nach ihren (Medizin-)Studien in Europa oder in den USA, für die einzig mögliche Lehr- und Studienform halten.

In der Umwandlung des Lehrerbildungsinstituts zur Universität zeigt sich exemplarisch, dass Bildungsprojekte der Entwicklungszusammenarbeit in Feldern diffuser Unbestimmtheit im eingangs skizzierten Sinn stattfinden. Da sind einerseits die komplizierten, historisch belasteten Austauschprozesse, die je nach Perspektive und, oft in Selbstverkennung, vom Norden als solidarische und vom Süden als Dominanzbeziehungen gesehen werden. Schon auf dieser Ebene liegen Gründe des Scheiterns, da kommunikativem Austausch im irrigen Glauben an Objektivität gern Figuren europäischer Zweck-Mittel-Rationalität zugrunde gelegt werden. In einer Gemengelage tradierten ethnischen Zusammenhalts und kolonial auferlegter Staatsform bildet sich nur schwer und mit vielen Rückschlägen die gelebte Vorstellung eines Gesellschaftsvertrags aus, wie er in europäischer Zweck-Mittel-Rationalität vorausgesetzt wird. Die diffuse Unbestimmtheit des Handlungsfeldes begünstigt die Partikularisierung von Interessen und deren Kaschierung im Gewande geliehener Rationalität.[25] Sie spielt sich im Rückgriff auf Verhaltens- und Redefiguren aus, die ihren Appellcharakter aus brüchig gewordenen ethnischen Traditionen, aus okzidental importierten Diskursfiguren oder aus der Vermischung beider entleihen.

In dieser Gemengelage handeln alle Beteiligten, also nicht nur Kritiker von außen, sondern selbstverständlich auch wir. Entsprechend schwer ist es oft, sich der Richtigkeit von Entscheidungen zu vergewissern. Zwar mag der undifferenzierte Blick auf die Institution *UEC*, zu der die anfänglich so kleine Feldforschung auf dem Weg über die *ER* und das *IPSOM* schließlich geworden ist, das Bild historischer Richtigkeit nahelegen. Doch dieses Bild ist unvermeidlich selbst von Entwicklungs- und Enkulturationsideen gezeichnet, die kulturell nicht unschuldig sind. Angesichts der Komplexität des Gesamtprojekts von Universität mit Primar- und Sekundarschule sowie für die medizinische Fakultät mit assoziiertem Hospital sind die drei Leitideen der konkurrierenden Lesarten, der notwendigen Interaktion und der reziproken Verantwortungsübernahme, als *principes fondamentaux* gern plakativ zitiert, nicht frei von der Gefahr, als bloße Slogans im Dienste partikularer Interessen funktionalisiert zu werden.

Was sich bewährt, so lange Selbstkritik den Reformprozess begleitet, gerät nach deren Verstummen leicht unter den restaurativen Druck tradierter Vergesellschaftungsstrukturen. Ein Milieu diffuser Unbestimmtheit, von dem ich oben gesprochen hatte, kann sich durchsetzen und Einbruchstellen für andersartige Motive öffnen, die aus dem sozialen Umfeld wie auch aus unkontrolliert fortwirkenden Hypotheken der Akteure selbst kommen. Ob dann die Leitideen tatsächlich zur

---

[25] Wie Rationalitätsfiguren „geliehen" werden, lässt sich in subtilen Analysen lebensgeschichtlicher Erzählungen manchmal nachweisen, z. B. wenn das Subjekt des erzählten Handlungsträgers in metonymischer Verschiebung durch das des Erzählers substituiert wird – was einer traditionellen Denkfigur entspricht, der zufolge z. B. ein Chef in der Ichform die Handlungen seines Vorgängers als seine Handlungen darstellt. Solcher Substitution liegt die rituelle Transformation des Nachfolgers nicht eigentlich in das Subjekt des Vorgängers, sondern in das der *lignée* seiner spirituell-ethnischen Einheit zugrunde.

Gefahrenabwehr taugen und eine für den Einzelnen *und* die Gesellschaft förder-
liche, selbstverständlich gelebte Praxis stützen, hängt vom Bewusstsein der Lehrenden, der Lernenden und nicht zuletzt des Verwaltungspersonals ab, auf welche
Probleme, auf welches Leiden das Projekt legitimerweise zu antworten hat. Nur in
kritischer Auseinandersetzung mit erstarrten Machtsystemen, aus ihnen resultierenden Machtansprüchen sowie dem mit ihnen verbundenen Leiden können intel-
ligente Formen des Lehrens, Studierens und universitären Lebens aufrechterhalten
und weiterentwickelt werden, die dysfunktionale Konventionen, administrative
Perversionen und die leider immer wieder drohenden Tendenzen eines Miss-
brauchs des Projekts zum Machterhalt Einzelner abzuwehren erlauben. In diesem
Schluss ist festzuhalten, dass eine Bildungsreform nicht hinter den verschlossenen
Türen von Schule oder Universität möglich ist. Sie kann auch auf der konkreten
Ebene lehrend-lernender Interaktion nur in dem Maße gelingen, in dem sie sich
kritisch der Entwicklung in ihrem gesellschaftlichen Umfeld vergewissert und auf
diese ausstrahlt.

Literatur

Ehrenberg, Alain. 2008. *Das erschöpfte Selbst. Depression und Gesellschaft in der Gegenwart.*
Frankfurt a. M.: Suhrkamp.
Foaleng, Michel. 2005. Schulreform, Nord-Süd-Kooperation und postkoloniale Gesellschaft.
Anspruch und Wirklichkeit eines Reformansatzes in Bandjoun, Kamerun. Frankfurt
a. M.: IKO.
Grubrich-Simitis, Ilse. 1984. Vom Konkretismus zur Metaphorik. *Psyche* 38:1–28.
Kokemohr, Rainer. 2010. Interpretation - Lektüre - Interkulturalität. In *Interpretative Sozial-
forschung und Kulturanalyse. Hermeneutik und die komparative Analyse kulturellen Han-
delns,* Hrsg. Gabriele Cappai, Shingo Shimada, und Straub Jürgen, 201–223. Bielefeld:
Transcript.
Marcel, Mauss. 1990. *Die Gabe. Form und Funktion des Austauschs in archaischen Gesellschaften.*
Frankfurt a. M.: Suhrkamp.
Marion, Jean-Luc. 2011. Die Banalität der Sättigung. In *Phänomenologie der Sinnereignisse,*
Hrsg. Klass Tobias Nikolaus, Laszlo Tengelyi, und Hans-Dieter Gondek. München: Fink.
Pradelles Latour de, Charles Henry. 1991. *Ethnopsychanalyse en pays bamiléké.* Paris: E.P.E.L.
Sperber, Dan, und Deirdre Wilson. 1986. *Relevane: Communication and cognition.* Oxford:
Blackwell.

Einer Praxis einen Sinn zu verleihen, heißt sie zu kontextualiseren. Methodologie kulturwissenschaftlicher Bildungsforschung

Susanne Gottuck und Paul Mecheril

1 Analyse kultureller Praxis als Bildungswissenschaft

In bestimmten etwa neuhumanistischen Bildungsbegriffen, in denen Bildung als zweckfreie Proportionierung der Kräfte und Vermögen des Menschen durch letztlich nur privilegierten Gruppen vorbehaltene und ihre Privilegien dadurch sichernde Rückgriffe auf einen Kanon ausgezeichneter Topoi, Weltbezüge und (etwa antiker) Texte konzipiert wird, treffen wir auf einen normativen Kulturbegriff, der zwischen hoher und niedriger Kultur unterscheidet. In verwandten Kulturverständnissen wird Kultur differenzierungstheoretisch als spezifischer Bereich sozialer Aktivitäten und Phänomene gefasst. Kultur ist hier die Sphäre des Schönen und Wertvollen.

In Abgrenzung von solchen normativen Kulturbegriffen, die Kultur (wir folgen einer Aufzählung von Reckwitz 2007, S. 203) als Ensemble zivilisatorischer Verhaltensstandards und Kommunikationskompetenzen, als Milieu harmonischer Persönlichkeitsentwicklung verstehen oder zur Universalisierung der Kriterien bürgerlicher Kultur zum allgemeinen, inner- wie zwischengesellschaftlich wirkenden Maßstab von Kulturalität beitragen, und in Abgrenzung von einem Kultur-

S. Gottuck (✉)
Universität Bielefeld, Bielefeld Center for Education and Capability Research, Universitätsstraße 25, 33615 Bielefeld, Deutschland
E-Mail: susanne.gottuck@uni-bielefeld.de

P. Mecheril
Institut für Pädagogik, Universität Oldenburg,
Uhlhornsweg 82, 26129 Oldenburg, Deutschland
E-Mail: paul.mecheril@uni-oldenburg.de

F. von Rosenberg, A. Geimer (Hrsg.), *Bildung unter Bedingungen kultureller Pluralität*, 87
DOI 10.1007/978-3-531-19038-9_6, © Springer Fachmedien Wiesbaden 2014

verständnis, das Kultur als spezifischen Bereich des Sozialen versteht, kann Kultur als Möglichkeit der Beschreibung und Analyse alltäglicher, sozial-symbolischer Praxis verstanden werden (vgl. etwa Hörning und Reuter 2004). In der Tradition der *Cultural Studies* betrachten wir Kultur als instrumentelle Möglichkeit, soziale Praxen als Modi des symbolischen Unterscheidens zu untersuchen. Wenn Kultur in diesem Sinne als analytische *Perspektive* universalisiert wird, erweitert sich der (potenzielle) Zuständigkeitsbereich kulturwissenschaftlicher Ansätze auf alle Situationen und Formen, in denen Menschen miteinander zu tun haben.

Wir verstehen Kultur somit als Analyseperspektive und das Konzept als eine Art Werkzeug, das sinnvoll eingesetzt werden kann, aber nicht fortwährend zwingend Verwendung finden muss, soziale Phänomene zu beschreiben und zu untersuchen.[1] Einleitend sei hier nun unsere Präferenz, Kultur als Möglichkeit der Beschreibung und Analyse sozial-symbolischer Praxis zu verstehen, etwas erläutern, indem wir ein Verständnis von Kultur skizzieren, das in bestimmten Texten der *Cultural Studies* (CS) kultiviert wird (ausführlicher Mecheril und Witsch 2006). Im zweiten Teil dieses einleitenden Abschnitts erläutern wir, unter welchen Bedingungen/Entscheidungen eine an einem solchen Kulturverständnis orientierte kulturwissenschaftliche Perspektive nicht nur einen Beitrag zur Bildungsforschung darstellt, sondern Bildungsforschung ist.

Kultur können wir im Sinne der CS verstehen als symbolische Ordnung sozialer Praxis. Diese symbolischen Ordnungen, in denen beispielsweise zwischen dem Möglichen und dem Unmöglichen, dem Erlaubten und dem Verbotenen, dem Erhabenen und dem Niederen unterschieden wird, aber auch zwischen denen, die legitim privilegiert und legitim deprivilegiert sind, zwischen denen, die intelligibel und denen, deren Gebaren unverständlich bleibt, präformieren einerseits soziale Praxis, andererseits werden symbolische Ordnungen durch diese soziale Praxen hergestellt.

Wenn Kultur als analytische Perspektive verstanden wird, die erkenntnisproduktiv ist, also Zusammenhänge nicht allein wiedergibt, sondern auch erzeugt, haben wir es bei den CS mit kulturalisierenden Studien zu tun. Diese werden von einer analytischen Haltung getragen, die die enge Verbindung von Subjektivität und Macht zum Ausgangspunkt und Gegenstand des Interesses macht. Kultur

---

[1] Wir können hier nicht über das Verhältnis der kulturwissenschaftlichen Perspektive zu anderen, etwa funktionalistischen oder materialistischen Ansätzen in der Untersuchung des Sozialen nachdenken. Mit dem Hinweis auf die Kontingenz der kulturwissenschaftlichen Perspektive verbindet sich aber der Einsatz für das Prinzip der Multiperspektivität in der Auseinandersetzung mit dem Sozialen und ein Zurückschrecken vor totalisierenden Positionen. Dies bedeutet freilich nicht, dass wir von dem besonderen Sinn und dem Gehalt soziale Verhältnisse unter Perspektive „Kultur" zu untersuchen nicht überzeugt wären. Diese Überzeugung erklärt auch, warum der vorliegende Text zustande gekommen ist.

kann hierbei als Medium der Verschränkung von Macht und Subjektivität gedacht werden. Da das zentrale Interesse der CS der Analyse dieser Verschränkung gilt (etwa Kögler 1999, S. 196), stellt sich im Bereich der CS die Frage, wie soziale Praktiken mittels kultureller Sinnproduktion zur Konstitution der Subjekte beitragen. Subjekte sind somit von Machtprozessen nicht nur durchzogen und gezeichnet, sondern müssen als in sozialen, politischen und gesellschaftlichen Kräftefeldern hervorgebrachte Phänomene verstanden werden. Macht, die nicht allein aus Wissensformen resultiert ist hierbei, in Anlehnung an den in den CS breit rezipierten Foucaultschen Machtbegriff, total, sie ist eine Konstitutionsbedingung des Sozialen und – eingeschränkter – eine Voraussetzung der Konstituierung der Subjekte. Dass Macht total ist, schließt nun aber nicht aus, dass sie auch spezifisch sein kann und in dieser Spezifität mit unterschiedlichen und unterscheidenden Formen der Zubilligung und Verwehrung von Handlungsmöglichkeiten einhergeht. Neben dem allgemeinen Zusammenhang, dass jedes Subjekt als ein Phänomen der Subjektivierung, der notwendigen Unter-Ordnung gedacht werden muss, sind also auch noch spezifische Subjektivierungsprozesse von Bedeutung, die etwa zwischen Behinderung und Nicht-Behinderung unterscheiden und in denen eine spezifische Macht ihre Wirkung entfaltet. Wir können davon ausgehen, dass Formen spezifischer Macht Felder ausbilden, in denen sich spezifische Subjekte konstituieren. Wenn also vieles dafür spricht, die Konstituierung des Subjekts allgemein als einen unabweislich von Machtbeziehungen und -verhältnissen vermittelten Prozess zu verstehen, so darf diese allgemeine Perspektive doch nicht den Blick auf jene Subjekt-Macht-Konstellierungen (etwa die kulturelle Ordnung, die die den Unterschied zwischen Behinderung und Nicht-Behinderung hervorbringt, vgl. Dederich 2011) verstellen.

Kulturelle Ordnungen – etwa jene, die Behinderungen oder Migrationsandere (Mecheril et al. 2010) hervorbringen, müssen als spezifisch repressive Form der Konstituierung beschränkter und weniger beschränkter Identitäten untersucht werden, weil die Analyse ansonsten auf jene Voraussetzung verzichten würde, die es ihr ermöglicht, einen kritischen Anspruch zu formulieren. Wenn die CS an einer kritischen Analyse des Einsickerns und des Eindringens von Macht in die Möglichkeiten der Menschen interessiert sind, „ihr Leben auf würdige und sichere Art zu verbringen" (Grossberg 1999, S. 62), wenn CS daran interessiert sind, die machtvolle Beschneidung von Handlungsräumen und -möglichkeiten zum Thema zu machen, dann können sie nicht auf einen Begriff von Verhinderung, Einschränkung und Begrenzung und ein Verständnis dieser repressiven Verhältnisse als differentielle Verhältnisse verzichten. Und sie können auch nicht das Motiv aufgeben, für Verhältnisse einzutreten, in denen Menschen ihr Leben auf „würdige und sichere Art" verbringen – wobei die Vorstellung, was dies heißt, notwendig offen zu halten und in einem Projekt fortwährender *Revision* immer wieder zu öffnen ist (vgl. Mecheril 2013).

Die bis hierher in aller Kürze markierte Idee einer Kulturanalyse versteht sich als Werkzeug der Analyse des Sozialen, mit dem es möglich wird, alltagsweltliche soziale Praxen der symbolischen Unterscheidung zu untersuchen, die von Machtverhältnissen vermittelt sind und diese zugleich überhaupt erst verwirklichen. Die Analyse dieser Machtverhältnisse folgt hierbei durchaus dem Interesse, Möglichkeitsräume für würdigere Formen von Subjektivität zu erkunden, ohne dass dabei ein eng definiertes Verständnis von dem, was Würde bedeutet, zum Einsatz kommt, vielmehr integrales Anliegen der Analyse ist, empirisch Figuren kontextspezifischer Ermöglichung und Verhinderung von würdevollem Handeln so zu markieren, dass Begriffe des Würdevolleren modellierbar werden (vgl. genauer Mecheril et al. 2013). Bevor wir diese Idee in den nächsten Abschnitten methodologisch genauer zu explizieren versuchen, indem wir über eine praxeologische Engführung der Untersuchung sozialer Praxen auf ihre Situiertheit in einem Doppelschritt (mit Hilfe der Begriffe Kontextualisierung und Artikulation) hinausgehen, sei hier eine Anmerkung zu der Frage angefügt, unter welchen Bedingungen Kulturwissenschaft Bildungswissenschaft ist.

Denn, da es nicht wirklich überzeugend sein kann, davon auszugehen, dass jede kulturwissenschaftliche Analyse von Praxen und Strukturen der Sinn- und Bedeutungsherstellung sowie Sinn- und Bedeutungsaufhebung erziehungswissenschaftliche Bildungsforschung ist, muss zunächst gefragt werden, unter welchen Bedingungen eine kulturwissenschaftliche Perspektive zum Bestandteil erziehungswissenschaftlicher Bildungsforschung wird. Kulturanalyse wird dann Bildungsforschung, wenn sie explizit, also im Lichte eines Verständnisses von spezifischen Transformationsprozessen, auf den Begriff der Bildung[2] bezogen ist.

Der Begriff der Bildung steht für die empirische und theoretische Analyse bestimmter Transformationsprozesse (vgl. Koller 2012). Bildung wollen wir hier verstehen als jene ästhetische und politische Form, die von Menschen gestaltet wird, ein Verhältnis zur Unverfügbarkeit ihrer selbst zu finden, die zweierlei ist: Der Abschied von dem Trugbild des sich selbst autonomisierenden Subjekts und zugleich der Einsatz gegen Ordnungen, die über je mich und andere in einer entwürdigenden Weise verfügen. Drei Kennzeichen dieses Bildungsverständnisses seien angesprochen: *Erstens* formieren sich Erfahrungen dann zu einem Bildungsprozess, wenn sie eingebunden sind in die Kultivierung und Differenzierung einer transformatorischen Selbst- und Weltwahrnehmung. Diese Transformation widerfährt der und dem Einzelnen nicht schlicht, sondern Erlebnisse, Ereignisse und Wahrnehmungen sind Ausgangspunkt für (Selbst- und Welt-) Verhältnissetzungen, in

---

[2] Die nachfolgende Passage ist in einer ähnlichen Version auch im Rahmen eines anderen Aufsatzes erschienen (Mecheril 2013).

denen sich Antwortverhältnisse bilden, der und die Einzelne zu Ver-Antwortungen kommt. Bildungstheorie setzt allgemein voraus „die Personwerdung unter dem Gesichtspunkt der Eigenaktivität des sich Bildenden: Bildung, so könnte man sagen, ist immer Selbstbildung [...]. Bildung steht ihrem Verständnis nach immer schon auf der Seite der möglichen Autonomie [...] Es geht um die Angabe von Bedingungen, die einen Prozess der Selbstbildung möglich machen [...] Bildungstheorien [sind] eher als *Möglichkeitstheorien für Selbstbildung* zu verstehen" (Schäfer 2005, S. 153 f., Herv. i.O.). Der Topos „Bildung" markiert in dieser Lesart ein heuristisches Interesse, die Bedingungen der (Un-)Möglichkeit der Eigenaktivität des und der Bildenden in Erfahrung zu bringen, die Frage nach der Möglichkeit oder auch Unmöglichkeit von Autonomie zu stellen. Mit der Infragestellung des gewissermaßen einfachen souveränen Subjekts (etwa Butler 2007) wird sehr zu Recht, die nonautonome Konstitution des Subjekts zum vorherrschenden Thema der Subjekt- und Bildungskritik. Warum aber, so können wir mit Peter Wagner (2006, S. 174) fragen, „sollte es problematisch sein, mit dem Begriff ‚Autonomie' die Vorstellung – die auch und vielleicht zu allererst eine normative wäre – zu bezeichnen, dass ein erwachsener Mensch, sofern ihm die Entwicklungsmöglichkeiten dazu gegeben sind, in eigenem Namen handelt?". Mit dieser Frage ist nun nicht die Annahme verknüpft, dass der erwachsene Mensch über sich verfügte und selbst, selbsttransparente Grundlage eigenen Handelns sei. Jedoch weist die Frage darauf hin, dass ich mich für mein Handeln verantwortlich zeige, in einer Verantwortung stehe, in einem Antwortverhältnis zu der eigenen Kontingenz und Opazität, dass ich nach Antworten suche und diese tentativ probe, Versuche ein Verhältnis zu finden zu dem, wie man mit Judith Butler etwa formulieren würde (2001, S. 101 ff.), „Gesetz", das mich konstituiert, dem ich leidenschaftlich oder weniger leidenschaftlich verbunden bin, zu der Unmöglichkeit, für mich und mein Tun einzustehen und der Unmöglichkeit, nicht dafür einzustehen.

Dass dieser Prozess der Verhältnissetzung Bestandteil einer symbolisierten, also nicht bloß „innerlichen", Bezogenheit auf allgemeine Topoi ist, ist das *zweite* Kennzeichen. Wolfgang Klafki (1996) qualifiziert jene ästhetischen und kognitiven Prozesse als (Allgemein-)Bildung, die auf Schlüsselprobleme der jeweiligen Zeit und des jeweiligen Ortes bezogen sind, dort ihren Ausgang nehmen, mithin im Medium des Allgemeinen stattfinden. In Bezug auf die ästhetische Dimension, schreibt Klaus Mollenhauer (1998), wird die Reflexion des Verhältnisses der subjektiven Befindlichkeit des Individuums „als Leib-Seele-Wesen zum kulturell oder gesellschaftlich Allgemeinen" zum Thema. Wir können im Anspruch, zwischen Bildung und Erfahrung zu unterscheiden, mit Mollenhauer herausstellen, dass immer dort, wo Assoziationen und Verknüpfungen zwischen Selbst- und Weltwahrnehmungen sowie kulturell und gesellschaftlich bedeutsamen Themenstellungen und Problemlagen gemacht werden, in denen sich ein Allgemeines anzeigt, Erfahrungen Teil potenzieller Bildungsprozesse sind. Dieses Allgemeine ist selbstverständlich variabel, kontingent und auch umkämpft. Die Frage nach dem Allgemeinen ist mithin Gegenstand politischer Auseinandersetzungen. In diesem Sinne kann die Geschichte sozialer Bewegungen auch gelesen werden als Kampf für ein verändertes Bildungsverständnis: gebildet sind jene, die etwa um hegemoniale Geschlechterverhältnisse, um die kontingente Ordnung, die zwischen Behinderung und Nicht-Behinderung unterscheidet, wissen, und sich selbst dazu in ein selbstkonstitutives Verhältnis setzen.

Neben dem Bezug auf Fragen und Probleme, die in einem umkämpften und kontingenten Sinn (welt)gesellschaftlich als besonders bedeutsam gelten, weisen Erfahrungen dann auf Prozesse von Bildung, wenn diese Erfahrungen *drittens* im Zusammenhang eines Prozesses der Auseinandersetzung des und der Einzelnen stehen, die ein politisch-ethisches Moment aufweist. Dieses Moment kreist um die Frage: Wie will und kann ich im Rahmen dessen, wie wir leben wollen und können, leben? Der Ausdruck „Bildung" adressiert somit einen erfahrungsbegründeten und erfahrungsreflexiven Prozess, in dem sich der und die Einzelne zu kulturell und gesellschaftlich allgemeinen, sowie politisch-ethischen Anfragen, Anliegen und Ansprachen verhält und in diesem Handeln und Urteilen auf die Verhältnisse Einfluss nimmt.

Kulturwissenschaftliche Analysen formieren sich, so unsere Überlegung, zu einer kulturwissenschaftlichen Bildungsanalyse, wenn sie soziale Praxen so untersuchen, dass ihre Bildungsqualität zum Gegenstand der Untersuchung wird, dann also, wenn diese Praxen im Hinblick auf erfahrungsvermittelte Prozesse der Transformation von Selbst- und Weltverhältnissen, die auf allgemeine Probleme, Themen und empirische Zusammenhänge im Modus der Frage danach, wie wir leben wollen, bezogen sind bzw. werden.

Was es im Rahmen einer Bildungsforschung, die von einer CS-Tradition von Kulturwissenschaft inspiriert ist, heißen kann, gesellschaftlich allgemeine und kontextuell spezifische Bedingungen in den Blick zu nehmen, die es Menschen ermöglichen oder verhindern, sich zu sich selbst in einem politischen, ästhetischen und ethischen Sinne in ein spezifisches Antwortverhältnis zu setzen, ohne über sich oder andere vollends zu verfügen, soll im Folgenden weiter ausgeführt werden.

2   Den Sinn einer situierten Praxis erkennen

Die Analyse der interaktiven Hervorbringung von sozialen Ordnungen durch Akteure ist das zentrale Anliegen praxeologischer, insbesondere ethnographischer Ansätze. Die intensive Beobachtung des Untersuchungsfeldes nicht aus übergeordneter (Vogel-)Perspektive, sondern der Perspektive der teilnehmenden Akteure ist charakteristisch für ethnographische Ansätze. Hierbei wird das Tun, das Beobachten wie das Interpretieren, von der methodologischen Voraus-Setzung angeleitet, dass das Beobachtungsfeld, zum Beispiel eine Schulklasse oder ein Jugendzentrum, fremd ist. Wenn unter einer solchen Perspektive beispielsweise das Geschehen in einer Schulklasse zum Thema wird, dann würde die gegenwärtig häufig anzutreffende Feststellung, dass diese Schulklasse von „kultureller oder ethnischer Heterogenität" geprägt sei, unbefriedigend bleiben. Ethnographische Ansätze nutzen vielmehr Beobachtungen, um Aussagen darüber zu machen, wie durch die situierte Praxis der Akteure, hier also Lehrerinnen und Schülerinnen, Unterscheidungen bedeutsam (gemacht) werden.

Ein wichtiges Verfahren bei der Erfassung kontextspezifischer kultureller Praktiken besteht darin, ein Verhältnis der Distanz zum Feld des Interesses zu gewinnen. Dieses Prinzip entstammt Erfahrungen der klassischen Ethnologie, die sich die Situation der kulturellen Fremdheit zunutze macht, um Regelmäßigkeiten „fremder Kulturen" zu erkennen. Sobald der Grundsatz der Distanz auf vermeintlich Vertrautes angewandt wird, bedarf es eines Aktes der „Befremdung des Allzuvertrauten" (Hirschauer und Amann 1997, S. 13), um jene Distanz zum Selbstverständlichen, zur Fraglosigkeit des Alltagslebens – wie Alfred Schütz (1971) formulieren würde – zu erwerben, die als fruchtbare Grundlage der Beobachtung kultureller Praktiken fungiert.

Der Fremde, schreibt Georg Simmel in seinem berühmten „Exkurs über den Fremden" (1968, S. 509) „ist innerhalb eines bestimmten räumlichen Umkreises [...] fixiert, aber seine Position in diesem ist dadurch wesentlich bestimmt, dass er nicht von vornherein in ihn gehört, dass er Qualitäten, die aus ihm nicht stammen und stammen können, in ihn hineinträgt. Die Einheit von Nähe und Entferntheit, die jegliches Verhältnis zwischen Menschen enthält, ist hier zu einer, am kürzesten so zu formulierenden Konstellation gelangt: die Distanz innerhalb des Verhältnisses bedeutet, dass der Nahe fern ist, das Fremdsein aber, dass der Ferne nah ist." Zur „Synthese von Nähe und Ferne" (ebd., S. 510) bedurfte es in der klassischen Ethnologie einer „künstlichen" Annäherung an das Ferne. Für ethnographische Ansätze, die es auf eine Befremdung des Eigenen anlegen, bedarf es komplementär der Entfernung von dem Nahen. Diese Distanz im Nahen verleiht dem ethnographischen Blick jene analytische Schärfe, die Simmel als „Objektivität des Fremden" bezeichnet hat (ebd.).

Dass das ethnographische Interesse auf „Unterscheidungen" und nicht auf „Unterschiede" bezogen ist, geht theoretisch einher mit der Entscheidung, Relationen zwischen Menschen (und Dingen), die durch das Handeln von Menschen erzeugt werden, und nicht als „wesenhafte Merkmale" der Einzelnen zu betrachten. Es geht um Muster, in denen Menschen durch Handlungen in Beziehung zueinander treten (und getrennt werden).

In ethnographischen Studien kann aber eine gewisse Tendenz beobachtet werden, soziale Praxen vor allem als Praxen zu untersuchen, die in spezifischen, abgegrenzten Orten wie z. B. Schulhöfen und Klassenzimmern (vgl. etwa Breidenstein und Kelle (1998) situiert sind. Diehm et al. (2013) verweisen darauf, dass ethnomethodologisch (etwa West und Fenstermaker 1995; Fenstermaker und West 2001) und interaktionistisch (etwa Blumer 1973) inspirierte Ethnographien ihren Grundannahmen nach „zugespitzt" eine Forschungsperspektive offerieren, deren Merkmale „Situationszentiertheit" und „Ent-Kontextualisierung" sind (2013, S. 29 ff., vgl. Kuhn 2013). Dass über mikroanalytische Interaktionsbeschreibungen Herstellungsprozesse von Differenz in den Blick geraten und hierbei Aussagen über die situative Entstehung von Ordnungsmustern möglich werden, kann als wesentlicher Beitrag der Ethnomethodologie (EM) zur Theoretisierung des Sozialen gewertet werden (ebd., S. 32). In ihren theoretischen Vorannahmen, so Diehm et al. mit Bezug auf Fenstermaker und West (2001), berücksichtige die EM zwar Fragestellungen nach der Verwobenheit von Mikro- und Makroebene, insofern sie reklamiere, dass durch die Beschreibung der situativen Hervorbringung von Differenzen, gesellschaftliche Ungleichheiten erklärbar würden. In ihrer methodologischen Umsetzung jedoch, die in vornehmlich das „Wie" der hergestellten Ordnung in face-to-face Interaktionen beleuchtet, statt nach dem „Warum"[3] der Ordnung zu fragen, tendiere der Zugang allerdings dazu, - so kritisieren die Autorinnen in Anschluss an Weber (1995) dass „bereits vor der Interaktionssituation bestehende – also außersituativ historisch sedimentierte und biographisch aufgeschichtete – Machtverhältnisse zwischen den interagierenden AkteurInnen nicht angemessen berücksichtigt werden" (Diehm et al. 2013, S. 35) und damit Macht und Herrschaftsverhältnisse tendenziell verschleiert würden. Die in der EM eingeforderte „ethnomethodologischen Indifferenz" (vgl. Garfinkel und Sacks 1970) die jegliches Vorwissen zugunsten des situativ Beobachtbaren zurückstelle – verdecke darüber hinaus die gesellschaftlichen Positioniertheiten der beobachteten Akteure, damit einhergehend ihre unterschiedlichen Möglichkeiten auf das aktuelle Interaktionsgeschehen Einfluss zu nehmen (Diehm et al. 2013, S. 36).

Bestimmte Spielarten der ethnomethodologisch orientierten soziologischen Ethnographie neigen in einer methodologischen Präferenz für ‚situative Ordnungen' also dazu, sowohl makrostrukturelle als auch historisch gewachsene Konstitutionsbedingungen der Felder und Gegenstände die sie bearbeiten, nicht in den Blick zu nehmen. Verstehen wir diese Spielart der Ethnographie als (sozusagen: erkennt-

---

[3] Wir würden womöglich eher nach einem ‚Woher' fragen.

niskulturelle) Praxis, können wir sagen, dass es sich hier um eine Erkenntnispraxis der tendenziellen Dekontextualisierung sozialer Zusammenhänge handelt, die gefährdet ist, das „Soziale" auf das Format situativer und situativ hervorgebrachter Praxis zu reduzieren. Die Rekonstruktion interaktiver Ordnungen erweist sich als aufschlussreich, weil mit ihr ein Verständnis über Modi der lokalen Herstellung von Ordnungen und Unterscheidungen zu gewinnen ist. Allerdings wird die Bedeutung situativer sozialer Praxen nicht allein situativ hervorgebracht. Situationen sind nicht „autonom", sie folgen nicht einer gewissermaßen selbst gesetzten Regel.

Der Punkt, an dem die nachfolgenden Überlegungen ihren Ausgang nehmen, besteht darin, dass Kulturanalyse verstanden als (Re)Konstruktion von Mikropraktiken, z. B. in pädagogischen Kontexten, die Bedingungen der Erzeugung von Sinnhaftigkeit und Bedeutung nicht allein am singulären Ort dieser Praktiken auffinden kann. Soziale Praktiken können zwar fruchtbar als singuläre Praktiken rekonstruiert werden. Doch erst wenn ein Wissen um gesellschaftliche Kontexte in Rechnung gestellt wird, können Auseinandersetzungen etwa in einem Jugendheim, Diskussionen zwischen Sozialarbeiterinnen und ihrer Klientel, Beleidigungen und andere moralische Adressierungen auf dem Schulhof in ihrer „kulturellen Tiefe" erfasst werden. Beschränkungen auf die Rekonstruktion der Muster beobachtbarer Praxis hingegen frönen eher einem flachen Positivismus.

Auf Erving Goffmans Arbeiten kann hier hingewiesen werde, weil diese als Vermittlung zwischen einer minutiösen Beschreibung und Analyse situativer Alltagsinteraktion und deren gesellschaftlicher Einbindung gelesen werden können: Für eine Analyseperspektive, die danach fragt, wie kulturelle Praxen der Unterscheidung in spezifischen Kontexten hervorgebracht werden, wird es Goffman möglich, den Blick darauf zu lenken, wie in konkreten Alltagssituationen öffentliche Ordnung hergestellt wird, d. h. welche Ordnungen und regelhaften Strukturen in einem sozialen Miteinander zu beobachten sind. In der Beobachtung von sozialen Interaktionen interessiert er sich für Regelhaftigkeiten, Strukturen und „syntaktische Beziehungen" (1971, S. 8), die Aufschluss über eine mögliche „Interaktionsordnung" (1983) zwischen den Individuen geben können, welche die Zusammenkünfte der Menschen und Gruppen vorstrukturieren[4]. Auch Goffmans Konzept des sozialen

---

[4] Interaktionsordnungen werden hierbei nicht aus der Perspektive der Menschen, sondern aus der Perspektive der Situationen analysiert. „Es geht hier also nicht um Menschen und ihre Situationen sondern eher um Situationen und ihre Menschen" (Goffman 1971, S. 9). Akteure werden nicht als „Sinnzentrum [ihrer] Handlungen" (Hirschauer und Amann 1997, S. 24) beforscht, sondern ihr Verhalten, als in aktuellen Interaktionen, in vorgegebene Situationen eingebunden analysiert. Goffman vermittelt damit zwischen den Grundannahmen eines symbolischen Interaktionismus, in dem Interpretations- und Deutungsprozesse zu einem zentralen Merkmal menschlicher Interaktion werden und strukturalistischen Ideen

‚Rahmens' kann als „Erzeugungsstruktur" (Willems 1997, S. 46) von Praktiken und deren sozialen Sinn beschrieben werden und verweist auf den Kontext in dem die Interaktion stattfindet. Soziale Rahmen zeichnen sich über „eine Stabilität" (ebd.) gegenüber der jeweils stattfindenden Interaktion aus. Die ‚Rahmung' als Tätigkeit der Akteure wiederum könne dabei als „sinnaktualisierende Praxis", als Gegenstand der Aushandlung und damit „kontingent" beschrieben werden (ebd.).

Auch wenn Goffmanns Ausgangspunkt in der Erforschung von mikroanalytischer Interaktion und deren Ordnung zu finden ist, geben seine Studien „Hinweise auf ein „‚loose coupling' (Goffman 1983) zwischen den Mikroebenen des Verhaltens und der Interaktion einerseits und makrostrukturellen Ebenen (Gesellschaftsform, Schichtung, Funktionssysteme, Organisationstyp usw.) andererseits" (Willems 1997, S. 29). In seiner Rekonstruktion der Geschlechterunterscheidung und der damit einhergehenden Benachteiligung von Frauen in der öffentlichen Ordnung befragt Goffmann den „Einfluß der Sozialstruktur auf die Entstehung und Stabilität der Benachteiligung" und „in welchen Arrangements", zum Beispiel in der Haushaltsorganisation oder auf dem Arbeitsmarkt Frauen benachteiligt werden „und welche symbolische Bedeutung diesen Arrangements zukommt" (Goffman 1994, S. 117). Es handle sich hierbei um soziale Strukturen, Glaubensmuster und „tief verankerte institutionelle Praktiken", die „auf soziale Situationen wirken" (ebd., S. 150). Sie wirken auf die Interaktionen, indem sie als spezifisches Wissen in der Situation durch eine „institutionelle Reflexivität" (ebd.). aufgegriffen und wiederholt werden und damit die vorhandenen Arrangements, die benachteiligend wirken, plausibel machen.

Es kann konstatiert werden, dass der symbolische Kontext, als Ermöglichungshintergrund sozialer Praxis nicht auf den konkreten Schulhof, nicht auf das jeweilige erwachsenenbildnerische Arrangement eines Deutschkurses für „Integrationspflichtige" oder das spezifische Jugendzentrum beschränkt bleibt. Wenn wir in einer ersten Annäherung unter dem Sinn einer Handlung die Antwort auf die Frage verstehen, was diese Praxen möglich macht, dann kann diese Antworte nur unter der Voraussetzung auf lokale Bedingungen beschränkt bleiben, dass Menschen sozusagen *situative dopes*[5] sind; diese Voraussetzung teilen wir nicht. Dies

– der Regelhaftigkeit und Prozesshaftigkeit des sozialen Miteinanders im Sinne Dürkheims (vgl. Hettlage 1991). Im Gegensatz zur interaktionistischen Perspektive, bei der die Bedeutung von ‚Dingen' sich durch die Aushandlung in der Interaktion konstituieren (vgl. Blumer 1973), besteht nach Goffman bereits ein definiertes Potential sozialer Wirklichkeit (vgl. Willems 1997, S. 44).

[5] Den Begriff der ‚situative dopes' verwenden wir hier in Anlehnung an den Ausdruck ‚cultural dopes'. In Auseinandersetzung um die Wirkung von Medieninhalten auf ihre Rezipienten verneint Stuart Hall (1998), dass Menschen als ‚cultural dopes' von medialen Einflüssen de-

meint zweierlei: Die Bedingungen, die Handlungen in Situationen ermöglichen, nahelegen und forcieren, sind erstens nicht auf lokale Interaktionsordnungen zu beschränken und zweitens ist das Soziale nur unangemessen allein als stetige Reproduktion lokaler, situativer Ordnungen erfasst.

Wie kann sich kulturwissenschaftliche Bildungsforschung nun übersituativen Kontexten als Ermöglichungs- und Begrenzungsbedingungen von erfahrungsbasierten, transformativen Selbstbildungsprozessen weiter annähern? Um diese Frage zu beantworten, bedarf es zunächst freilich der Klärung, was formal sinnvoll unter „Kontext" verstanden werden kann und zweitens welche inhaltlich bestimmbaren Kontexte von besonderer Bedeutung sind.

3 Ein Kontext ist ein Regel-Code-Ressourcen-Komplex und Differenzordnungen sind besonders einflussreiche Regel-Code-Ressourcen-Komplexe

Um uns zunächst einem formal-abstrakten Verständnis von sozialem Kontext zu nähern, nutzen wir hier in heuristischer Weise den Strukturbegriff der Strukturierungstheorie von Anthony Giddens (1997) und verstehen „sozialen Kontext" als explanatives Konstrukt, das es ermöglicht, Aussagen über die semantische, machtbezogene und normative Dimension des sozialen Geschehens zu machen. Kontexte können als Medium und Resultat von sozialer Praxis verstanden werden. Der Kontext stellt hierbei gegenüber dem Handeln und der Situation kein „Außen" dar (was nicht heißt, dass Kontexte nicht als Außen kommunikativ adressiert werden können), sondern wirkt, sei dies den Akteuren nun bewusst oder nicht, auf Grund von Verinnerlichung und Materialisierung in der Situation und in dem Handeln.

Kontexte präformieren Situationen semantisch, machtbezogen und normativ, sie sind strukturierende Voraussetzungen des Geschehens, durch das sie selbst wiederum strukturiert werden. Wichtig für unseren Zusammenhang ist hier somit die Giddenssche Unterscheidung zwischen Signifikation, Herrschaft und Legitimation. Signifikation, Herrschaft und Legitimation sind strukturelle Dimensionen oder Strukturmomente, die soziale Zusammenhänge kennzeichnen. Jeder soziale Zusammenhang ist im Hinblick auf strukturelle Momente der Konstitution von

---

terminiert würden: „Consumers are not cultural dopes, but active and critical users of mass culture" (Hall 1998, S. 447). Menschen werden nicht als von kulturellen Bedingungen determiniert begriffen. Stattdessen entwickeln sie ein Antwortverhältnis zu diesen Bedingungen. Analog gehen wir davon aus, dass Menschen durch situative Begrenzungen nicht determiniert werden. Sie sind keine ‚situative dopes', sondern stehen vielmehr immer zu ihren übersituativen und situativen Eingebundenheit in einem spezifisch-aktiven ‚Antwortverhältnis'.

semantischer Bedeutung, wechselseitiger Beeinflussung und normativer Begründung charakterisierbar. Prozesse der Signifikation, Herrschaft und Legitimation sind zudem als dimensionale Kennzeichen jeder Interaktion zu verstehen (Giddens 1997, S. 84).

Code, Ressource und Norm stellen die Dimensionen dar, auf denen Strukturmomente jeder Handlung und Situation beschreibbar werden. Als Kontext bezeichnen wir einen spezifischen Regel-Code-Ressourcen-Komplex, der transsituativ Sinn stiftet und durch fortlaufende Sinnstiftung in und mittels sozialer Praxis Geltung verwirklicht. Kontexte sind normative, semantische und machtmittelnde Bezugsrahmen sozialer Praxen.[6] Diese Bezugsrahmen sind Vorstrukturierungen und Bahnungen situativer Praxen. Allerdings, und deshalb sprechen wir von Kontext und nicht von Struktur, haben wir es mit einer fortwährenden Verschiebung der Regel-Code-Ressourcen-Komplexe in ihrer praktischen „Aktualisierung" oder Wiederholung zu tun. Kontexte sind fluide, an soziale Praxis konstitutiv gebundene Voraus-Setzungen der Praxis selbst. Weiterhin gehen wir davon aus, dass kontextuelle Bahnungen von Situationen in einem radikalen Sinne kontingent sind. Sie sind in ihrer Wirksamkeit nicht nur an historische Bedingungen ihres Auftauchens und ihrer Wirksamkeit gebunden, vielmehr stehen den Handelnden in Situationen in der Regel mehrere Bahnungs-, Kontextualisierungsoptionen zur Verfügung, die sie womöglich konkurrierend einbringen, ohne dass dieses ihnen in jedem Fall bewusst sein muss. Kontextualisierungen sind (nicht notwendig bewusste) Einsätze in den Kämpfen, die situiert um die Frage geführt werden, was hier eigentlich vor sich geht und gehen sollte.

Wenn wir in einem zweiten Schritt danach fragen, welche inhaltlichen Regel-Code-Ressourcen-Komplexe besonders bedeutsam sind, wodurch also wissenschaftliche Tätigkeit als Kontextualisierungspraxis inhaltlich angeleitet sein kann, dann stehen wir vor einem Problem, das Lawrence Grossberg so beschreibt: „der Kontext ist alles, und alles ist kontextuell" (Grossberg 1999, S. 60). Grossberg spricht von „sogenannten Hintergrundthemen" und „historischen Kräften" welche das unmittelbare soziale Phänomen materiell und kulturell hervorbringen. Auch die Beschreibung eines Kontext entweder „eng gefasst" als „Stadtteil zu einem bestimmten Zeitpunkt, [...] eine urbane Region, [...] eine Schule, an der es Rassenprobleme gibt", oder „weit gefasst" als „der globale Kapitalismus nach dem kalten Krieg" (ebd., S. 60) bleiben vage im Hinblick auf die Frage, welche inhaltlichen Regel-Code-Ressourcen-Komplexe von besonderer Relevanz sind. Grossbergs Un-

---

[6] Mit Giddens können wir sagen werden in jeder Interaktion „interpretative Schemata zur Kommunikation von Bedeutung, Machtmittel zur Durchsetzung von Interessen und Normen zur Sanktionierung" benutzt (Müller 1997, S. 180).

entschiedenheit an diesem Punkt folgt freilich der programmatischen Figur radikaler Kontextualität, die bewusst keine kontextbezogenen Vorab-Setzungen macht, um die Beziehungen und das konkrete Feld als „Milieu menschlicher Machtbeziehungen" (ebd.) zu erforschen. Der Kontext sei nicht vorher bestimmbar, sondern entstehe im zirkulären Forschungsprozess, der Kontext und Phänomen auf dessen gegenseitige Konstitutionsbedingungen befragt. Der Kontext selbst, sei „genau das, was man zu analysieren versucht, und stellt die am schwierigsten zu konstruierende Sache dar. Der Kontext eines bestimmten Projektes ist nicht im Vorhinein empirisch vorgegeben; er muss erst durch diese definiert werden, das heißt durch die zur Debatte stehenden politischen Fragen" (1999, S. 59).

Eine solche Auffassung von Kontext bringt uns methodologisch selbstverständlich in Schwierigkeiten, weil nunmehr Kontextualisierung zu einer nicht nur wilden, sondern beliebigen Praxis wird. Wenn die Mannigfaltigkeit der grundsätzlich gegebenen Kontextualisierungsmöglichkeiten („Rasse, soziale Klasse, ethnische Zugehörigkeit, regionale Lage, Generation, Religion, wirtschaftliche Umstände, politisches Klima, Familiengeschichte, Wetter" (Ang 1997, S. 93), von denen die meisten womöglich auch eine gewisse Plausibilität aufweisen, „nicht irgendwie im Zaum gehalten wird, so kann das Bewusstsein der interkontextuellen Unendlichkeit leicht zu einem außer Kontrolle geraten Kontextualismus führen!" (ebd.). Ang plädiert letztlich dafür, erstens sich als Ethnographin einzugestehen, dass die Arbitrarität der Kontextualisierung unumgänglich ist und zweitens daraus den Schluss zu ziehen, die eigenen Erkenntnisse als „standpunktbezogene Wahrheiten" zu begreifen und zu kommunizieren.

Auch wenn Grossberg (1999) den Kontext, per se als von Machtverhältnissen hervorgebracht, begreift, lehnt er es dennoch eher ab, spezifische Herrschaftsverhältnisse und gesellschaftliche Ordnungen als besonders wirkmächtige Kontexte zu bestimmen. Diese Zurückhaltung ist insofern verständlich als sie die Gefahr der unangemessenen Voreingenommenheit, die Gefahr der Wiederentdeckung des ewig Gleichen minimiert. Angesichts der Vielfalt von Kontextualisierungsmöglichkeiten, sollte unseres Erachtens eine an dem Interesse, Kontext-Praxis-Relationen dezidiert in Bezug auf die Dimension der Macht zu untersuchen, orientierte Perspektive dennoch einem Typ von Kontext eine besondere Aufmerksamkeit widmen, nämlich jenen Kontexten und Bahnungen des Sozialen, die in einem doppelten Sinn besonders wirkungsvoll sind. Denn obwohl „alles" einen Kontext darstellen kann, haben wir es doch mit gesellschaftlichen Verhältnissen zu tun, in denen bestimmte Code-Norm-Ressource-Komplexe von besonderer Bedeutung sind.

Diese besonders bedeutsamen Regel-Norm-Ressourcen-Komplexe nennen wir Differenzordnungen (ausführlicher Mecheril und Vorrink 2011). Differenzordnungen sind in besonderer Weise wirkungs- und machtvoll, weil sie, wie etwa die

Unterscheidung zwischen „Migranten" und „Nicht-Migranten", zwischen „Heterosexuellen" und „Nicht-Heterosexuellen", zwischen „Behinderten" und „Nicht-Behinderten" viele, wenn nicht alle Menschen eines zeit-räumlichen, historisch-kulturellen Kontextes betreffen, und weil sie den positiven oder negativen Rahmen darstellen, in dem sich Selbstverständnisse der Menschen bilden.[7] Differenzordnungen führen Unterscheidungen ein, die das gesellschaftliche Geschehen symbolisch und materiell, diskursiv und außer-diskursiv für Mitglieder von Gesellschaften begreifbar machen. Differenzordnungen vermitteln ein Verständnis der sozialen Welt, in dem sich die je eigene Stellung in ihr darstellt. Sie sind Ordnungen hegemonialer Differenz; in ihnen wird folgenreich unterschieden, in ihnen lernt man sich kennen, in ihnen bilden sich Routinen des Körpers, der Sprache, des Denkens aus, die den eigenen Platz in einer sicher nicht starren, aber gut gesicherten Reihe von hierarchisch gegliederten Positionen wiedergeben. Solche fundamentalen (Differenz-)Ordnungen – etwa *race*, *class*, *gender* –, die ihren Widerhall beispielsweise in der Funktionsweise von Organisationen und Institutionen oder in dem Muster der Interaktion finden, wirken als Rahmen, in dem Gewohnheiten des Denkens und Handelns ermöglicht und nahegelegt werden. Diese Vorgaben determinieren nicht schlicht das individuelle Tun, sie werden vielmehr in individuelles Tun und Erfahrungen transformiert und über Erfahrungen und durch das Tun angeeignet.

Den Einzelnen stoßen diese Zuschreibungen nicht einfach nur zu. Eine gewissermaßen mechanische Modellierung der Verhältnisse, um die es hier geht, wäre unangemessen. Die subjektivierende Wirkung der Kategorien ist vielmehr auf die „Mitarbeit" der Individuen angewiesen, die dadurch – handelnd, interpretierend – zu Subjekten werden. Im Rahmen dieses Sich-ins-Verhältnis-Setzen der Subjekte zu Differenzordnungen können Zuordnungen und Identifizierungen aber nicht nur angenommen, sondern auch zurückgewiesen, heraus-gefordert, transformiert oder erweitert werden. Zwischen Ordnungen und Subjekten gilt eine Art Antwortverhältnis, in dem sich Individuen auch aktiv, affirmativ wie kritisch, zu den an sie herangetragenen Differenzkategorien verhalten (können).

Die bewusste Entscheidung, ein Wissen um bestimmte Kontexte – Differenzordnungen – einzubringen, kann mithin begründet werden mit Bezug auf die Wirkgeschichte dieser Kontextgrößen: weil wir wissen, dass etwa hegemoniale Ordnungen, die zwischen „behindert" und „nicht-behindert" unterscheiden,

---

[7] Dies heißt nun nicht, dass Menschen „contextual dopes sind. Nur gehen wir davon aus, dass bestimmte Differenzordnungen – wie die Gender-Unterscheidung oder migrationsgesellschaftliche Differenzierungen – von fundamentaler Bedeutung für die Strukturierung gesellschaftlicher Realität sind und die Gegebenheit dieser Ordnungen in Bezug auf Subjektivierungsprozesse nahezu aller Wirkung entfaltet.

grundlegende gesellschaftliche Unterscheidungen darstellen, macht es besonderen Sinn (ist es plausibilisierbar), genau diesen Kontexten besondere Aufmerksamkeit zu schenken. Hierbei geht es weniger um den empirischen Nachweis der Wirksamkeit solcher Kontexte in der je untersuchten Situation, sondern vielmehr um die Analyse der Situation, so dass die allgemeine Struktur spezifischer Differenzordnungen, ihre inhaltlichen und historischen Variationen, die semantischen Figuren, die sie kennzeichnen, die Machtpraktiken und normativen Momente, die für sie kennzeichnend sind, beschreibbar werden. Es geht um das Auffinden einer theoretisierenden Sprache über Macht und Herrschaft.

4   Bildungsforschung als artikulative Praxis

Objekte der Kulturanalyse sind, schreibt Rainer Winter (2001, S. 46), nicht „diskrete kulturelle Formen", losgelöst von einem sozialen und politischen Kontext, sondern ausgehend von einer konkreten Fragestellung werden „kulturelle Prozesse in ihren verschiedenen Formen in räumlich und zeitlich spezifischen Kontexten analysiert". Ethnographische Felder sind „keine abgeschlossene[n] diskrete[n] Entitäten, sondern mit globalen Ereignissen, Praktiken und Orten verknüpft" (ebd., S. 55).

Man kann hierbei sagen, dass kulturwissenschaftliche Bildungsforschung situierte soziale Praxen der Erzeugung von Sinn und Bedeutung *als* Bildungspraxen (zur Erinnerung: als erfahrungsvermittelter Prozess der Transformation von Selbst- und Weltverhältnissen, die auf allgemeine Probleme, Themen und empirische Zusammenhänge im Modus der Frage danach, wie wir leben wollen, bezogen sind) zur Geltung bringt. Da, wo Sinn und Bedeutung mit Bezug auf übersituative Kontexte erschlossen wird, haben wir es mit einer interpretativen Praxis zu tun, die es unter anderem vermag, Bildungsprozessen einen Sinn zu verleihen, indem diese auf machtvolle gesellschaftliche Ordnungen bezogen werden. Diese Bezugnahme verstehen wir als aktiven und informierten, mit Gründen plausibilisierbaren Akt der Wissenschaftlerin. Immer da, wo Relationen zwischen dem zu untersuchenden Geschehen und Differenzordnungen, jenen fundamental machtvollen Code-Norm-Ressource-Kontexten, hergestellt werden, bezeichnen wir dies als artikulativen Akt, als Praxis der Artikulation.

Im Anschluss an Rainer Winter ist Artikulation sowohl als Theorie wie auch als Methode eine zentrale Perspektive der CS. Sie „verschiebt das Interesse auf die Analyse spezifischer Kontexte, der Relationen und Verknüpfungen" (2005, S. 276 f.) als gewissermaßen neuralgische Bahnungen der Macht. Das Konzept der Artikulation, so wie es in den CS Verwendung gefunden hat, kann als Funktionsprinzip der Verknüpfung gelesen werden, das die Nicht-Notwendigkeit und Kontingenz dieser

Verknüpfungen voraussetzt. Es ermöglicht, das Verhältnis von kultureller Praxis, gesellschaftlichen Strukturen und erfahrungsvermittelnden Bildungsprozessen zusammen zu denken, im dem es Kontext und Handeln als wirkmächtiges aber nicht-deterministisches Verhältnis theoretisiert. In Abgrenzung zu orthodoxen marxistischen Basis-Überbau Theorien die von der determinierenden Wirkungen der Produktionsverhältnisse ausgingen, davon, dass politische Handlungsfähigkeit und Subjektivität im Wesentlichen von der klassenspezifischen, gesellschaftlichen Position der Akteure vermittelt sei, wird mit der theoretischen Perspektive der Artikulation, der ‚radikal kontextuelle' Konstruktionsmoment von kulturellen Bedeutungen und Subjektpositionen denkbar.

Nach Stuart Hall vermittelt das Artikulationskonzept ein Verständnis darüber, wie ideologische Formationen Subjekte entdecken, wie Subjekte lernen, sich als historische und gesellschaftliche Subjekte zu beschreiben, ohne sie als von spezifischen Verhältnissen determiniert zu verstehen: „die Theorie der Artikulation [...] ermöglicht es uns zu denken, wie die Ideologie die Menschen handlungsfähig macht und es ihnen ermöglicht, auf einsichtsvolle Weise ihre historische Situation zu begreifen, ohne diese Formen der Einsicht auf ihre sozioökonomische, Klassen- oder soziale Position zu reduzieren" (Hall 2000, S. 65 f.). Während der Essentialismus eine Wesenhaftigkeit von beispielsweise sozialem Geschlecht oder natio-ethno-kultureller Zugehörigkeit in den Dingen vermutet, der Antiessentialismus als Antwort auf ersteren, jegliche Beziehung verneinen will, formulieren bestimmte Ansätze in den CS (vgl. Grossberg 1999, S. 63), dass es zwar historisch entstandene Verbindungen und Verknüpfungen gibt, die eine Verknüpfung von einem Phänomen mit einem Diskurs nahe legen. So kann z. B. ‚Frau sein' bedeuten, spezifische Erfahrungen zu haben, weil machtvolle Diskurse gegenwärtig sind, die ‚Frau sein' auf eine spezifische Art beeinflussen. Zentral ist aber die Annahme dass diese Verknüpfungen nicht unvermeidbar seien (vgl. ebd., S. 64). Das Phänomen, die soziale Kategorie ‚Frau' kann also auch mit ganz anderen Bedeutungen verknüpft werden. „Das bedeutet, dass es Beziehungen in der Geschichte gibt, diese aber nicht unvermeidlich sind. Sie hätten nicht so sein müssen, aber da sie nun so sind, sind sie real und haben reale Auswirkungen" (ebd., S. 64).

Die Abkehr von essentialistischen Lesarten tendiert paradoxer Weise dazu, theoretisch kontingente und empirisch beharrliche Begrenzungen zu unterschätzen. Auch wenn Prozesse der Verknüpfung und der Identifikation grundsätzlich als kontingente Phänomene gedacht werden müssen, und Reartikulationen möglich sind, so ist doch „nicht alles potenziell mit allem artikulierbar" (Hall 2000, S. 71). Die Limitation der Verkopplung, die sich empirisch in Phänomenen des Anschließen-Könnens und des Anschließen-Wollens präsentiert, muss nun in erster Linie als eine Limitierung auch durch Differenzordnungen gedacht werden, die Möglichkeiten der Bewegung und des Anknüpfens quantitativ und qualitativ differentiell verteilen. Diese empirische zu rekonstruierende Spannung zwischen theoretisch kontingenten Verknüpfungen und empirisch beharrlichen Begrenzungen *als spezifisch ermöglichende und begrenzende Bedingungen von transformativen Selbstbildungsprozessen*, gilt es unter der Perspektive einer kulturwissenschaftlichen Bildungsforschung zu rekonstruieren.

Als Beispiel für eine solche kontextualisierend-artikulative Forschung wollen wir auf Phil Cohens Studie ‚Verbotene Spiele‘ (1993) verweisen. In der Studie untersucht Cohen Sinn und Bedeutung der Praxen von Kindern auf dem Schulhof und die Frage, wie Sinn und Bedeutung kindlicher Praxen thematisiert werden können. Die Schlägerei zwischen James, einem als irisch beschriebenen Jungen, und Onome, ein als schwarz beschriebener Junge, wird von Cohen in den Kontext der von Rassekonstruktionen vermittelten Bedeutungen gestellt, die Beziehungen zwischen der irischen und der schwarzen „Community" derzeit annahmen (Cohen 1993, S. 73 f., 80 f.). Die Verhandlung der Jungen sei durch Selbst- und Fremdverständnisse vermittelt, die nach Cohen, die Begegnung der Jungen, ihre jeweilige Position und ihre Beziehung zueinander vorstrukturieren. Durch die Handlungen der Jungen würden diese Beziehungen bestätigt und mithin wirklich, was in der Auseinandersetzung zu rassistischen Äußerungen und anschließend zu einer Schlägerei führt. Die Frage, was auf dem Schulhof geschieht, kann nach Cohen mithin nicht allein im Sinn lokaler Produktion von Bedeutungen verstanden werden. Er bettet das Geschehen in einen übersituativen gesellschaftlich-historischen Kontext spezifischer Differenzordnungen ein. Zur Kontextualisierung rassistischer Alltagspraxen schlägt Cohen (1993, S. 34 ff.) vor, erstens die „unmittelbaren sozialen Bedingungen", in denen rassistische Äußerungen stattfinden, zweitens die „allgemeineren politischen Konstellationen", der Region, das Gemeinwesen vor Ort und die soziale Situation, in die die Subjekte eingebunden sind, drittens die „tiefergehenden strukturellen Faktoren, die die heimlichen oder unbewussten Voraussetzungen dieser rassistischen Diskurse bilden" und viertens die Perspektive der historischen Genese der „verschiedenen Versionen von Ethnizität und Gemeinschaft" sowie „komplexe Verknüpfungen mit den herrschenden Ideologien der ‚Rasse‘, der Nation und des Imperiums" (ebd.) zu befragen und diese in die kontextspezifische Rekonstruktion rassistischer Praxen mit einzubeziehen. Phil Cohens Herangehensweise, die sozialen Beziehungen vor Ort zu erforschen und damit die komplexen Vermittlungsglieder zu begreifen, die auf das soziale Geschehen wirken, kann als die Rekonstruktion von Artikulationsbeziehungen verstanden werden. So fordert Cohen, dass zum Erfassen der Komplexität rassistischer Konflikte ein „differenziertes Verständnis" [notwendig sei] […], das in der Lage ist, „theoretisch und praktisch […] die komplexen Artikulationen von Geschlecht, Ethnizität" (Cohen

1993, S. 69), wie sie in den Kinderkulturen vorzufinden sind, zu ergründen. Dieses Rekonstruieren von Beziehungen und ‚Bahnungen' kann als ein Aufspüren von
historisch gewachsenen Verknüpfungen oder weiter an Grossberg anschließend,
als ein Rekonstruieren von „Artikulationslinien" (ebd., S. 63) verstanden werden.
Zugleich geht Cohen davon aus, dass die Jungen spezifische Subjektpositionen einnehmen, und theoretisiert Möglichkeiten der Antwortverhältnisse von Subjekten
gegenüber machtvollen Diskursen.

   „Understanding a practice", schreibt Grossberg (1992, S. 55), „involves the-
oretically and historically (re)constructing its context". Um hervorzuheben, dass
es die Wissenschaftlerin ist, die das Geschehen zum (wissenschaftlichen) Leben
qua Interpretation erweckt, sprechen wir hier davon, dass Wissenschaftlerinnen
situierten Praktiken Sinn verleihen, indem sie sie kontextualisieren und mit Differenzordnungen artikulieren. Kulturwissenschaft als Bildungsforschung, so können
wir abschließend formulieren, ist also in einem doppelten Sinne auf Artikulationen bezogen. Sie untersucht zum einen in gewissermaßen rekonstruktiver Absicht
die artikulativen Praxen in konkreten empirischen Feldern: Wie bringt wer unter
welchen Bedingungen und mit welcher Wirkungen welche Differenzordnung ins
Spiel? Welche Erfahrungen werden wann und wie explizit und implizit mit Differenzordnungen artikuliert? Welche Selbst-, Welt- und Gegenstandsverhältnisse
resultieren aus diesen Artikulationen? Wo und wie sind welche artikulativen Praxen mit Einsätzen gegen die Integrität und Würde Einzelner verbunden? Wo und
wie werden gegen-hegemoniale Artikulationen deutlich? Wo und wie werden von
Subjekten hegemoniale Differenzordnungen problematisiert? Wo, wie und wann
eignen sich Individuen auch mit affirmativem oder kritischem Bezug auf Differenzordnungen ein Selbst- und Weltverständnis an, das weniger Gewalt gegen sie
selbst und andere nahelegt?

   Der Fokus einer kulturwissenschaftlichen Bildungsforschung richtet sich hier
auf jene spezifischen, zeit- und ortrelativen Bedingungen, die es Menschen möglich machen, sich zu sich selbst in einem politischen, ästhetischen und ethischen
Sinne, der nicht auf absolute Verfügung aus ist, zu verhalten. Von (Differenz-)Ord-
nungen vermittelte Praxen von Einzelnen, in denen Antwortverhältnisse empirisch
markierbar und theoretisierbar werden, die Subjekte zu ihrer eigenen Unverfügbarkeit einnehmen und mittels derer die Basis geschaffen wird, zu der Unmöglichkeit, für mich und mein Tun einzustehen und dafür nicht einzustehen, bilden den
vornehmlichen Gegenstand jener kulturwissenschaftlich orientierten Bildungsforschung , die wir skizziert haben.

   Kulturwissenschaftliche Bildungsforschung ist darüber hinaus in einem zweiten Sinn als artikulative Praxis zu verstehen, da das interpretative Tun der Wis-

senschaftlerin, das ja verfehlt wird, wenn man es im Modell einer maschinellen Registratur zu begreifen versucht, selbst eine produktive Praxis darstellt, die Zusammenhänge zwischen Kontexten und zu interpretierendem Geschehen herstellt. Wissenschaftlerinnen verleihen situierten Praktiken Sinn, indem sie sie mit spezifischem Wissen über aktuelle gesellschaftliche Diskurse, Kämpfe, Spannungen, Differenzordnungen verknüpfen. Mit den CS besteht „die Aufgabe von Theorien" nicht darin „eine vom Beobachter unabhängige soziale Wirklichkeit ‚abzubilden' oder ‚nachzubilden'. Ausgehend von konkreten Fragestellungen und Problemen, z. B. rassistischen Auseinandersetzungen, betrachten sie [CS] die Theorie selbst als eine Praxis, mit der soziale Phänomene, insbesondere neue Formen der kulturellen Praxis, über den ‚Umweg durch Theorie' zunächst begrifflich erfasst werden können" (Winter 2005, S. 277).

Das Konzept der Artikulation verweist mithin auch auf die Tätigkeit einer Wissenschaftlerin, die episodische Praxen im Wissen um die Wirkmächtigkeit bestimmter Ordnungen mit diesen Ordnungen verknüpft, nicht um die Wirkmächtigkeit der Ordnungen „zu beweisen", sondern um soziale Praxis unter der Voraussetzung der Wirkmächtigkeit dieser Ordnungen, als Bildungsprozess und zugleich diese Ordnungen zu theoretisieren.

Das Interesse an der Frage, wie sich Subjekte in sozialen Praxen, die als Bildungsprozesse verstanden, untersucht und zur Geltung gebracht werden können, zu machtvollen Differenzordnungen in ein Antwortverhältnis setzen, verweist also selbst auf die artikulative Praxis der Wissenschaftlerin. Wissenschaftlerinnen, jene, an die wir hier denken, artikulieren Geschehen mit Ordnungen, auch, um Hinweise darauf zu gewinnen, wo im Handeln der Akteure Formen würdevollerer Bezüge auf sich selbst und andere ersichtlich werden, die sich der Macht hegemonialer Differenzordnungen entziehen, wiewohl sie von diesen vermittelt sind. Aus der Auffassung, dass Wissenschaft artikulative Praxis von Wissenschaftlerinnen ist, resultiert, dass die wissenschaftliche Praxis in einer entschiedenen Weise als reflexive Praxis zu verstehen und zu unternehmen ist. Wer davon ausgeht, dass das eigene gesellschaftsanalytische Wissen als artikulativer Einsatz fungiert und etwa mit Donna Haraway (2004) Forschung als materiell-semiotische und transformative Kraft versteht und reflektiert und deren Wirkung in ihrer ethischen Dimension zu bedenken vermag, wird den eigenen erkenntnisschaffenden Einsatz in einer nicht suspendierbaren Art und Weise zu befragen und zu begründen haben. Bildungswissenschaft als artikulative, kulturwissenschaftliche Praxis ist somit immer auf die epistemischen, begrifflichen und analytischen Voraus-Setzungen des eigenen Tuns in einem Prozess fortwährender Theoretisierung verwiesen.

Literatur

Ang, Ien. 1997. Radikaler Kontextualismus und Ethnographie in der Rezeptionsforschung. In *Kultur-Medien-Macht*, Hrsg. Andreas Hepp und Rainer Winter, 92–101. Wiesbaden: VS.

Blumer, Herbert. 1973. Der methodologische Standort des Symbolischen Interaktionismus. In: Arbeitsgruppe Bielefelder Soziologen (Hrsg.): Alltagswissen, Interaktion und gesellschaftliche Wirklichkeit. Bd. 1: Symbolischer Interaktionismus und Ethnomethodologie. Reinbek bei Hamburg, 80–146.

Breidenstein, Georg, und Helga Kelle. 1998. *Geschlechteralltag in der Schulklasse. Ethnographische Studien zur Gleichaltrigenkultur.* Weinheim: Beltz.

Butler, Judith 2001. Psyche der Macht. Das Subjekt der Unterwerfung. Frankfurt am Main: Suhrkamp.

Butler, Judith. 2007. *Kritik der ethischen Gewalt.* Frankfurt a. M.: Suhrkamp.

Cohen, Philip. 1993. *Verbotene Spiele. Theorie und Praxis antirassistischer Erziehung.* Hamburg: Argument.

Dederich, Markus 2011. Disability studies und integration. Behinderte Menschen. *Zeitschrift für gemeinsames Leben, Lernen und Arbeiten* 3/4/07:24–31.

Diehm, Isabell, Melanie Kuhn, und Claudia Machold. 2013. Ethnomethodologie und Ungleichheit? Methodologische Herausforderungen einer ethnographischen Differenzforschung. In *Unscharfe Einsätze: (Re-)Produktion von Heterogenität im schulischen Feld. Neue Perspektiven auf Heterogenität*, Hrsg. Jürgen Budde, 29–51. Wiesbaden: VS.

Fenstermaker, Sarah, und Candace West. 2001. Reply (Re) „doing difference". *Gender & Society* 9 (4): 506–513.

Garfinkel, Harold, und Harvey Sacks. 1970. Über formale Strukturen praktischer Handlungen. In *Ethnomethodologie. Beiträge zu einer Soziologie des Alltagshandelns*, Hrsg. Elmar Weingarten, Fritz Sack, und Jim Schenkbein, 130–176. Frankfurt a. M.: Suhrkamp.

Giddens, Anthony. 1997. *Die Konstitution der Gesellschaft. Grundzüge einer Theorie der Strukturierung.* Frankfurt a. M.: Campus.

Goffman, Erving. 1971. *Verhalten in sozialen Situationen. Strukturen und Regeln der Interaktion im öffentlichen Raum.* Gütersloh: Bertelsmann.

Goffman, Erving. 1983. The interaction order. *American Sociological Review* 48 (1): 1–17.

Goffman, Erving. 1994. *Interaktion und Geschlecht.* Frankfurt: Campus.

Goffman, Erving. 1996. Über Feldforschung. In *Kommunikative Lebenswelten: zur Ethnographie einer geschwätzigen Gesellschaft*, Hrsg. Hubert Knoblauch, 261–269. Konstanz: Universitätsverlag.

Goffman, Erving. 1997. *Interaktionsrituale.* Frankfurt a. M.: Suhrkamp.

Grossberg, Lawrence. 1992. *We gotta get out of this place.* New York: Routledge.

Grossberg, Lawrence. 1999. Was sind cultural studies? In *Widerspenstige Kulturen. Cultural Studies als Herausforderung*, Hrsg. Karl H. Hörning und Rainer Winter, 43–83. Frankfurt a. M.: Suhrkamp.

Hall, Stuart. 1998. Notes on deconstructing ‚the popular'. In *Cultural theory and poplular culture*, Hrsg. John Storey, 442–453. New York: Prentice Hall.

Hall, Stuart. 2000. Postmoderne und Artikulation. In *Cultural Studies. Ein politisches Theorieprojekt*, Hrsg. Stuart Hall. Hamburg: Argument.

Haraway, Donna. 2004. Situated knowledges: The science question in feminism and the privilege of partial perspective. In *The Feminist standpoint theory reader. Intellectual and political controversies*, Hrsg. Donna Haraway, 81–102. London: Routledge.

Hettlage, Robert. 1991. Klassiker der zweiten Generation: Erving Goffman (Robert Hettlage und Karl Lenz (Hrsg.)). Bern: Haupt.

Hirschauer, Stefan, und Amann Klaus. 1997. Die Befremdung der eigenen Kultur. Ein Programm. In *Die Befremdung der eigenen Kultur. Zur ethnographischen Herausforderung soziologischer Empirie*, Hrsg. Stefan Hirschauer und Amann Klaus, 7–52. Frankfurt a. M.: Suhrkamp.

Hörning, Karl, H., und Julia Reuter. 2004. Doing culture: Kultur als Praxis. In *Doing Culture. Neue Positionen zum Verhältnis von Kultur und sozialer Praxis*, Hrsg. Karl H. Hörning und Julia Reuter, 9–18. Bielefeld: transcript.

Klafki, Wolfang. 1996. Grundzüge eines neuen Allgemeinbildungskonzepts. Im Zentrum: Epochaltypische Schlüsselprobleme. In *Neue Studien zur Bildungstheorie und Didaktik. Zeitgemäße Allgemeinbildung und kritisch-konstruktive Didaktik*, Hrsg. Wolfang Klafki, 43–81. Weinheim: Beltz.

Knoblauch, Hubert 2006. Erving Goffman. Die Kultur der Kommunikation. In *Kultur. Theorien der Gegenwart*, Hrsg. Stefan Moebius und Dirk Quadflied, 157–169. Berlin: VS.

Kuhn, Melanie. 2013. *Professionalität im Kindergarten. Eine ethnographische Studie zur Elementarpädagogik in der Migrationsgesellschaft*. Wiesbaden: VS Verlag.

Kögler, Hans H. 1999. In *Widerspenstige Kulturen. Cultural Studies als Herausforderung*, Hrsg. Karl H. Hörning und Rainer Winter, 43–83. Frankfurt a. M.: Suhrkamp.

Koller, Hans-Christof. 2012. *Bildung anders denken. Einführung in die Theorie transformatorischer Bildungsprozesse*. Stuttgart: Kohlhammer.

Mecheril, Paul et al. Hrsg. 2010. BACHELOR | MASTER: Migrationspädagogik. Weinheim: Betz

Mecheril, Paul. 2013. Kritik als Leitlinie (migrations)pädagogischer Forschung. In *Theoretische Perspektiven der modernen Pädagogik*, Hrsg. Albert Ziegler und Elisabeth Zwick. Münster: LIT-Verlag (im Druck).

Mecheril, Paul, und Andrea Vorrink. 2011. ‚Letzte Woche habe ich mich beim Lächeln ertappt‘. Bildungstheoretische Anmerkungen zur subjektivierenden Kraft der (Hartz IV) Differenzordnung. In *Bildung: was sie war, ist, sein sollte. Zur Bestimmung eines strittigen Begriffs*, Hrsg. Bernd Lederer, 193–218. Hohengehren: Schneider.

Mecheril, Paul, und Monika Witsch. 2006. Cultural studies, Pädagogik, Artikulationen. Einführung in einen Zusammenhang. In *Cultural studies und Pädagogik. Kritische Artikulationen*, Hrsg. Paul Mecheril und Monika Witsch, 7–18. Bielefeld: Transcript.

Mecheril, Paul, Oscar Thomas-Olalde, Claus Melter, Susanne Arens, und Elisabet Romaner. 2013. Migrationsforschung als Kritik? Eine Annäherung an ein epistemisches Anliegen in 57 Schritten. In *Migrationsforschung als Kritik?* (Sowohl in Band I als auch Band II), Hrsg. Paul Mecheril, Oscar Thomas-Olalde, Claus Melter, Susanne Arens, und Elisabet Romaner, 7–55. Wiesbaden: VS.

Mollenhauer, Klaus. 1998. Bildung, ästhetische. In *Pädagogische Grundbegriffe*, Bd. I, Hrsg. Dieter Lenzen, 222–229. Rowohlt: Reinbek.

Müller, Hans-Peter. 1997. *Sozialstruktur und Lebensstile. Der neuere theoretische Diskurs über soziale Ungleichheit*. Frankfurt a. M.: Suhrkamp.

Reckwitz, Andreas. 2007. Kultursoziologie. In *Handbuch interkulturelle Kommunikation und Interkulturelle Kompetenz. Grundbegriffe – Theorien – Anwendungsfelder*, Hrsg. Jürgen Straub, Arne Weidemann, und Doris Weidemann, 201–210. Stuttgart: Metzler.

Schäfer, Alfred. 2005. *Einführung in die Erziehungsphilosophie*. Weinheim: Beltz.

Schütz, Alfred. 1971. Zur Methodologie der Sozialwissenschaften. In *Gesammelte Aufsätze*, Bd. 1. Hrsg. Alfred Schütz, 3–110. Den Haag: Nijhoff.

Simmel, Georg. 1968. Exkurs über den Fremden. In *Soziologie. Untersuchungen über die Formen der Vergesellschaftung*, Hrsg. Georg Simmel, 509–512. Berlin: Suhrkamp.

Wagner, P. 2006. Die Soziologie der Moderne und die Frage nach dem Subjekt. In *Subjektdiskurse im gesellschaftlichen Wandel. Zur Theorie des Subjekts in der Spätmoderne*, Hrsg. Heiner Keupp und Hohl Joachim, 165–185. Bielefeld: transcript.

Weber, Lynn. 1995. Comment in symposium on west and fenstermaker's doing difference. *Gender & Society* 9 (4): 499–503.

West, Candace, und Sarah Fenstermaker. 1995. Doing difference. *Gender & Society* 9 (10): 8–37.

Willems, Herbert. 1997. *Rahmen und Habitus. Zum theoretischen und methodischen Ansatz Erving Goffmans: Vergleiche, Anschlüsse und Anwendungen*. Frankfurt a. M.: Suhrkamp.

Winter, Rainer. 2001. Ethnographie, Interpretation und Kritik: Aspekte der Methodologie der Cultural Studies. In *Die Werkzeugkiste der Cultural Studies. Perspektiven, Ausschlüsse und Interventionen*, Hrsg. Udo Göttlich, Lothar Mikos, und Rainer Winter, 43–60. Bielefeld: transcript.

Winter, Rainer. 2005. Der zu bestimmende Charakter von Kultur. Das Konzept der Artikulation in der Tradition der Cultural Studies. In *Kulturen vergleichen: Sozial- und kulturwissenschaftliche Grundlagen und Kontroversen*, Hrsg. Ilja Sruber, Renn Joachim, und Ulrich Wenzel, 271–289. Wiesbaden: VS.

Weder fremd noch integriert – kulturalisierungskritische Bildung im Kontext von Migration und Globalisierung

Astrid Messerschmidt

Entgegen gelebter Uneindeutigkeiten im Alltag an globalisierten Orten ist das Kulturelle in den letzten Jahren immer wieder zur Vereindeutigung von Identitäten und Zugehörigkeiten benutzt worden. Der Beitrag diskutiert dieses Spannungsgefüge im Zusammenhang migrationsgesellschaftlicher Verhältnisse und geht auf deren pädagogische Thematisierungen ein. Für welche dichotomen Spaltungen wird der Kulturbegriff beansprucht und wie ist diesen etwas entgegen zu setzen? Anknüpfungspunkte für eine kritische Bildungskonzeption werden entfaltet, die Bildung weder idealisieren noch suspendieren muss.

1   Migrationsgesellschaftliche Perspektiven auf Kultur

In Europa bewegen sich Migrationsprozesse in einem Raum vielfältiger Grenzziehungen, die durch politische Praktiken der Zugangsbegrenzung und Abwehr und durch gesellschaftliche Praktiken der Unterscheidung von Zugehörigen und Nichtzugehörigen verfestigt werden. Insbesondere im deutschen Kontext ist die Vorstellung von innerer Homogenität nicht überwunden und lässt Einwanderung immer wieder als Sonderfall erscheinen, die eine imaginäre gemeinschaftliche Übereinstimmung stört und deshalb in Grenzen gehalten werden muss.

In politischer Hinsicht verändern Wanderungsbewegungen die Bedeutung nationaler Souveränität und lassen nationale Identitäten fragwürdig werden. Für Seyla Benhabib werfen die globalen Migrationen philosophische und politische Fragen auf. Die Kriterien für Staatsangehörigkeiten sind neu zu fassen, um zeitgemäße

A. Messerschmidt (✉)
Institut für Erziehungswissenschaft mit Schwerpunkt in außerschulischen Feldern, Pädagogische Hochschule Karlsruhe, Bismarckstraße 10, 76133 Karlsruhe, Deutschland
E-Mail: messerschmidt@ph-karlsruhe.de

F. von Rosenberg, A. Geimer (Hrsg.), *Bildung unter Bedingungen kultureller Pluralität*,   109
DOI 10.1007/978-3-531-19038-9_7, © Springer Fachmedien Wiesbaden 2014

Bedingungen für politische Zugehörigkeit herzustellen. Die freiheitlichen Demokratien sieht Benhabib in einem Dilemma zwischen souveräner Selbstbestimmung
und universellen Menschenrechten. Beide Komponenten geraten angesichts weltweiter Migrations- und Fluchtbewegungen in eine Konstellation, die es erforderlich macht, die Nationalstaatszentrierung der internationalen Ordnung in Frage zu
stellen. Benhabib betrachtet die Herausforderung durch neue Einwanderergruppen
nicht als Bedrohung der Demokratien, sondern als Ausgangspunkt für die Vertie-
fung und Erweiterung der Bürgerrechte. Sie plädiert für eine Weiterentwicklung des
globalen Status quo hin zu einem „rechtlichen Kosmopolitismus" (Benhabib 2008,
S. 99) und formuliert aus politiktheoretischer Perspektive ein engagiertes Plädoyer
für das Recht, an verschiedenen Plätzen der Welt eine BürgerIn mit Rechten sein zu
können. Benhabibs demokratietheoretisches Plädoyer zielt auf eine Anerkennung
von gesellschaftlicher Zugehörigkeit und Partizipation. Es geht darum, MigrantInnen das Ankommen zu ermöglichen. Durch einwanderungsrechtliche Bestimmung
wird auf der politischen Ebene dieses Ankommen insbesondere den Einwanderergruppen erschwert, von denen kein ökonomischer Gewinn zu erwarten ist und die
als kulturell anders betrachtet werden gegenüber der Imago europäischer Identität.

In Spannung zu einer Vorstellung kultureller Identität und endgültiger Übereinstimmung verweist der Begriff der Migration auf eine unabgeschlossene Bewegung, auf ein Unterwegssein. „(…) Migration birgt in sich eine ihr eigene Uneindeutigkeit; sie kommt, wenn man so will, nie an" (Eppenstein 2003, S. 134). Wer
als MigrantIn bezeichnet und wahrgenommen wird, befindet sich bestenfalls in
einem Raum der Uneindeutigkeit. Diese leben zu können, betrachte ich als Anspruch für einen an Bildungsprozessen orientierten Umgang mit Migration, der
integrationskritisch bleiben muss, solange Bildung mehr sein soll als die gelungene
Anpassung an hegemoniale Muster. Viel stärker erweist sich aber die Tendenz zur
Vereindeutigung – entweder in der Position des Fremden, der nicht wirklich dazu
gehören kann oder in der Position des Assimilierten, der alles abzulegen hat, was
Verschiedenheit bedeutet. Für eine Pädagogik in der Einwanderungsgesellschaft
geht es aus meiner Sicht darum, andere weder fremd zu machen, noch von ihnen
eine assimilatorische Integration einzufordern (vgl. Messerschmidt 2009, S. 79 ff.).
Pädagogik, die sich auf Migration einlässt, bleibt in einer Ambivalenz und wendet
sich gegen jeden Zwang, Eindeutigkeit herzustellen.

2   Fremd werden – interkulturelle Bildung
als Identitätskritik

Die Offenheit für Migration ist Bestandteil für ein Bildungsverständnis, das sich
von der Verfügung über Lernende verabschiedet und deren Unverfügbarkeit und
Eigensinnigkeit anerkennt, anstatt die Fremdheit jedes Anderen durch Prozeduren

des Verstehens und durch das Sammeln von Wissensaspekten dem Eigenen anzu-
passen. Wer ‚Andere' als Fremde identifiziert, hat die Definitionsmacht inne und
gehört zu denen, die als nicht fremd, „normal" oder „zugehörig" angesehen werden. Aus dieser Position wird der/die Fremde als Abweichende/r bestimmt. Insofern geht es im Fremdheitsdiskurs niemals nur um Fremdheit, sondern gleichzeitig
um Ungleichheit. Jedes Umgehen mit Fremdheit findet im Gefüge von Machtverhältnissen statt, in einer Dominanzstruktur, in der soziale Verhältnisse durch Über-
und Unterlegenheit gekennzeichnet sind. Die Art und Weise, wie Fremdheit besetzt
wird, was die Fremdheit zur dominanten Gruppe ausmacht, ist Teil gesellschaftlicher Ordnungsmuster und somit historisch wandelbar. Auf dem Hintergrund einer
historischen Rekonstruktion des Umgangs mit Fremdheit in der Moderne plädiert
Renate Nestvogel für eine „kulturelle Selbstreflexion", die es ermöglicht, verinner-
lichte kulturelle Traditionen bewusst zu machen. Dabei geht es ihr insbesondere
um die kritische Auseinandersetzung mit „abendländische[n] Höherwertigkeits-
vorstellungen" (Nestvogel 2003 [1990], S. 188), die zu einem „Sammelbecken einer
Vielfalt von Projektionen" (ebd., S. 188 f.) geworden sind und die sich auch heute
im Umgang mit Verschiedenheiten in der Einwanderungsgesellschaft auswirken.

Als Konsequenz aus der Reflexion des Gewaltindex von ‚Wissen über Andere'
plädiert Paul Mecheril für die „Anerkennung von Nicht-Wissen", das eine „Bezugnahme auf den Anderen" ermöglicht, „die ihn nicht von vornherein in den
Kategorien des Bezugnehmenden darstellt" (Mecheril 2002, S. 28). Entgegen der
Erwartung, durch interkulturelle Kompetenz Verstehensprobleme zu bewältigen,
wird der Anspruch des Verstehens selbst problematisiert, um „verstehensskepti-
sche Prozesse interkultureller Bildung" anzustoßen (ebd., S. 29). Das Interkulturelle
bildet gemäß diesem Verständnis eine Chiffre für die „Undurchschaubarkeit und
die Nichtvorhersagbarkeit von kommunikativen Situationen" und für die „Grenzen
des Berechenbaren, Planbaren und Erwirkbaren" (Mecheril 2004, S. 131). Mit einer
Perspektive, die das Wissen über Kulturen in Frage stellt, eröffnet interkulturelle
Bildung eine endlose Bewegung, die kein Ziel von Identitätsbildung verfolgt, sondern offen bleibt für die Möglichkeit, nicht identifiziert zu werden. Diese Suchbe-
wegung ist konfrontiert mit den in der Geschichte der Moderne immer wieder er-
folgten Versuchen, Identität herzustellen, woran Bildungstheorie und -praxis ihren
Anteil haben. Die Suche nach Möglichkeiten, dem Identitätszwang zu entgehen,
ist in der älteren Kritischen Theorie als ein Grundproblem jeder begrifflichen Erfassung von Wirklichkeit und des Denkens überhaupt bearbeitet worden und hat
einen dauernden Zweifel über die Gültigkeit der eigenen Erkenntnismethoden und
Begriffe in der Theoriebildung verankert. „Denken heißt identifizieren" (Adorno
1994, S. 17) formuliert Adorno in der *Negativen Dialektik*, und genau dies wird
dem kritischen Theoretiker zum Problem. Adorno hat das radikal reflektiert und
auf jedes wissenschaftliche „Sprechen über" bezogen, indem er das „Bewusstsein
der Scheinhaftigkeit der begrifflichen Totalität" (ebd.) postuliert. Die Frage nach

dem Status des „qualitativ Verschiedenen", das die „Signatur des Widerspruchs" annimmt, wurde zum Motiv eines Denkens, das auch sich selbst gegenüber den Verdacht des Totalisierens hegt. In dieser Theorietradition kommt eine Sensibilität zum Ausdruck, die ausgesprochen fremd wirkt gegenüber allen Selbstsicherheiten, durch die Interkulturalität erfasst, kategorisiert und verstanden werden soll. Die Bewegungen der weltweiten Migrationen fordern dazu heraus, Praktiken kulturalisierender Identifizierung in Frage zu stellen. Für Edouard Glissant ist es das „Menschenrecht auf Undurchsichtigkeit", das den universalen Anspruch auf humane Anerkennung mit dem Recht verbindet, verschieden zu sein. „Es genügt nicht, dem Anderen seine Andersartigkeit zuzugestehen. Was ich einklage, ist das Menschenrecht auf Undurchsichtigkeit. Ich muss dich nicht verstehen müssen, um mit dir leben zu können" (Glissant 2000). Hier wird die Erfahrung von Fremdheit nicht zum Anlass von Verstehensanstrengungen. Eher wendet sich die Fremdheitserfahrung gegen die Instrumentalisierung des Verstehens, dagegen, den anderen durchschauen und entlarven zu wollen. Glissant tritt für „Opazität" ein und wendet sich dagegen, „den anderen auf das Modell meiner eigenen Transparenz zu reduzieren". Für ihn steht das „Recht auf Opazität" für „das Gegenteil von Barbarei" (Glissant 2005, S. 54). Erst durch den Verzicht auf die Durchschaubarkeit des anderen wird eine Voraussetzung für das Zusammenleben in Verschiedenheit geschaffen. Macht man sich bewusst, dass dem Bemühen, den Anderen verstehen zu wollen, eine Machtasymmetrie zugrunde liegt, wird „Verstehen" als Lernziel fragwürdig. Das „Verstehen machtunterlegener Fremder" zielt nicht auf wechselseitige Verständigung, sondern auf die „kommunikative Markierung von Differenz" (Scherr 1999, S. 63). Mit Glissants, aus dem karibischen Diskurs der Entkolonialisierung entwickelten Gedanken, kommt aber noch ein weiteres Moment hinzu: der Fremde kann beanspruchen, nicht verstanden zu werden. Er muss nicht das Verstandenwerden erreicht haben, um respektiert zu werden und gleichberechtigt zu sein. Darin liegt die Chance, interkulturelle Bildung als dauernden Einspruch zu verstehen und zu praktizieren gegen das vermeintliche Wissen über den anderen. Es handelt sich um einen Ansatz, der sich gegen *Ent-fremdung* richtet, d. h. gegen die Tendenz, alles Fremde zum Verschwinden zu bringen und es zu beherrschen.

3   Kultur als Diskriminierungsressource – antimuslimische Tendenzen als Ausdruck von Halbbildung

In den heutigen Ausprägungen kulturalisierter Nationalismen in Europa handelt es sich weniger um manifeste Ideologien oder gesellschaftspolitische Programme, sondern eher um populär gewordene Sichtweisen und damit verbundene

Praktiken. Für die aktuellen kulturrassistischen Repräsentationen der Muslime in Europa wird das geschlechterpolitische Muster zu einem Instrument der Popularisierung. Es bewirkt eine breite Abwehr einer als unemanzipiert wahrgenommenen Gruppe, gegenüber der sich die Mehrheitsgesellschaft auf der Seite des Fortschritts sehen kann. Dabei kommt es zu einer Abspaltung der in der Mehrheitsgesellschaft nach wie vor vorhandenen sexuellen Gewalt gegen Frauen und der nach wie vor vorhandenen strukturellen Ungleichheitsverhältnisse zwischen den Geschlechtern. Auch dient das Sprechen über die Situation der muslimischen Frau der Nichtthematisierung gesamtgesellschaftlicher Emanzipationsdefizite. Die Projektion kann nur funktionieren, wenn die Muslime als gesonderte und fremde Gruppe in der Gesellschaft wahrgenommen werden und nicht als Zugehörige zur bundesrepublikanischen Gesellschaft, die eine Migrationsgesellschaft ist. Letzteres wird allerdings von Teilen der bundesdeutschen BürgerInnen nicht anerkannt, wobei die Abwehr sich insbesondere gegen die muslimische Minderheit richtet. Der Menschenrechtsforscher Heiner Bielefeldt sieht darin ein „antipluralistisches Ressentiment" (Bielefeldt 2007, S. 14), eine grundsätzliche Abwehr gesellschaftlicher Pluralität, die sich zunehmend gegen Muslime richtet. Um diese eher unmoderne Haltung zu legitimieren, werden auf diese Gruppe Eigenschaften projiziert, die selbst als unmodern gelten.

In bildungstheoretischer Hinsicht lassen sich projektive Praktiken in den von Adorno gekennzeichneten Komplex der *Halbbildung* einordnen. Das Klischee ergibt sich aus den „traditionellen Kategorien" (Adorno 1972, S. 116), mit denen Halbbildung operiert. Die traditionellen Kategorien ermöglichen es, die Sphäre des Ressentiments zu betreten. Vielleicht ist dies der am meisten irritierende Begriff in Adornos *Theorie der Halbbildung*, die ohne diesen Begriff auch die Neigung bedienen kann, eine gute und ganze Bildung zu postulieren, so als sei diese unter den bestehenden gesellschaftlichen Verhältnissen von eben jenen bürgerlichen Subjekten zu realisieren, die sich als gebildet betrachten. Wenn ‚Halbbildung' nicht auf sich selbst bezogen wird, dann wird der kritische Gehalt des Begriffs verdrängt. Es geht aber nicht um ein Defizit, sondern um eine gesellschaftliche Struktur, in der Bildung zur eigenen Wertsteigerung eingesetzt und verdinglicht worden ist. Manche Formulierungen Adornos legen nahe, den ‚Halbgebildeten' außerhalb von sich selbst zu positionieren, besonders an den Stellen, wo Adorno nicht vom Problem der Halbbildung, sondern personalisierend und identifizierend von ‚dem Halbgebildeten' spricht, so als wäre dies jemand Bestimmtes und als könne dieser als ein ‚Anderer' erkennbar gemacht werden. Verstellt wird dieser Ausweg allerdings, wenn Adorno später einwendet, es sei eitel, sich einzubilden, jemand „wäre von der Tendenz zur sozialisierten Halbbildung ausgenommen" (ebd., S. 120).

Die Reflexion eigener Ressentiments wäre nach Adorno ein wesentliches Element von Bildung, die Selbstkritik voraussetzt. Das Ressentiment steht für den Vorbehalt gegenüber Anderen/Fremden, die als übermächtig erlebt werden, es kennzeichnet eine Haltung der Abwehr durch Beharren auf den eigenen Vorstellungen, Selbstbildern und Weltbildern, die zugleich als unterlegen betrachtet werden. Im Ressentiment kann man sich selbst als Opfer übermächtiger Verhältnisse repräsentieren und braucht keine Verantwortung für eben diese Verhältnisse zu übernehmen. Sie erscheinen als schwierig, undurchschaubar und komplex und erzeugen das „Gefühl, an die Macht des Bestehenden doch nicht heranzureichen, vor ihm kapitulieren zu müssen" (ebd., S. 117). Um die Welt durchschaubar zu machen, wird auf das Mittel der Personalisierung gesetzt; „objektive Verhältnisse werden einzelnen Personen zur Last geschrieben oder von einzelnen Personen das Heil erwartet" (ebd., S. 118). In der Struktur des Ressentiments kommt die „Wahlverwandtschaft von Halbbildung und Kleinbürgertum" zum Ausdruck (ebd.). Verfolgungswahn, den Adorno in Begleitung des Ressentiments verankert betrachtet, ist in der Konsequenz dessen nicht mehr als ein krankhafter Zustand anzusehen, sondern bildet ein Symptom verweigerter Selbstreflexion. Und erst diese Verweigerung ermöglicht es, die „Angst vorm Unbegriffenen" zu kompensieren, indem äußere Verursacher für diese Angst identifiziert werden. Adorno weist das Erklärungsmuster der Undurchschaubarkeit als Ursache für die Angst radikal zurück und steht damit im Gegensatz zu gängigen Modernisierungstheorien, die ein schönes Angebot zur Plausibilisierung eigener Unfähigkeiten machen, indem sie nahe legen zu glauben, die Welt sei einfach zu kompliziert geworden. Für Adorno ist die Gesellschaft „durchsichtiger als je zuvor" (ebd., S. 117), wodurch es unmöglich wird, sich auf die Position des hilflosen Opfers undurchschaubarer Verhältnisse zurück zu ziehen (vgl. Messerschmidt 2008a). Das Ressentiment kann als ein Ergebnis von Projektionen betrachtet werden und kommt im antimuslimischen Diskurs immer dann zum Ausdruck, wenn die Verantwortung für gesellschaftliche Probleme im Umgang mit Pluralität an der Gruppe der muslimischen Einwanderer fest gemacht wird und wenn sich dabei Angehörige der nichtmuslimischen Mehrheit als anständig und normal repräsentieren, während die fremd gemachte Minderheit als nicht integrierbar betrachtet wird.

In den letzten Jahren hat ein kulturalisierter globaler Diskurs dazu beigetragen, dass die politischen Ursachen von Konflikten vernachlässigt worden sind. Das Aufleben eines antiwestlichen Islamismus ist dadurch als kulturelles Phänomen gedeutet worden, so dass die herrschaftspolitischen Zusammenhänge nicht angemessen beachtet worden sind. Die dynastisch strukturierten diktatorischen Regime auf der arabischen Halbinsel und in Nordafrika wurden von Europa lange als Garanten für wirtschaftspolitische Stabilität angesehen, während ihr Einfluss auf die Islamisierung der Gesellschaften unterschätzt worden ist. Statt dessen waren einzelne terroristische Gruppen im Blick, nicht aber das machtpolitische Problem der Unterdrückung zivilgesellschaftlicher Akteure, die sich nun in den Aufständen von Tunis, Kairo, Damaskus, Sanaa und anderen Städten der von Europa aus als islamisch, nicht aber als diktatorisch wahrgenommenen Teilen der Welt Bahn brechen (vgl. Roy 2011). In den neuen Demokratiebewegungen einer jungen Generation, die Olivier Roy als „postislamisch" kennzeichnet, rücken die verdrängten Fragen der sozialen Gerechtigkeit und der Selbstbestimmung wieder auf die weltpolitische Agenda. Es vollzieht sich eine „Umkehrung der Stereotypen" (Meddeb und Stora 2011, S. 23), die auf die sogenannte „islamische Welt" angewandt worden sind, indem diese als traditionalistisch erstarrt wahrgenommen worden ist, ohne zu sehen, dass es unter der Decke der autoritären Traditionen brodelt. Benjamin Stora regt an, „die Dinge andersherum zu lesen. Im Zentrum des Erfolgs, der Demokratisierung und der Chancengleichheit stehen die Schule sowie die politischen und gesellschaftlichen Freiheiten" (ebd., S. 23). Auf diesem aktuellen Hintergrund gewinnt eine kritische Auseinandersetzung mit dem westlichen Bild vom Islam eine neue Relevanz.

Anhand von deutschsprachigen Lexikoneinträgen beobachtet Hanna Acke eine Kulturalisierung des Islam. In verschiedenen Wörterbüchern und Lexika findet sie beim Stichwort ‚Islam' immer wieder Hinweise auf die „Kultur des Islam", „die zum einen in sich konsistent sei und zum anderen von anderen Kulturen so unterschiedlich, dass sie als Einheit gesehen werden kann" (Acke 2010, S. 313). Wie auch bei Formulierungen wie „christliche Kultur" tendiert die Kulturalisierung der Religion zu einer homogenisierenden Wahrnehmung und führt dazu, „eine bestimmte Ausrichtung der Religion insgesamt als typisch herzustellen" (ebd.). Kulturalisierung geht meist mit Nationalisierung bzw. Regionalisierung einher. Dies ermöglicht es, das Andere als fern und nicht in Beziehung zum Eigenen zu repräsentieren bzw. das Eigene als entfernt vom Anderen. Verwandtschaften, Beziehungen und Uneindeutigkeiten können auf diese Weise verdrängt werden. „So wird der Islam häufig als arabische Religion verstanden, das Christentum als westlich-europäisch. Damit wird also impliziert, es gäbe keine deutsche oder westeuropäische Kultur des Islam" (ebd.). Mit beiden Strategien – der Strategie der kulturalisierenden Homogenisierung wie auch der Regionalisierung – wird eine Systematik der Gruppenordnung in einer Welt von Migrationen und Globalisierung beansprucht, die darauf zielt, das Unvorhersehbare von Migrations- und Globalisierungsprozessen zu beherrschen. Religion und Kultur werden dabei sowohl identifiziert wie verdinglicht, indem ihre jeweils innere Heterogenität und Bewegung verdrängt werden zugunsten kulturalisierter Fremdpositionierungen.

4   Weder fremd noch integriert – Migration bewegt Bildung

Mit dem Konzept der ‚Interkultur' bietet Mark Terkessidis eine Perspektive auf das kulturelle Alltagsleben an, die Kultur weder als Identität noch als nationales Bildungsgut versteht. Der Verfasser legt einen handlungsorientierten Kulturbegriff zugrunde: „Interkultur ist eben kein utopischer Entwurf, sondern eine Handlungsregel. Der Begriff Kultur in *Interkultur* hat daher keine primär ethnische Bedeutung – er bedeutet, etwa im Sinne der frühen Cultural Studies, ein übergreifendes Prinzip der Organisation. (…) es heißt nicht Interkulturen, sondern Interkultur, also Kultur-im-Zwischen" (Terkessidis 2010, S. 10). Konsequenterweise distanziert sich Terkessidis vom Integrationskonzept, das die hiesige Migrationsdebatte dominiert. Denn hinter ‚Integration' verbergen sich „allerlei unausgesprochene Vorstellungen über das, was ‚Deutschsein' bedeutet, wie Leute sich bei ‚uns' benehmen müssen und was sie nicht tun sollten (…), für wen die Institutionen gemacht sind und wer da eigentlich nur zu Gast ist" (ebd., S. 7). Der Hinweis auf die Beschaffenheit der Institutionen ist wesentlich für die Ausführungen zum städtischen Alltagsleben, zum Umgang mit Rassismus und zur Rolle der Kulturinstitutionen. Denn es geht um eine migrationsgesellschaftliche Veränderung des institutionellen Selbstverständnisses im Bildungs- und Kulturbereich. Das Konzept des Interkulturellen wird im Sinne einer dritten Position verstanden, die nicht zwischen autochthonen und allochthonen ‚Kulturen' unterscheidet, sondern das Kulturelle selbst von innen heraus verändert. Hinter der seit etwa zwanzig Jahren geforderten „interkulturellen Öffnung" von Institutionen (Hinz-Rommel 1994) steht deren unthematisierte kulturelle Schließung, wobei ich hier genauer von einer klassenbezogenen Schließung sprechen möchte. Was in den 1990er Jahren für die soziale Arbeit gefordert wurde, ist im Bildungsbereich noch später angekommen. Organisationsform und Personalstruktur der Institutionen sind auf eine bürgerliche Mittelschicht bezogen, deren Normalitätsvorstellungen derart hegemonial geworden sind, dass sie kaum kritisiert werden.

Zu einer Sensibilisierung für die unterschiedlichen Ausgangsbedingungen in pluralen Gesellschaften tragen die Überlegungen der us-amerikanischen Politikwissenschaftlerin Iris Marion Young bei. Sie geht von „positionalen Differenzen" aus und entwickelt ein Modell, das auf vielschichtige Aspekte von *oppression* aufmerksam macht: soziale Marginalisierung, ökonomische Ausbeutung, kulturelle Abwertung, gesellschaftliche Machtlosigkeit und sexuelle Gewalt bilden fünf Ebenen der Positionierung von gesellschaftlichen Gruppen (vgl. Young 1996). In der deutschsprachigen Gerechtigkeitsdiskussion liegt der Fokus auf Verteilungsfragen, während der social-justice-Ansatz Ausgrenzungs- und Diskriminierungspraktiken jeder Art thematisiert. Es geht um ein umfassendes Gerechtigkeitsmodell, das bspw. Frauenrechte, Rechte von sexuellen Minderheiten, von Jugendlichen, von Arbeitslosen aufgreift. Ohne Reflexion auf die ungleiche Verteilung von Ressourcen und auf die ungleichen Möglichkeiten, die eigenen Interessen ins gesellschaftliche Spiel zu bringen, bleibt eine Orientierung an ‚Interkultur' unzureichend.

Für eine kulturalisierungskritische Bildung ist neben der Kritik an Kulturstereotypen eine Neufassung von Gerechtigkeitskonzeptionen erforderlich, um die sich verschärfenden sozialen Ungleichheiten zu thematisieren. Soziale Segregationsprozesse, die insbesondere in städtischen Siedlungsstrukturen deutlich werden, können unter dem Gesichtspunkt von social justice als Ausdruck gesellschaftlicher Ungleichheit betrachtet werden. Dies steht im Gegensatz zu der kulturalisierten Wahrnehmung von Armut, die der Selbstbestätigung der sozialen Mittelschicht dient. Armut wird dabei individualisiert und zu einer Frage von Fleiß und Anständigkeit umgedeutet. Eine migrationsgesellschaftliche Orientierung der Bildungsinstitutionen steht daher vor einer doppelten Aufgabe: sich auf eine Gesellschaft neuer und alter Mehrfachzugehörigkeiten zu beziehen und sich gegen das Idealbild des Aktivbürgers zu wenden, bei dem menschenwürdige Lebensbedingungen von der persönlichen Leistungsperformance abhängen.

5   Kulturalisierungskritische Bildung

Ob Migration Bildung bewegen kann, hängt wesentlich davon ab, wie das Kulturelle verstanden und praktiziert wird. Denn Kultur ist zu einem bevorzugten Fremdmacher geworden und wird als Identitätskategorie dazu benutzt, Abgrenzungen zu verfestigen (vgl. Messerschmidt 2008b). Yves Bizeul kontrastiert in einer Analyse zum sozialwissenschaftlichen Umgang mit Kultur das Verständnis von nationaler Identität in der deutschen und in der französischen Diskussion. Zwar ist es in der Bundesrepublik mit Beginn des Jahres 2000 zu einer Reform des Staatsbürgerschaftsrechts gekommen, aber dennoch kann noch keine Rede davon sein, das holistische Abstammungsprinzip sei kulturell nun überwunden. Demgegenüber kennzeichnet Bizeul das französische Territorialprinzip als individualistisch, einem republikanischen Verständnis als politischer Staatsbürgernation folgend (vgl. Bizeul 1997, S. 95). Scheinbar wohlmeinenden Betonungen der Einzigartigkeit von Kulturen bescheinigt er eine Tendenz zu antimodernen, rassistischen Denkweisen und betrachtet einen „Ethnokulturalismus" als Gefährdung der individuellen Menschenrechte (ebd., S. 103). Bizeul macht deutlich, dass der Kulturalismus der Differenz nicht das Recht auf Differenz in Verruf bringen sollte, dass aber jeweils zu beachten ist, wie kulturelle Verschiedenheit politisch instrumentalisiert und je nach Interesse negiert oder hervorgehoben wird.

Wolfgang Welsch schlägt dagegen einen pragmatischen Kulturbegriff vor, der die „transkulturelle Übergangsfähigkeit" ermöglicht (Welsch 1995, S. 43). In der Vorstellung von Transkulturalität wird ein Kulturbegriff angeboten, durch den die Probleme der Diskriminierung, Verachtung und Hierarchisierung zu verschwinden scheinen. Sie werden verdrängt zugunsten eines Konzepts, das alle diese Erfahrungen überbrückt und bedeutungslos werden lässt. Demgegenüber scheint es mir für den pädagogischen Umgang mit Kultur eher darum zu gehen, einen kritischen Kulturbegriff zu entwickeln, der offen ist für die Reflexion seiner historischen Ausgangsbedingungen und der es ermöglicht, Erfahrungen diffamierender und ausgrenzender Kulturalisierungen zu reflektieren. Étienne Balibar unterscheidet zwei Konzepte von Kultur, das eine richtet sich auf Identität aus, das andere auf Bildung im Sinne der „Entwicklung intellektueller Formen von Kunst und Wissen" (Balibar 2002, S. 141). Es erscheint mir fragwürdig, ob beide Konzepte trennscharf zu haben sind. Vorherrschend ist derzeit das identifizierende Konzept, das sich aber nicht vom Bildungskonzept trennen lässt, das in sich selbst Identitäten beansprucht und produziert. Das Kulturelle als Prozess der Wissensbildung und der künstlerischen Produktion bleibt verstrickt in Identitätspolitiken und Identifizierungen. Umgekehrt müssen kulturelle Identifizierungen nicht statisch verharren, sondern können in Bildungsprozesse übergehen, bei denen Identitäten wieder in Frage stehen.

Kultur wird zum Zeichen einer Beunruhigung über die sozialen Verhältnisse und zum Schauplatz kritischer Artikulationen, die auch die Bildung selbst treffen, die keine Grundlage von Selbstvergewisserungen (mehr) sein kann. Bildung als kultureller Prozess und als Auseinandersetzung mit kultureller Überlieferung ist involviert in die Gewaltsamkeit der Kultur und wiederholt diese Gewalt in jedem Moment, in dem die Affirmation kultureller Überlieferung verlangt wird. Bildung kann aber zugleich die Voraussetzungen schaffen, mit dieser Affirmation zu brechen und deren Gewaltsamkeit zu artikulieren. Für diese Artikulation eine Form zu suchen, betrachte ich als Prozess kultureller Bildung.

Als Identifizierungskategorie dient Kultur immer wieder dazu, andere in eine Identität einzuschließen, sie zu erfassen durch eine Wissensbildung, die mit Kultur einen Erklärungsbegriff für gesellschaftliche Unterscheidungslinien findet. Der Comic-Zeichner Art Spiegelman beschreibt diesen Prozess als eine Form der Auslöschung: „Der erste Schritt, um den anderen auszuwischen, besteht darin, sich von jenem Anderssein zu überzeugen" (Spiegelman, zit. bei Bizeul 1997, S. 101). Was Walter Benjamin für kulturelle Monumente, Dokumente, Kunst- und Bauwerke festgehalten hat, gilt genauso für das kulturelle Identitätsprodukt: „Es ist niemals ein Dokument der Kultur, ohne zugleich ein solches der Barbarei zu sein. Und wie es selbst nicht frei ist von Barbarei, so ist es auch der Prozess der Überlieferung nicht, in der es von dem einen an den anderen gefallen ist" (Benjamin 1974, S. 696). Benjamin verankert also das, was das Andere der Kultur sein soll – die Barbarei –

im Kulturbegriff selbst, und auch der Prozess der Vermittlung kulturellen Wissens transportiert die Gewaltgeschichte der Kultur, eine Geschichte von Überwältigung, Verletzung und Bemächtigung. War das griechische bárbaros eine Bezeichnung für die nicht griechisch sprechenden Völker und diente als Abgrenzung gegenüber denen, die nicht „wir" sind, wird ‚Barbarei' in Benjamins Kulturkritik zu einer immanenten Bezeichnung, die sich auf die eigene Kultur richtet. Wird nun die Kulturkategorie selbst zum Instrument spaltender und ausgrenzender Identifizierungsprozesse, sind es nicht mehr nur die Dokumente der Kultur, die Benjamin in Kunst und Literatur anspricht, sondern der Gebrauch der Kulturmarkierung selbst, der nicht unproblematisch bleibt. Bildung und Kultur sind eng miteinander verknüpft, und in der deutschsprachigen Tradition ist Bildung sowohl zur Stabilisierung nationaler Identität wie auch zur bürgerlichen Eigentumssicherung eingesetzt worden (vgl. Bollenbeck 1994). Überhöht und trivialisiert zugleich erscheinen Bildung und Kultur als „Besitz, als sozialreputative Aktivposten, mit denen man sich schmückt" (Dzierzbicka 2009, S. 49). Der Kulturbegriff verliert dabei jegliches kritisches Potenzial und wird affirmativ zu einem Träger von Werten eingesetzt, getrennt von der „tatsächlichen Welt alltäglicher Konkurrenz" (ebd.).

Wenn Adorno davon spricht, dass Kultur zur Norm geworden ist, zum Wert, der die Herbeiführung „menschenwürdigen Lebens" garantieren könnte (Adorno 1972, S. 119), dann ist an die Stelle der Kultur heute Bildung getreten. Sie wird als Garant einer guten Zukunft beschworen, von ihr hängt das persönliche Glück ab, und darin ist sie voll und ganz individualisiert und zum persönlichen Besitz degeneriert. Bildung ist zur großen Rettungsmetapher geworden und wird genau dadurch neutralisiert.

6 Bildung in Widersprüchen – Perspektiven immanenter Kritik

Zwar haben sich die Bezeichnungen verändert und heute ist eher vom ‚lebenslangen Lernen' statt von Bildung die Rede, aber auch hier geht es wieder um die Integrationsleistung der einzelnen, die sich nun eben durch unaufhörliche Weiterbildung auf dem Markt zu behaupten haben. Das privatisierte, auf Eigentum und Leistung basierende Wertkonzept bürgerlicher Bildung ist durch die Verordnung lebenslangen Lernens ausgebaut worden. Ein unreflektiert bürgerlicher Bildungsbegriff kann diesen Tendenzen kaum etwas entgegen setzen. Wer in dieser Bildungstradition (aus)gebildet worden ist, hat also einige Mühe, sich anders zu bilden als im Sinne einer konkurrenzbasierten Leistungssteigerung. Es muss zunächst etwas *verlernt* werden, um sich auf Beziehungen in Verschiedenheit und Gleichheit einzulassen. Einen unproblematischen Umgang mit Heterogenität kann es auf diesem

Hintergrund nicht geben, solange die Vision Adornos aus den „Minima Moralia",
„ohne Angst verschieden sein" zu können, nicht eingelöst ist (Adorno 1951, S. 131).
Die Aufmerksamkeit für soziale Beziehungen steht in Spannung zu einem indi-
vidualistischen Bildungskonzept, das immer noch die hiesige Bildungspraxis kennzeichnet, die in erster Linie auf die Bildungsaneignung des einzelnen setzt, ohne
diesen einzelnen in sozialen Beziehungen zu betrachten, in Verhältnissen gegen-
seitigen Aufeinander-angewiesen-seins. Wer also in den Bildungsinstitutionen mit
dem Anspruch auftritt, einen sensiblen Umgang mit Verschiedenheit zu vermitteln, kann nicht davon ausgehen, selbst die Voraussetzungen dafür mitzubringen.
Es müsste zunächst eine Auseinandersetzung mit den angelernten und verinner-
lichten Vorstellungen von Bildung stattfinden. Pädagogisch Handelnde können
nicht als diejenigen angesehen werden, die per se in der Lage sind, ein Verschiedenheit akzeptierendes Verhältnis zu anderen zu vermitteln. Sie sind selbst involviert
in die Praktiken der Spaltung innerhalb der eigenen Gesellschaft und im globalen
Kontext. Peter Euler macht deutlich, dass die Pädagogik selbst in eine „ausgreif-
ende Vergesellschaftung" involviert ist, die Unmündigkeit produziert, was nicht
nur an den Programmatiken des lebenslangen Lernens deutlich wird. Pädagogik
ist „Medium" einer reformistischen Lernvergesellschaftung, „weil Bildungsforde-
rungen Existenzangst auslösen, und sie hat sich andererseits kritisch als Movens
zur Aufklärung dieser pädagogisch vermittelten Unmündigkeit anzubieten" (Euler
2007, S. 139). Soll die Aufklärung über Unmündigkeit nicht in einem Lamento über
verdorbene Bildungsansprüche und aufgegebene emanzipatorische Ideale stecken
bleiben, muss sie sich auf die pädagogischen Mittäterschaften beziehen und die
Bereitwilligkeit zum Thema machen, mit der BildungswissenschaftlerInnen, Bil-
dungsarbeiterInnen und BildungspolitikerInnen sich an der vollständigen Integration ihrer Arbeit in die Verwertungsprozesse beteiligen.
    Erst mit einem in sich gebrochenen, seinen immanenten Widerspruch von
Emanzipation und Unterwerfung reflektierenden Bildungsbegriff, lässt sich überhaupt noch an Bildung festhalten, sofern sich diese nicht in der Affirmation der
ausgreifenden Selbst- und Fremdverwertung erschöpfen soll. Aus der Analyse
des Bildungswiderspruchs erwächst für Heinz-Joachim Heydorn die Chance der
Veränderung, die auch in der Bildungsinstitution Schule verankert ist. „Schule ist
Unterwerfung unter bestehende Herrschafts- und Klassenverhältnisse, aber nicht
nur dies" (Heydorn 2004, S. 152). Dem letzten Halbsatz gehört Heydorns ganze
Aufmerksamkeit, wenn er davon spricht, dass auch die Schule, eine „wachsende
Möglichkeit" enthält, „(...) wenn man davon ausgeht, dass die Gesellschaft auch
mit der Schule immer tiefer in ihren eigenen Widerspruch gerät" (ebd., S. 153).
Zwei Generationen nach diesen Überlegungen drängt sich allerdings immer mehr
die Frage auf, ob und wie dieser Widerspruch noch erfahrbar ist. Heydorn geht
(noch) davon aus, dass es innerhalb von Bildungsprozessen zu Überschreitungen

herrschaftsförmiger Erfahrungen kommen kann und aus den Unterwerfungen heraus ein befreiender Schritt erfolgt. „Ist Schule Unterwerfung, so ist sie zugleich Teil einer notwendigen Unterwerfung, die Voraussetzung aller Befreiung ist" (ebd.). Die Selbstsicherheit, mit der Heydorn Unterwerfung als Schritt zur Befreiung behauptet, wird angesichts totalisierender Steuerungstechniken im Bildungsbereich immer fragwürdiger. Deren Bezeichnung als Selbststeuerung lässt sie freiheitlich erscheinen und verdeckt die geforderte Bereitschaft, sich gemäß von Leistungsvorgaben selbst optimal zu verwerten. Die gesellschaftliche Tendenz, Widersprüche unsichtbar zu machen, beschreibt Heydorn als den Versuch, „das dem Bildungsprozess selber innewohnende Spannungsgefüge zu eliminieren" (ebd., S. 158) durch die „Vortäuschung eines einheitlichen Ganzen, in dem Widersprüche ungreifbarer werden" (ebd., S. 160). Der neuere Globalisierungsdiskurs bildet eine Ausdrucksform dieses einheitlichen Ganzen. Die ganze Welt erscheint darin so miteinander vergesellschaftet zu sein, dass Spaltungen und Brüche zwischen den territorialen, nationalen und kulturellen Teilen dieses globalisierten Weltganzen verschwinden. Nur fehlt das Subjekt, das hier etwas „vortäuscht". Eher funktioniert diese Vereinheitlichung durch vielfältige Mittäterschaften verstreuter Akteure, zu denen auch die Pädagogik als Wissenschaft und Praxis gehört, solange globalisierte Weltverhältnisse lediglich als Terrain für den internationalen Wettbewerb um Bildungserfolge betrachtet werden, nicht aber als Anforderung, sich mit anderen Vorstellungen von Bildung und mit globalen Ungleichheiten auseinander zu setzen. Eine kulturalisierungskritische migrationsgesellschaftliche Konzeption von Bildung verlangt beides – sowohl eine Analyse und Kritik der durch die Bildungsinstitutionen mit verursachten und vertieften sozialen Ungleichheiten wie auch eine Reflexion der jeweils eigenen Bildungsvorstellungen, die weitgehend noch in nationalen Kategorien beschrieben werden.

Literatur

Acke, Hanna. 2010. Islam. In *Rassismus auf gut Deutsch. Ein Nachschlagewerk zu rassistischen Sprachhandlungen*, Hrsg. Adibeli Nduka-Agwu, und Antje Lann Hornscheidt, 311–318. Frankfurt a. M.: Brandes & Apsel.

Adorno, Theodor W. 1951. *Minima Moralia. Reflexionen aus dem beschädigten Leben*. Frankfurt a. M.: Suhrkamp.

Adorno, Theodor W. 1972. Theorie der Halbbildung. In *Adorno, Theodor W.: Gesammelte Schriften* Bd. 8: *Soziologische Schriften I*, Hrsg. Rolf Tiedemann, 93–121. Frankfurt a. M.: Suhrkamp.

Adorno, Theodor W. 1994. *Negative Dialektik*. 8. Aufl. Frankfurt a. M.: Suhrkamp.

Benjamin, Walter. 1974. Über den Begriff der Geschichte. In *Benjamin, Walter.: Gesammelte Schriften (GS)* Bd. 1.2, Hg. Rolf Tiedemann, und Hermann Schweppenhäuser, 693–704. Frankfurt a. M.: Suhrkamp.

Balibar, Étienne. 2002. Kultur und Identität (Arbeitsnotizen). In *Konjunkturen des Rassismus*, Hrsg. Alex Demirovic, und Manuela Bojadzijev, 136–156. Münster: Westfälisches Dampfboot.

Benhabib, Seyla. 2008. *Die Rechte der Anderen. Ausländer, Migranten, Bürger.* Frankfurt a. M.: Suhrkamp.

Bielefeldt, Heiner. 2007. *Menschenrechte in der Einwanderungsgesellschaft. Plädoyer für einen aufgeklärten Multikulturalismus.* Bielefeld: Transcript.

Bizeul, Yves. 1997. Die französische Debatte um Alterität und Kultur. In *Vom Umgang mit dem Fremden. Hintergrund – Definitionen – Vorschläge*, Hg. Yves Bizeul, Ulrich Biesener, und Marek Prawda, 94–111. Weinheim: Beltz.

Bollenbeck, Georg. 1994. *Bildung und Kultur. Glanz und Elend eines deutschen Deutungsmusters.* 2. Aufl. Frankfurt a. M.: Insel.

Dzierzbicka, Agnieszka. 2009. Es sieht gut aus für die Kunstpädagogik – Schulpädagogisches Agendasetting und seine Spielräume. In *school works. Beiträge zu vermittelnder, künstlerischer und forschender Praxis*, Hrsg. Eva Egermann und Anna Pritz, 45–57. Wien: Löcker.

Euler, Peter. 2007. Politische Verantwortung für die Allgemeine Weiterbildung in Konzepten des sogenannten ‚lebenslangen Lernens‘: Widersprüche und Neuvermessungen. In *Naturwissenschaft in der Allgemeinen Weiterbildung. Probleme und Prinzipien der Vermittlung von Wissenschaftsverständigkeit in der Erwachsenenbildung*, Hrsg. Harald Bierbaum, Peter Euler, und Bernhard S. T. Wolf, 131–149. Bielefeld: W. Bertelsmann.

Glissant, Edouard. 2000. Archipelisches Denken oder das Menschenrecht auf Undurchsichtigkeit. In *Haus der Kulturen der Welt*, Hrsg. Heimat Kunst, S. 17 f. Berlin: Haus der Kulturen der Welt.

Glissant, Edouard. 2005. *Kultur und Identität. Ansätze zu einer Poetik der Vielheit.* Heidelberg: Das Wunderhorn.

Hinz-Rommel, Wolfgang. 1994. *Interkulturelle Kompetenz – ein neues Anforderungsprofil für die soziale Arbeit.* Münster: Waxmann.

Heydorn, Heinz-Joachim. 2004. Zum Widerspruch im Bildungsprozess. In *Heydorn, Heinz-Joachim.: Werke in 9 Bänden: Studienausgabe.* Bd. 4, Hrsg. Irmgard Heydorn, Hartmut Kappner, Gernot Koneffke, und Edgar Weick, 151–163. Wetzlar: Büchse der Pandora.

Mecheril, Paul. 2002. „Kompetenzlosigkeitskompetenz". Pädagogisches Handeln unter Einwanderungsbedingungen. In *Interkulturelle Kompetenz und pädagogische Professionalität*, Hrsg. Georg Auernheimer, 15–34. Opladen: VS.

Mecheril, Paul. 2004. *Einführung in die Migrationspädagogik.* Weinheim: Beltz.

Meddeb, Abdelwahab, und Benjamin Stora. 2011. Arabisches Erwachen. Die Wiederaneignung des eigenen Schicksals und eine sich öffnende Welt. In *lettre international*, Heft 92, Frühjahr 2011, 23–27.

Messerschmidt, Astrid. 2008a. Niemand anderes. Von der Unmöglichkeit einer unbeschädigten Bildung. In *In bester Gesellschaft. Einführung in philosophische Klassiker der Pädagogik von Diogenes bis Baudrillard*, Hrsg. Agnieszka Dzierzbicka, Josef Bakic, und Wolfgang Horvath, 143–147. Wien: Löcker.

Messerschmidt, Astrid. 2008b. Pädagogische Beanspruchungen von Kultur in der Migrationsgesellschaft - Bildungsprozesse zwischen Kulturalisierung und Kulturkritik. *Zeitschrift für Pädagogik* 54 (1/2008): 5–17.

Messerschmidt, Astrid. 2009. *Weltbilder und Selbstbilder. Bildungsprozesse im Umgang mit Globalisierung, Migration und Zeitgeschichte.* Frankfurt a. M.: Brandes & Apsel.

Nestvogel, Renate. 2003. [1990] Interkulturelles Lernen. Ein Beitrag zum Abbau von Fremdenfeindlichkeit und Ethnozentrismus? In *Entwicklungspädagogik – Globales Lernen – Internationale Bildungsforschung*, Hrsg. Gregor Lang-Wojtasik, und Claudia Lohrenscheid, 186–194. Frankfurt a. M.: Iko-Verlag.

Roy, Olivier. 2011. Postislamistische Zeiten. Säkulare Revolte – Das Ende des arabisch-muslimischen Exzeptionalismus. In lettre international, Heft 92, Frühjahr 2011, 28–29.

Terkessidis, Mark. 2010. *Interkultur*. Frankfurt a. M.: Suhrkamp.

Young, Iris Marion. 1996. Fünf Formen der Unterdrückung. In *Politische Theorie. Differenz und Lebensqualität*, Hrsg. Herta Nagl-Docekal und Herlinde Pauer-Studer, 99–139. Frankfurt a. M.: Suhrkamp.

Individualitätsperformanz. Bildungsbiographische Anspruchsindividualitäten in sich wandelnden Kontexten

Jochen Kade und Sigrid Nolda

1 Bildungsbiographien als Schauplatz von Individualität

Individualität ist keine stabile Eigenschaft. Sie ist „Unzufriedenheit" (Luhmann 1993, S. 244). Sie wird in Kommunikations- und Interaktionsprozessen erst hervorgebracht, erhalten, bestätigt und auch demonstriert. Sie ist damit intern auf ihre Performanz, ihre Aus- und Aufführung vor anderen, vor einem Publikum bezogen.[1] Individualität ist in modernen Gesellschaften nicht selbstverständlich. Sie stellt eine besondere Herausforderung, eine Chance und einen Anspruch dar, mit dem Individuen sich auf die Gesellschaft beziehen (vgl. Keupp und Hohl 2006). Im Kern – so Niklas Luhmann (1993) – sind Individualitäten in modernen Gesellschaften immer „Anspruchsindividualitäten". Sie basieren auf und konstituieren sich über Erfahrungen der Differenz.[2] Sie sind Ausdruck dessen, dass dem Indi-

---

[1] Zum Konzept der Performanz vgl. Goffman 1969; Wirth 2002; zur Relation von Biographie und Performanz vgl. Kolesch 2009.

[2] Traditionelle Individualitäten basieren eher auf Erfahrungen der Einheit. Beide Individualitätsformen stehen jedoch nicht, wie Luhmann nahe legt, alternativ zueinander. Zu einem anthropologischen Begriff vom Menschen, der die „Differenz *im* Menschen, den Menschen als Differenz" betont, vgl. Menke 2007, S. 44.

J. Kade (✉)
Institut für Sozialpädagogik und Erwachsenenbildung, Goethe Universität Frankfurt a. M., Grüneburgplatz 1, 60323 Frankfurt a. M., Deutschland
E-Mail: kade@em.uni-frankfurt.de

S. Nolda
Institut für Sozialpädagogik, Erwachsenenbildung und Pädagogik der Frühen Kindheit, TU Dortmund, Emil-Figge-Str. 50, 44227 Dortmund, Deutschland
E-Mail: Sigrid.Nolda@fk12.tu-dortmund.de

F. von Rosenberg, A. Geimer (Hrsg.), *Bildung unter Bedingungen kultureller Pluralität*,   125
DOI 10.1007/978-3-531-19038-9_8, © Springer Fachmedien Wiesbaden 2014

viduum in der Moderne „zugemutet (wird), in Selbstbeobachtung und Selbstbeschreibung auf seine Individualität zu rekurrieren" (Luhmann 1993, S. 215).

Ein performatives Individualitätsverständnis ist folgenreich für jedes Verständnis von Bildung, das – in einer Formulierung von Reinhart Koselleck – darauf
abzielt, die „Einmaligkeit einer Individualität zu ermöglichen und zu generieren,
ohne auf ihre Verschränkung mit der Gesellschaft zu verzichten" (Koselleck 2010,
S. 157). Bildung wird grundlegend abhängig von ihrer subjektiven und näher:
sprachlichen Darstellung.[3] Sie ist nicht nur deren Gegenstand, sondern bildungsbiographische Erzählungen werden zu einem zentralen Schauplatz, an dem sich
Individualität im Sinne ihrer performativen Selbstvergewisserung, Selbstbeobachtung und Selbstkonstitution erst vollzieht. In der operativen Gegenwart dieser Erzählungen wird die Bildung von Individualität auf- und zugleich ausgeführt.[4]

Dabei ist die Konstitution von Individualität kein einmaliger Akt, sondern ein
diskontinuierlich-kontinuierlich (vgl. Nassehi 2006, S. 244) verlaufender Prozess,
der mehr oder weniger ausdifferenziert, kommunikativ markiert und damit sichtbar den Lebenslauf, in lockerer Kopplung, begleitet. Denn in modernen Gesellschaften braucht das Individuum eine Biographie. Es muss, gewissermaßen im
Stand-by-Modus, eine „eingeübte Selbstbeschreibung mit sich herumtragen, um
bei Bedarf (z. B. auch in Interviews; JK/SN) Auskunft über sich zu geben" (Luhmann 1993, S. 252), und zwar anderen ebenso wie sich selbst. *Eine* Bildungsbiographie eines Individuums ist somit nur eine performative Momentaufnahme im
unstetigen Prozess des Biographisierens von Lebenslaufereignissen[5], der auch unter
Bildungsaspekten als prinzipiell offen angenommen werden muss. Individuen können sich nur als „allenfalls fragmentarisch konsolidierte Existenz" (ebd., S. 215)
begreifen.[6] Genau genommen gibt es daher *die* Biographie überhaupt nicht, es gibt
sie nur als Serie, als Reihe differenter bildungsbiographischer Gestalten im Lebenslauf.[7]

---

[3] Vgl. in historischer Sicht Langewand 1994; zur Bedeutung des Konzepts narrativer Identität
vgl. Koller 2012a, insbes.: 34 ff.; zur Relevanz der sprachlichen Artikulation insbes.: 153 ff.

[4] Zur Individualität als „Kommunikationsform" siehe: Lehmann (2011, S. 41).

[5] Zur biographischen Identität vgl.: Zirfass und Jörissen 2007, insbes. S. 166 ff.

[6] Zur Empirie unabgeschlossener Bildungsprozesse vgl.: Kade 1985, 2011, zum „Scheitern
als Bildungsprozess" vgl.: Koller 2012a, S. 183 ff.; zu empirischen Formen des Scheiterns von
Individuen an ihrer unbewältigten Individualisierung im Kontext von gerade auch pädagogisch strukturierten alltäglich-normalen Bildungsprozessen vgl.: Kade und Seitter 1996, insbes. 143 ff.; zum Scheitern als „akzeptable Option" von Individualität: Lehmann 2011; zum
„eingebildeten Individuum" vgl. Bunia (2010, S. 673).

[7] Zur Serialität von bildungsbiographischen Gestalten und Bildungsbiographie im Prozess
des Biographisierens vgl.: Kade (2011, S. 33 ff.).

Wie Individuen ihre Individualität in bildungsbiographisch akzentuierten, thematisch fokussierten Interviews als immer „kommunikativen Handlungen" (vgl. Knoblauch 1995) zur Darstellung bringen, hängt von Interviewsettings, den Interviewern und den Interviewten, den geplanten wie ungeplanten thematischen Fokussierungen, der Interaktionsdynamik etc. ab. Darüber hinaus – und nicht zuletzt – hängt es von den je gegenwärtigen internen und externen kulturell-lebenslaufbezogenen – pluralen Erfahrungskontexten ab, aus denen heraus Individuen ihrem Lebenslauf eine je spezifische bildungsbiographische Gestalt abgewinnen. Jede Biographie setzt ein Datum voraus, an dem sie erzählt wird und ohne das sie keine Gültigkeit hätte. Einmalerhebungen mittels Interviews tendieren eher zur Essentialisierung, weil sie vom Zeitindex der Bildungsbiographien abstrahieren und deren Gegenwartsabhängigkeit nicht zugänglich machen. Deutlich sichtbar werden Zeitabhängigkeit, Fragilität und die dynamische Gestalt biographischer Erzählungen erst durch eine Mehrzahl von Interviews, die mit einer Person zu unterschiedlichen Zeitpunkten geführt werden, und zwar umso schärfer, je größer die zeitliche Distanz zwischen den Erhebungszeitpunkten ist. Solche Forschungsdesigns ermöglichen den Vergleich von Bildungsbiographien, ihren Bezug auf differente individuelle und kollektiv-kulturelle Kontexte sowie die Relationierung ihrer Bedeutung für individuelle Bildungsprozesse.

Im Folgenden sollen zunächst (2) an zwei signifikanten Fällen[8] zwei grundlegende Ausprägungen von Anspruchsindividualitäten analysiert werden; das ist zum einen die Strukturierung von Individualität auf der sozialen (2.1) und zum anderen auf der temporalen Ebene (2.2). Diese werden anschließend (3) in ihre wesentlichen Kontexte gestellt. Den Abschluss (4) bildet die Deutung kontextueller, zwischen vektorialer Linearität und rekursiver Zirkularität verlaufender Bildungsbiographien, im Lichte von Biographie und Karriere als den für moderne Gesellschaften grundlegenden Beschreibungsformaten individueller Zusammenhangsbildung.

---

[8] Die Fälle entstammen dem Zusammenhang eines von der DFG geförderten Projekts zur Analyse prekärer Bildungsbiographien zwischen 1984 und 2009 (vgl. Fischer und Kade 2012). Sigle und Zählung beziehen sich auf den Status (Teilnehmer/-in) der Befragten in den Erstinterviews aus den 1980er Jahren und die laufende Nummer der Datenerhebung. Dass es sich in beiden Fällen um Frauen handelt, wird nicht als Besonderheit verstanden, sondern als Möglichkeit, die für moderne Bildungsbiographien typische Mischung von Kontinuität und Diskontinuität besonders gut sichtbar werden zu lassen, ohne die Besonderheit der strukturellen Benachteiligungen von Frauen im Blick auf Biographie und Lebenslauf (vgl. Krüger 2010) zu leugnen.

2 Bildungsbiographische Fallrekonstruktionen

Für die hier analysierten Fälle liegen jeweils zwei Interviews vor, die 1984 und 2006 bzw. 2009 geführt worden sind. Ihre bildungsbiographischen Erzählungen hängen eng mit dem Zeitpunkt der Führung der Interviews zusammen. In beiden Fällen stehen gegenwärtige, nicht nur zeitlich lineare Übergangserfahrungen zwischen Phasen wie Schule, Beruf, Hausfrauentätigkeit und Rente im strukturellen Zentrum.

Anschließend an neuere bildungstheoretische Diskussionen fokussieren wir Übergänge als zentrales Strukturierungsmoment gerade auch von (pädagogisch strukturierten) Bildungsbiographien (vgl. einerseits Koller 2012b, andererseits Kade und Nolda 2013; Seitter 1999). Im Unterschied zu Übergangskonzepten, die im Zusammenhang einer Theorie transformatorischer Bildungsprozesse stehen (vgl. von Rosenberg 2011), rekurrieren wir jedoch nicht (nur) auf Übergänge, die im Kontext von grundlegenden, oftmals krisenhaft verlaufenden Veränderungen des Selbst- und Weltverständnisses stattfinden. Jenseits solcher (bildungs-)theoretisch begründeter Engführungen auf fundamentale Personenveränderungen hin wird der Blick im Folgenden vielmehr – im Anschluss an Welzer (1993) –, ein mittleres Niveau ansteuernd, für ein breites empirisches Spektrum von Übergängen zwischen den Polen eher undramatischer Lernprozesse einerseits und eher krisenhaft verlaufender fundamentaler Bildungsprozesse andererseits offen gehalten (vgl. auch Kade 2011, insbes.: 29 ff.).

2.1 Schule – Studium – Beruf – Nach-Berufstätigkeit (TN 29)

2.1.1 Kurzportrait

Frau Brüning[9] ist zum Zeitpunkt des ersten Interviews (1984) 37 Jahre alt. Nach dem Studium der Soziologie arbeitet sie im Sozialreferat einer größeren Stadt, im Bereich „Raumbezogene Sozialplanung und städtebauliche Planung". Sie betont ihr Interesse an modernen Sprachen. Während ihres Studiums hat sie als Ausdruck davon viele Reisen und Ferienkurse gemacht. In der Erwachsenenbildung, insbesondere der Volkshochschule, hat sie an verschiedenen Kursen in den Bereichen

---

[9] Üblicherweise versteht man solche Personennamen als Maskierungen der interviewten Personen. Diese Funktion haben sie auch. Wir markieren damit aber zugleich einen Verweis darauf, dass man sich mit der Re-Konstruktion immer auch von den ‚ursprünglichen' Personen entfernt und eine ihnen gegenüber zumindest partiell eigenständige Wirklichkeit erzeugt. Siehe in diesem Zusammenhang auch den seit den 1980er Jahren sich unter dem Stichwort „autofiction" entwickelnden Diskurs (vgl. www.autofiction.org;) im Spannungsfeld von „Wahrheit und Erfindung" (Koschorke 2012).

Sprachen, Literatur und politische Bildung teilgenommen. Seit sie berufstätig ist, belegt sie vorrangig Sprachkurse, vor allem Spanisch. Das erreichte Niveau versucht sie auch durch Reisen zu halten.

Zum Zeitpunkt des zweiten Interviews (2006) ist sie stellvertretende Chefin der städtischen Sozialverwaltung. Im Rahmen dieser Tätigkeit, in der sie unterschiedliche Bereiche der Behörde koordinieren und mit externen Vertretern verschiedener Interessengruppen verhandeln muss, ist sie gelegentlich mit Hospitationen in Sozialbürgerhäusern und Betrieben der Stadt beschäftigt. Sie reist gerne und besucht dabei vor allem lateinamerikanische Länder. Gelegentlich gibt sie fachbezogene Vorträge. Ausführlicher erzählt sie auch hier von einem Spanischkurs, den sie schon 1984 besucht hat, und seitdem kontinuierlich, bis die Kursleiterin weggezogen sei. Danach habe man sich nur noch sporadisch privat getroffen. Inzwischen macht sie sich auch schon Gedanken über das, womit sie sich nach dem Ende ihrer Berufstätigkeit in spätestens 3 Jahren beschäftigen will.

2.1.2 Bildungsgestalt I (1984)

(1) Übergang Schule – Studium Bereits zu Beginn des Interviews bringt Frau Brüning, mit Rückbezug auf die Schulzeit, eine bildungsbiographische Grundspannung zur Sprache. Auf die Interviewerfrage nach den Gründen für ihre Teilnahme an Spanisch- und Französischkursen spricht sie über ihre Schulzeit:

Interviewer: Und, äh, warum machen sie die Kurse?
Frau Brüning: Äh, weil mir, weil mir Sprachen eigentlich Spaß machen und– ich früher mal auf einer altsprachlichen Schule war, wo man von– modernen Sprachen nicht so viel mitgekriegt hat (lacht). Und dann habe ich also während des Studiums immer versucht, so Ferienaufenthalte und Ferienkurse zu machen, und äh jetzt eben versuch ich halt, die, die Sprachen ein bisschen beizubehalten. Und äh das ist, geschieht eben entweder durch– durch Reisen, aber so lange Zeit hat man halt nicht mehr wie früher, und dann eben ab und zu, wenn es die Zeit zulässt, halt auch die Kurse.

Der Verweis auf das Defizit an modernen Sprachen, das auf dem von ihr besuchten altsprachlichen Gymnasium bestand, begründet vor dem Hintergrund des Interesses und des Spaßes, den TN29 an modernen Sprachen hat, ihre Sprachlernpraxis während des Studiums sowie in der ersten Zeit ihrer Berufstätigkeit und auch die für die Zukunft vorgenommene Sprachpraxis. Der Bezug auf das Lernen von modernen Sprachen wird zu einem identitätsstiftenden Merkmal ihrer Person. Sein prägendes Gewicht bekommt das Sprachlernen im Zusammenhang der Bildungsbiographie durch die Kontinuität, mit der es über unterschiedliche Lebensphasen hinweg praktiziert wird.

Ausführlich stellt Frau Brüning dar – und das prägt die Dynamik ihrer Bildungsbiographie I –, in welchen (semi-)pädagogischen Formen sie an der Verringerung
ihres schulbedingten Defizits in modernen Sprachen arbeitet, und auf welchem
Anspruchsniveau sie dies tut, und zwar in Kursen, aber auch durch „Ferienaufenthalte und Ferienkurse". Während der schon in das erste Interview hineinfallenden
Zeit ihrer Berufstätigkeit hat Frau Brüning „versucht, die Sprachen ein bisschen
beizubehalten", durch Reisen, auch durch vereinzelte Besuche von Kursen.

Insgesamt relativiert Frau Brüning die bildungsbiographische Bedeutung ihrer
Sprachlernpraxis deutlich. In der Schule hat sie davon „nicht so viel mitgekriegt".
Mit dem Russischen hat sie in dieser Zeit nur „angefangen", dann es aber „relativ
schnell wieder aufgesteckt". In der Phase der ersten Berufstätigkeit hat sie „versucht", die Sprachen „ein bisschen beizubehalten". Dabei begründet Frau Brüning
durchweg ausführlich, warum es oft bei dem Versuch geblieben ist oder sie nach
einiger Zeit wieder zu lernen aufgehört hat. Die Gründe liegen immer in institutionellen oder auch berufsbedingt zeitlichen Beschränkungen. Insofern verdeutlichen
die Gründe für das dann noch nur wieder eingeschränkte Sprachlernen gerade die
besondere Ansprüchlichkeit, die Frau Brüning in dieser Hinsicht hat. Ihr Blick auf
die besuchten Kurse ist ein distanziert-analytischer. In Ihren Erzählungen ist viel
von Gruppe, Gruppensituation und Rollenverhalten die Rede.

(2) **Übergang Studium** – *Berufstätigkeit* Das Interview – es findet im Arbeitszim-
mer von TN29 statt – beginnt, nach der Erfragung des Alters, mit einer Frage nach
dem, was sie „beruflich macht":

*Ich bin Soziologin und arbeite in, hier im Sozialreferat äh in dem Bereich Raumbe-
zogene Sozialplanung, das heißt also Berücksichtigung, Einbringung sozialer Belange
in den ganzen Bereich der städtebaulichen Planung [I: mhm] Infrastrukturplanung,
Bebauungsplanung und dergleichen.*

Die Antwort von Frau Brüning geht über die Frage des Interviewers nach ihrer
beruflichen Tätigkeit hinaus. Sie bringt damit ein Spannungsverhältnis zum Ausdruck zwischen dem, was sie (potentiell vorübergehend) beruflich macht, und dem,
was sie dauerhaft ist. Es bezeichnet indes keinen Widerspruch. Es gibt durchaus
Berührungspunkte zwischen dem, was sie als Soziologin ausmacht, und ihrer Tätigkeit im Sozialreferat. Aber, und das ist Frau Brüning in diesem Zusammenhang
wichtig zum Ausdruck zu bringen, ihre Identität als Soziologin geht über ihre Tätigkeit hinaus. Sie könnte daher etwa dazu führen, dass sie ihre berufliche Tätigkeit
verändert, so, dass sie eher ihrer Identität als Soziologin entspricht. Man könnte
hier an einen gerade noch in den späten 1970er Jahren, als Frau Brüning Soziologie
studiert hat, verbreiteten gesellschaftskritischen Anspruch der Soziologie denken,
aber auch an theoretische Ansprüche, die im Studium erzeugt worden sind, die sich

aber außerhalb der Universität nicht mit den praktischen Aufgaben eines Berufs in einer Stadtverwaltung vereinbaren lassen.

Festhalten lässt sich, dass Frau Brüning an dieser Eingangsstelle ihre Individualität durch eine Differenz kennzeichnet, mit der der Anspruch der Veränderung (auch der beruflichen) Tätigkeit verbunden ist. Ein Anspruch, der aus ihrem Studium der Soziologie heraus erwachsen ist, und sowohl die Seite ihrer Kompetenzen bezeichnet als auch die Seite ihrer Orientierungen.

Mit der Differenz Soziologin vs. Arbeit im Sozialreferat hatte Frau Brüning bereits einen aus ihrem Studium heraus begründeten individuellen Tätigkeitsanspruch formuliert, der über die zum Zeitpunkt des Interviews ausübte Berufstätigkeit hinausgeht und die Vorstellung impliziert, sie könne zusätzlich zur bisherigen beruflichen Tätigkeit oder statt dessen eine Tätigkeit ausüben, die eher ihrem Selbstverständnis als Soziologin entspricht.[10]

2.1.3   Bildungsgestalt II (2006)

(1) Übergang Beruf – Nach-Berufstätigkeit Zum Zeitpunkt des zweiten Interviews (2006) ist Frau Brüning 61 Jahre alt. Dessen gegenwartsbezogener Fluchtpunkt ist der in der näheren Zukunft bevorstehende, gedanklich aber bereits antizipierte Übergang aus der Phase der Berufstätigkeit in die Zeit nach deren Ende. Eingebettet ist dieser Übergang in die Erzählung einer Kontinuität des Lebenslangen Lernens. Danach wird es selbstverständlich, dass sie an frühere Interessen und Lernerfahrungen anknüpft, wenn die veränderten Lebensbedingungen dies zeitlich ermöglichen.

Als Beispiel dafür, dass es verglichen mit der Zeit vor 25 Jahren selbstverständlich geworden ist, sich neuen Erfahrungen, Herausforderungen, Veränderungen, insbesondere in der Arbeitswelt, durch Lernen zu stellen, erzählt Frau Brüning von ihren Erfahrungen mit dem Computer. Dabei erläutert sie detailliert, wie sie sich das nötige Wissen, die erforderlichen Kenntnisse angeeignet und dabei auch lange Zeit mitgeschleppte Fähigkeitsdefizite (Schreibmaschinenschreiben) überwunden hat. Anlass für das Erlernen der kompetenten Nutzung des Computers sind zwar Erfahrungen im beruflichen Alltag. Frau Brüning gibt dem Computerlernen zugleich eine auf die Zeit nach dem Ende der Berufstätigkeit bezogene Bedeutung. Sie bereitet sich so auf die Zeit vor, in der sie, wenn sie z. B. etwas schreiben will, nicht mehr von einem Büro unterstützt wird, sondern selbst dafür verantwortlich ist. Dabei ist es ihr wichtig, sich auch hier auf Neues einzulassen.

---

[10] Das Soziologie-Studium hat in dieser Hinsicht eine ähnliche Problematik wie die Philosophie, der außerhalb der Universität kein Beruf zugeordnet ist.

Mit dem Lernen in allen Bereichen und Phasen des Lebens wird nicht nur auf neue Herausforderungen reagiert, die auf Könnensdefizite treffen, sondern auch dann, wenn sich die Lebensumstände so verändert haben, dass mehr Zeit vorhanden ist, um frühere Interessen wieder aufzugreifen. Die Zeit ihrer Berufstätigkeit deutet Frau Brüning als Lebensphase, in der ihr Interesse an Sprachen und auch an Soziologie zeitweise „brachlagen". Nach dem Ende der Berufstätigkeit plant Frau Brüning, in diese Interessen „wieder verstärkt einzusteigen". Sie konstruiert mithin eine zeitübergreifend Anspruchsindividualität, deren Fortbestehen nicht von ihrer Einlösung zu einem bestimmten Zeitpunkt, sondern von jeweils günstigen Gelegenheiten abhängig ist.

Interviewer: Ach ja, haben sie Pläne für ihre Lernzukunft? Also, wenn sie mal, vielleicht mal wieder irgendwann mehr Zeit haben oder–

Frau Brüning: Ja, ja, da werde ich mit Sicherheit wieder verstärkt in die, in die Sprachen einsteigen, ich werde auch wieder verstärkt in die Soziologie einsteigen. Also hier, also halt solche Dinge, die jetzt einfach ein bisschen brachliegen. Jetzt ist man, bin ich doch eher in einer, in einer Funktion, sehr viel immer wieder zu reproduzieren und dann wird's auch mal wieder ein Stück auch wieder mal, ja, zu lernen, aufzunehmen, das, ähm, ohne dass ich gleich einen Verwertungsdruck hab. Äh, das würde mich sehr reizen. Und äh, wie gesagt, mit den Sprachen, das Italienisch steht schon an, weil das ärgert mich jedes Mal, dass es immer so, hm, so, so, so holprig und, und aus Französisch und, und, und, und, und äh, Spanisch zusammengesetzt ist und nicht richtig. Also das sind so Sachen, die ich mir, die ich dann sicher auch wieder machen werde. (I: Mhm, wieder in die Soziologie?) Ja, da will ich erst mal wieder mit, mit, mit wieder verstärkt also ins, in die, in, mich in die Literatur ein bisschen einarbeiten und dann noch mal wieder gucken, ob man dann, ein bisschen auch mitarbeiten bei irgendwelchen Untersuchungen oder Ähnliches.

Unerwartet ist es, dass Frau Brüning in dieser am Ende des Interviews stehenden Passage nicht nur noch einmal auf das Thema ‚Sprachenlernen' eingeht, sondern auch auf das Thema der Aneignung (neueren) soziologischen Wissens. Den allgemeinen Anspruch, kontinuierlich (und auch interessierter) neuere Sprachen zu lernen, hatte TN29 im ersten Interview und, konkreter bezogen auf das Spanische, auch noch einmal zu Beginn des zweiten Interviews zum Ausdruck gebracht. Dort hat sie detailliert erzählt, wie das Spanische bis in die Gegenwart, in unterschiedlichsten Settings, nur bei Beginn in Gestalt von Kursen, ein kontinuierlicher Bezugspunkt ihres Lebens ist.

Wenn man an den Anfang des ersten Interviews zurückgeht, ist das nochmalige Aufgreifen des Themas Soziologie nicht mehr so unerwartet wie auf den ersten Blick. Im Übergang in die Lebensphase nach der Berufstätigkeit scheint Frau Brüning in einem großen Sprung den Kreis zur Studienzeit zu schließen, und den Anspruch einzulösen, der sich aus ihrer Identität als Soziologin ergeben hat, den sie aber im Rahmen ihrer Berufstätigkeit nicht (voll) einlösen konnte. Um an die Vergangenheit anschließen zu können, ist es aber, so unterstellt Frau Brüning an dieser Stelle nötig, dass sie sich wieder lernend in soziologische Theorien einarbeitet. Es ist ihr Ziel, vielleicht in einem Forschungsprojekt mitzuarbeiten und damit eine Seite der Soziologie für sich zu realisieren, die sie im Beruf nicht realisieren konnte, weil er wesentlich reproduktiv im Sinne der bloßen Anwendung von Wissen war. Gleichwohl beschreibt sie ihre Berufstätigkeit keineswegs ganz fern von ihren Erfahrungen und Ansprüchen als Soziologin. Mit großer Begeisterung erzählt sie von einem Soziologie-Professor. „Das hat mich immer ungemein fasziniert, so diese, äh, ich würde jetzt mal sagen, so diese Universal-Genies, das fand ich immer was total Spannendes". Und – ohne indes direkt darauf Bezug zu nehmen – erzählt sie an einer anderen Stelle von den übergreifenden, an sie als Leiterin des Sozialreferats gestellten Wissensansprüchen, die durchaus eine strukturelle Nähe zur Arbeit als Soziologin an einer Universität anzeigen. „Jetzt muss ich, bin ich natürlich mehr oben und muss immer wieder versuchen, diese Dinge zueinander zu bringen und auch äh, zu schauen, wie, wie, wie krieg ich, wie krieg ich sie in, in einen Gesamtblickwinkel oder wie stimmt die Gesamtrichtung und wie justiere ich diese Dinge aus".

Die Bewegung der Bildungsbiographie II lässt sich als Verknüpfung einer kontinuierlichen Linie des Fortgangs mit der eines diskontinuierlichen Sprungs (späteres Wiederaufgreifen, Überspringen einer Lebensphase), von Steigerung und Kreis beschreiben. Mit dem antizipierten Übergang in die Lebensphase der Nach-Berufstätigkeit schließt Frau Brüning in zweifacher Hinsicht an frühere Lebensphasen an: Zum einen ist sie mit diesen durch eine durchgehende Kontinuität des Lernens und überhaupt der Beschäftigung mit modernen Sprachen verbunden, zum anderen besteht in Bezug auf ihre Identität als Soziologin nur eine unterbrochene und somit diskontinuierliche Kontinuität.

Üblicherweise begreift man Übergänge nur als vorwärts gerichtet. Der Fall Brüning demonstriert einen Übergang, der erst durch den Rückbezug auf eine frühere Lebensphase entsteht. Es handelt sich insofern um eine Art nachgeholten Übergang. Als ein solcher, erst zeitversetzt möglicher Übergang bestimmte er die Gestalt I der Bildungsbiographie. Im Sinne ihrer Schließung vollendet ist diese Gestalt erst, wenn auch nur im Modus der Vorstellung, wenn damit ein offener Zukunftshorizont umrissen ist, wie er die Bildungsgestalt II mitkonstituiert. Übergänge verlaufen also weder grundsätzlich nur eindimensional noch nur linear. In ihnen können mehrere Übergänge ineinander verschränkt sein, die in unterschiedlichem Tempo nacheinander oder parallel zueinander verlaufen. Auch können Übergänge eher rekursiv[11] als linear in der Zeit verlaufend strukturiert sein.

---

[11] Zur „rekursiven Bildung" vgl.: Kade und Nolda 2012.

2.2 Schule – Berufstätigkeit – Hausfrau – Berufstätigkeit – Nach-Berufstätigkeit (TN 58)

2.2.1 Kurzportrait

Frau Mahnsfeld ist 1946 geboren. Nachdem die Mutter ihr nicht erlaubt hatte, die Schule bis zum Abitur zu besuchen, macht Frau Mahnsfeld 1961, auch das noch gegen Widerstand, die Mittlere Reife. Danach absolviert sie eine zweijährige Lehre zur Bürogehilfin und arbeitet im Anschluss als Sekretärin, zunächst in einer Arztpraxis, dann im Krankenhaus, bis sie 1969 heiratet. Sie hat drei Kinder, nach der Trennung 1979 erzieht sie die Kinder alleine. 1983/1984 („die Kinder brauchen mich nicht mehr"), dem Zeitpunkt des ersten Interviews, ist sie dabei, die Rolle als Nur-Hausfrau aufzugeben und wieder berufstätig zu werden. Von 1985 an arbeitet sie zunächst 8 Jahre wieder als Sekretärin in einem Krankenhaus, dann seit 1993 für 16 Jahre als (Chef-)Sekretärin in der Pharmaindustrie. Seit 2006 befindet sie sich in der sogenannten Altersteilzeit. 2009, zum Zeitpunkt des zweiten Interviews, arbeitet sie nicht mehr. Sie bereitet sich auf die Zeit der Nach-Berufstätigkeit vor.

2.2.2 Bildungsgestalt I

(1) **Übergang Hausfrau – Beruf** Für Frau Mahnsfeld war die Tätigkeit als Hausfrau, trotz der geringen gesellschaftlichen Wertschätzung, immer der „tollste Beruf, den man haben kann". Explizit setzt sich von den geistig desinteressierten Frauen ab, denen sie auf dem Kinderspielplatz begegnet. Für sie selbst bot gerade der Beruf der Hausfrau auf Grund der mit ihm verbundenen Freiheit, zu entscheiden, was sie am Tag machen will, die Möglichkeit, verstärkt an Kursen der Volkshochschule teilzunehmen und sich so „geistig weiterzuentwickeln". Die für die nähere Zukunft geplante Wiederaufnahme einer beruflichen Vollzeittätigkeit ist für Frau Mahnsfeld keine lange ersehnte (Lebens-)Perspektive, sie trauert aber auch nicht bereits der Zeit als Vollzeit-Hausfrau nach. Eher antizipiert sie die Unumgänglichkeit des Übergangs.

In der bildungsbiographischen Erzählung sind zwei Lernerfahrungen von besonderer Bedeutung: ein zum Zeitpunkt des Interviews von ihr besuchter Kurs in Wirtschaftsenglisch und die Teilnahme an Malkursen. Frau Mahnsfeld unterscheidet beide, im Kontext der Volkshochschule stattfindende Kurse unter dem Aspekt dessen, was dafür von ihr verlangt wird, und dessen, was diese Kurse jeweils für sie leisten. Während Englischkurse, in denen ja „jeder etwas lernen will", mit Anstrengung verbunden sind, dienen Malkurse der Entspannung.

Beide Lernerfahrungen sind auf den Übergang in die (Vollzeit-) Berufstätigkeit bezogen. Den Sprachkurs bezeichnet Frau Mahnsfeld als Vorbereitung. „Jetzt mache ich eben gerade Wirtschaftsenglisch, weil ich das beruflich nützen möchte". Einen direkten Ansatzpunkt zum Englischlernen bieten Übersetzungserfahrungen, die Frau Mahnsfeld in einer zum Zeitpunkt des Interviews ausgeübten Tätigkeit in einem Reisebüro macht. Locker setzt dieses auf eine zukünftige berufliche Tätigkeit bezogene Englischlernen frühere (nachschulische) Lernerfahrungen fort. Das Lernen von „Wirtschaftsenglisch" bezieht Frau Mahnsfeld, als „Vorbereitung", auf eine bereits antizipierte, in Vollzeit ausgeübte Berufstätigkeit.

Obwohl Frau Mahnsfeld das Malen nicht in Verbindung mit einer antizipierten erneuten Berufstätigkeit bringt, bekommt auch diese Lernpraxis ihre besondere Bedeutung erst durch den Bezug auf diesen Übergang. Am Malen bringt Frau Mahnsfeld eine ihre Individualität stabilisierende Kontinuität ihres individuellen, emotional stark in ihrer Person verankerten Interesses zur Sprache, das die berufliche Diskontinuität des Übergangs von der Vollzeithausfrau zur Vollzeitberufstätigen übergreift. Das kontinuierliche Interesse am Malen bedeutet für ihr sich in der Zeit veränderndes Selbst einen beinahe durchgehenden festen Bezugspunkt. Sie hat sich „immer sehr für moderne Malerei interessiert". „Und da kam ich eigentlich dahin, dass ich eigentlich auch gerne selbst malen möchte, malen können möchte. Also erst war das theoretische Interesse da". Die moderne Malerei habe sie „eigentlich während der Schulzeit noch", so betont sie, „unheimlich gefühlsmäßig angesprochen".

Das Thema Malen stellt damit für Frau Mahnsfeld eine prononcierte Kontinuität zwischen gegenwärtigen Lernerfahrungen und ihrer Lern-Vergangenheit her. In diesem bildungsbiographischen Horizont beleuchtet sie die Malkurse insbesondere durch den Vergleich mit negativen Schulerfahrungen. Der Volkshochschulkurs kann nämlich in der Schule Vergessenes „rausgraben", auch wenn dabei Grenzen gesetzt sind. Zugleich stellt sie ihre an den Kurs gebunden Malerfahrungen in den Kontext der positiv von ihr, mit ausdrücklichem Neid beschriebenen Art und Weise, wie ihre Kinder malen (lernen). „Meine Kinder malen ganz anders, da beneide ich eigentlich Kindern drum, dadurch habe ich eigentlich auch Lust gekriegt zu malen– Ich finde es toll, die Kinder die setzen sich hin, ein Blatt Papier und ein paar Stifte und malen drauf los, einfach so spontan. Kommt immer was und irgendwo, die überlegen sich einfach gar nicht so viel. Das geht einfach. Und das finde ich schade, das kann ich nicht. Und das möchte ich eigentlich gerne können. Da beneide ich meine Kinder. Ich sitze dann da und habe total blackout und weiß gar nicht, überhaupt wie anfangen oder was ich überhaupt malen will, also total hilflos".

Neben den Kursen besucht Frau Mahnsfeld auch Ausstellungen, jedoch ohne fachkundige Führung, wie sie wiederum mit einer Abwehrhaltung gegenüber jeder Art von Fremdbestimmung („auf Kommando") sagt. Zugleich betont sie ihren be-

sonderen „theoretischen" ja, fast wissenschaftlichen Anspruch, mit einem Akzent
auf die Selbständigkeit ihrer Aneignung:

> *Aber da gehe ich ja deshalb hin wegen der Theorie einfach, dass ich dann vorbe-
> reitet bin. Aber die Bilder selbst will ich dann so auf mich wirken lassen. Da will ich
> mir jetzt nicht vorschreiben lassen, was der jetzt gemeint hat oder warum der das so
> und so gemalt hat. Irgendwo will ich mir die Interpretation die will ich einfach selbst
> machen. Also ich finde, man kriegt das dann zu sehr vorgekaut bei den Führungen,
> und das hindert einen dann auch selbst Gedanken darüber zu machen.*

Ein weiterer von Frau Mahnsfeld hervorgehobener Lernkomplex betrifft einen
Kurs im Kontext der Kindererziehung. Ein Montessorikurs war der „erfolgreichste
Kurs, den ich je gemacht habe". Das Wissen, das sie dabei erwirbt, befähigt sie, das
Urteil der Grundschullehrerin über ihren Sohn, er sei Legastheniker, in Frage zu
stellen. Es gelingt ihr, mit Kenntnissen, die sie in einem Volkshochschulkurs, aber
auch begleitend dazu durch die Lektüre von entsprechenden Büchern, über die
Montessoripädagogik gewonnen hat, mit der Hilfe häuslicher Übungen dem Sohn
die Fähigkeit, fehlerlos zu schreiben, beizubringen. Sie bringt das von ihr erworbene pädagogische Wissen auch darin betont zum Ausdruck, dass sie erzählt, wie sie
sogar einem Psychologen klar machen konnte, was man dagegen machen könne,
wenn Kinder als Legastheniker etikettiert werden.

Frau Mahnsfeld demonstriert daran, dass sie während ihrer Tätigkeit als Hausfrau eine quasi berufliche Kompetenz erworben hat. Die Volkshochschule fungiert
hier im prägnanten Sinne als Volks*hochschule*. Zugleich verdeutlicht TN58, dass
in ihrem Fall, anders als es das gesellschaftliche Werturteil nahe legen würde, zwischen der Lebensphase, in der sie Hausfrau war, und der Zeit der Berufstätigkeit
unter Aspekten von Kompetenz und geistigem Rege-Sein keine Diskontinuität besteht, vielmehr eine große Kontinuität. Ihr geplanter Übergang zu einer erneuten
Berufstätigkeit stellt sich insofern als Fortsetzung ihrer bisherigen (Hausfrauen-)
Tätigkeit in einer nur gewandelten sozialen Form dar.

2.2.3 Bildungsgestalt II

(1) Altersteilzeit: Übergang Berufstätigkeit – Nicht-mehr-Berufstätigkeit Die
zweite Bildungsgestalt von Frau Mahnsfeld ist durch einen zweifachen, ineinander verschränkten, gesellschaftlich institutionalisierten Übergang bestimmt, der
bereits prägnant im Wort Altersteilzeit zum Ausdruck kommt. Diese bezeichnet ein
in sich gegliedertes Ablaufmuster des gestaffelten Übergangs in die Rente. Gegen-
läufig zum Übergang vom Hausfrauenstatus zur Berufstätigkeit geht es nunmehr
um den Übergang von der Phase der Berufstätigkeit in die der Nicht-mehr-Berufs-

tätigkeit. Anders als dort ist die Phase der Nicht-Berufstätigkeit nunmehr negativ bestimmt. Sie ist nicht gewollt, sondern aus Altersgründen weitgehend, wenn auch nicht in jedem Ablaufschritt arbeitsrechtlich festgelegt, jedenfalls im historisch spezifischen, aber wandelbaren Kontext einer deutschen Berufskultur. Während im Rahmen der Bildungsgestalt I (1984) an der Hausfrauentätigkeit, als Zeit der Nicht-Berufstätigkeit, die Freiheit der Zeitgestaltung, der große Spielraum für den Besuch von vielfältig interessierenden Kursen hervorgehoben wird, wird im Kontext der Altersteilzeit die Strukturlosigkeit des Alltags, gewissermaßen die negative Seite der Freiheit, hervorgehoben, die das Nicht-mehr-Berufstätigsein hinterlässt, und zwar bereits in der Phase der Altersteilzeit.

Bildungsbiographisch bedeutungsvoll ist für Frau Mahnsfeld aber nicht nur dieser Übergang, gravierender noch ist der Altersaspekt. Sie stellt diesen Übergang – letztlich nach dem Modell der traditionellen Lebenskurve – als tiefgreifenden Wendepunkt im Lebenslauf dar. Das Leben geht nunmehr von einer Bewegung des Aufstiegs in eine Bewegung des Abstiegs ohne Zukunft über. Mit dem Übergang in die Rente sieht sie im Spannungsbogen des Lebenslaufs vom Noch-nicht zum Nicht-mehr ein endgültiges Ende gegeben, insofern einen absoluten Verlust.

Überlagert wird diese Diskontinuität von einer Erzählung, mit der Frau Mahnsfeld eine Kontinuität in ihrem Leben über alle möglichen Diskontinuitäten hinweg zur Darstellung bringt. Eine Kontinuität, aus deren Blickwinkel auch die Zeit der Hausfrauentätigkeit nur noch primär als vorübergehende, letztlich bedeutungslose Unterbrechung des beruflichen Tätigseins erscheint. Auf der Grundlage einer größeren Zahl von auf ihre nähere oder fernere Vergangenheit bezogenen Erzählungen lässt sich ein bis in die Kindheit zurückreichender kontinuierlicher Bildungsprozess rekonstruieren. Frau Mahnsfeld stellt sich als aktives Bildungssubjekt dar, das auch gegen Hindernisse beharrlich an seiner Entwicklung durch beständiges Lernen festhält. In diesem Zusammenhang finden sich auch Umdeutungen von Ereignissen, von denen bereits in Interview I die Rede war.

So bringt Frau Mahnsfeld in der bildungsbiographischen Erzählung von 2009 die nachhaltige Bedeutung zur Sprache, die ihre Mutter für ihren beruflichen Lebensweg und ihren Bildungsprozess gehabt hat. Anders als bei ihrer 6 Jahre jüngeren Schwester war ihre Mutter vehement gegen ihre weitere (Aus-)Bildung eingestellt, obwohl Frau Mahnsfeld vielseitig interessiert und eine „richtige Leseratte" war. Abitur zu machen, kam daher für sie überhaupt nicht in Frage. Nur gegen Widerstand konnte sie durchsetzen, wenigstens die Mittlere Reife machen zu können. Auch was die Ausbildung anging, nahm die Mutter keine Rücksicht auf den Wunsch der Tochter, Krankenschwester zu werden. Stattdessen zwang die Mutter sie aus finanziellen Gründen, eine nur zweijährige Ausbildung zur „Bürogehilfin" zu machen. Dennoch hat Frau Mahnsfeld ihren Berufswunsch nicht aufgegeben. Sie hält an ihm in den Grenzen der sich im Lebenslauf noch bietenden Korrekturmöglichkeiten fest und trägt ihm auf ihre eigene Art Rechnung. Nach ihrer Ausbildung hat sie zwar zunächst kurzzeitig (als Sekretärin) in einem Architekturbüro gearbeitet, dann aber über längere Zeit (nunmehr als Chef-Sekretärin) in verschiedenen Arztpraxen und Krankenhäusern. Erst die letzten 16 Jahre hat sie auf Grund besserer Bezahlung, also nicht aus einem Desinteresse an der Arbeit im Krankenhaus, – inhaltlich nunmehr leicht verschoben – in der Pharmaindustrie gearbeitet.

Auch an ihrem Lerninteresse und den damit verbundenen Ansprüchen hält TN58 fest. Zur Kompensation für das in der Phase des Aufwachsens erlittene Lerndefizit besucht sie im Laufe der Jahre insbesondere in der Volkshochschule eine große Zahl von Kursen zu unterschiedlichsten Themen. Diese Kurse belegt sie aus sehr verschiedenen Gründen: um sich beruflich bessere Chancen zu sichern, um Hilfe bei der Erziehung der Kinder zu erhalten und um mit dem Gefühl dauernder Überforderung besser umzugehen. Einen Spanischkurs belegte sie, weil einer ihrer Söhne in Spanien lebt und der dort lebende Enkel zweisprachig erzogen wird. Auch der soziale Aspekt ist ihr bei den Kursbesuchen wichtig. Zugleich haben im Laufe der Jahre die verschiedenen Kurse dazu geführt, dass sie inzwischen „weniger gehemmt und introvertiert" sei als vorher.

Während sich Frau Mahnsfeld etwa im Zusammenhang von Bildungsgestalt I über die Entwicklung ihrer geistigen Fähigkeiten und Interessen von anderen Hausfrauen positiv abgrenzt, nutzt sie dasselbe Argument im Zusammenhang von Bildungsgestalt II, um ihr Bemühen deutlich zu machen, dem „Verrosten" im Alter entgegenzuwirken. Leitend wird nun der Gedanke, etwas gegen den Abstieg als allgemeine Tendenz im Alter zu tun, sowohl was ihre geistige Vitalität als auch was ihre (beruflichen) Tätigkeiten angeht.

Jenseits dieser Differenzen betont Frau Mahnsfeld die durchgehende Kontinuität ihres Lernens. Sie stellt ihr Lerninteresse als ihr Persönlichkeitsmerkmal, als natürliches, unhintergehbares Moment ihres Lebenslaufs dar. Lernen findet für sie selbstverständlich lebenslang statt: „Lebenslanges Lernen ist eigentlich so was Normales wie lebenslanges Essen". Man lernt immer und überall – so stellt sie heraus –, ob in Kursen oder außerhalb davon, auch durch Kindererziehung, auch im und nach dem Beruf muss man sich ständig weiterbilden. Erkennbar wird so eine – im Spannungsverhältnis von Entwicklung und Erhaltung stehende – Kontinuität des Lernens, die unterschiedliche Lebensphasen übergreift und die Individualität ihrer Person ausmacht: eine Kontinuität des Selbstbildes einer selbständigen, unabhängigen, vielfältige Herausforderungen aktiv angehenden, einer vielseitig interessierten, problematische Lebenssituationen antizipierenden, kreativen und neugierigen Frau.

2.3 Differenzorientierte Anspruchsindividualitäten – ein Zwischenfazit

Die analysierten Fälle stehen für zwei grundlegende Varianten von Anspruchindividualität in Bildungsbiographien. Im Fall Mahnsfeld wird die Entwicklung der Individualität von Erfahrungen auf der sozialen Ebene angestoßen. Sie läuft über die *soziale Differenz Abweichung/Konformität*, und dies sowohl in der Bildungsgestalt von 1984 wie auch in der Bildungsgestalt von 2009. Frau Mahnsfeld entwickelt in beiden analysierten Bildungsgestalten ihre Individualität gegenüber und in Abweichung von Erwartungen und Zuschreibungen, die in der Familie, institutionell oder von der Gesellschaft gemacht werden. Die Unterschiede zwischen beiden Bildungsgestalten betreffen zum einen spezifische Erfahrungsbereiche, in denen sich die Individualität der Befragten herausbildet, zum anderen soziale Formen, über die der Bildungsprozess (pädagogisch) strukturiert wird.

In der Bildungsgestalt I konstituiert Frau Mahnsfeld ihre Individualität als (positiv konnotierte) Abweichung von einem gesellschaftlichen Normalbild der Hausfrau. In der Bildungsgestalt II konstituiert Frau Mahnsfeld ihre Individualität als Anspruch auf eine zweifache (positive) Abweichung, zum einen vom gesellschaftlichen Normalbild des interesselosen älteren Menschen, zum anderen von dem eines eher ‚ungebildeten‘ Menschen ohne Abitur und Studium. Was die Bedeutung des Alters angeht, so teilt Frau Mahnsfeld zwar gesellschaftliche Vorstellungen von einem mit Erreichen des 65. Lebensjahres markierten Wendepunkt, sie sieht aber durchaus – und nimmt dies für sich in Anspruch – die Möglichkeit, dem (unvermeidlichen) geistigen Abstieg entgegenzuwirken, ihn zu verzögern, hinauszuschieben, ja, in diesem Sinne die Zukunft jenseits natürlicher Entwicklungsgesetze individuell (für sich) offen zu halten, man könnte sagen: statt eines Wendepunktes nur einen Übergang zu sehen.

Durch beide Bildungsgestalten hindurch zieht sich ein inhaltsoffenes Lerninteresse. Der Bezug auf Lernen wird dabei zu einem zentralen Individualitätskennzeichen. Diese Bindung wird im Zusammenhang der Bildungsgestalt II insofern noch einmal enger, als das lebenslange Lernen als konstitutives Merkmal dargestellt wird. Über den Bezug auf das Lernen wird dann auch die Kluft zwischen Berufstätig-Sein und Nicht-mehr-berufstätig-Sein überbrückt. Lernen wird zum Medium, in dem sich auch gravierende Übergänge vollziehen und damit Kontinuität über Diskontinuitäten hinweg hergestellt wird.

Im Fall von Frau Brüning ist die für die Entwicklung ihrer Individualität maßgebliche Differenz nicht – und dies in beiden ihrer Bildungsgestalten – die soziale Differenz Abweichung/Konformität, sondern die *temporale Differenz Kontinuität/ Diskontinuität*. Sie durchzieht und bindet beide Bildungsgestalten erstaunlich eng

aneinander, und zwar in einer Bewegungslogik, die der Form biographischer Rekursivität folgt, die in einer Kreisbewegung ihren Abschluss in der Bildungsgestalt
II findet, darin mündet. Es geht nicht wie im Falle von Frau Mahnsfeld um das
Entdecken eines zunächst verborgenen Selbst, sondern um das zeitübergreifende
Festhalten an einem Selbst, das keineswegs naturgegeben, sondern erst durch Bil-
dungs- und Lernerfahrungen hervorgebracht worden ist. In der Bildungsgestalt I
tritt im Übergang von Schule zum Studium eine Differenz zwischen institutionell
zugestandenem Sprachenlernen, nämlich dem der alten Sprachen, und einem ihre
Individualität ausmachenden Interesse am Erlernen moderner Sprachen. Erst mit
dem Studium tritt ein Möglichkeitshorizont hervor, in dem für Frau Brüning ihr
Interesse an modernen Sprachen einen Platz findet. Ein Interesse, das Frau Brüning, beginnend mit dem Studium, bis in das von ihr antizipierte Alter thematisiert. In dieser Hinsicht gibt es deutliche Unterschiede zwischen den beiden Bildungsgestalten.

Keine Unterschiede gibt es indes, was das Insistieren auf einem Interesse an modernen Sprachen angeht, das als Möglichkeitshorizont in der Schule entstanden
war, dort aber nicht realisiert werden konnte. Beide Bildungsgestalten verweisen
zugleich auf ein tiefes Interesse an der Soziologie. Anders als das Interesse an modernen Sprachen rührt es nicht aus der Schulzeit auf einem altsprachlichen Gymnasium, sondern aus dem Studium her. Dieses Interesse trifft mit dem Ergreifen
eines Berufs auf Grenzen seiner Realisierung. Aufgegriffen wird das in ihrer Person
verankerte Interesse im Blick auf das, was sie nach dem Ende der Berufstätigkeit
auf Grund der freien Zeit machen kann und machen will. Auch wenn sich im Laufe
der Berufstätigkeit zwischen ihr und dem Soziologin-Sein eine thematische und
zum Teil auch strukturelle Nähe entwickelt, es bleibt, wie aus den Erzählungen über
die Zeit nach der Berufstätigkeit erkennbar wird, gleichsam ein unerfüllter Rest-
anspruch, mit dem sich Frau Brüning auf ihre Zukunft im Alter einstellt, und den
sie auch erst dort erfüllen kann.

3   Kontingente gesellschaftliche Kontexte

Die vorangehend analysierten Bildungsgestalten sollen im Folgenden – im Hinblick auf die Umfangsbeschränkung eher skizzenhaft – in ihrer Abhängigkeit von
zeitlich bestimmten relevanten Kontexten erläutert werden. Damit werden die
gesellschaftlichen Beschränkungen ebenso wie die Möglichkeiten erkennbar, vor
deren Hintergrund die Bildung und Performanz von Individualität stattfindet.[12]

---

[12] Diese Abhängigkeit ist von Foucault (1973) in Bezug auf die jeweils in einer Zeit und einer
Gesellschaft herrschenden Diskurse und des dadurch bedingten Sagbaren quasi paradigma-
tisch aufgezeigt worden.

3.1 Interview-Konstellationen

Die in den 1980er Jahren durchgeführten Interviews sind innerhalb eines zunächst auf die Teilnahme an organisierter Erwachsenenbildung bezogenen Forschungsprojekts entstanden. Dies kann als Verallgemeinerungen erschwerende Verengung, aber auch als Ausdruck der damaligen Selbstverständlichkeit der Nutzung von Angeboten organisierter, speziell öffentlich geförderter Erwachsenenbildung wie der Volkshochschule gesehen werden. Sie wurde in dieser Zeit nicht nur massiv ausgebaut, sondern verstand sich bei aller Solidität auch als Motor und Resonanzboden gesellschaftlicher Entwicklungen (etwa auch der Frauenbewegung).

Dieses fortschrittlich-gesellschaftskritische Element ist als Grundierung auch in den Fragen und Antworten der damals fast gleichalten Interviewer und Interviewten zu erkennen, in denen Autonomie und Widerstand thematisiert werden und in denen es häufig zu einem Einverständnis zwischen den Gesprächspartnern und zu einer Abgrenzung gegenüber traditionellen Formen des Lebens und Lernens kommt.

In den Interviews der zweiten Welle besteht zwischen den (hier) Interviewten und den Interviewern dagegen ein Generationsgefälle, in dem beispielsweise Berufsanfänger auf Personen stoßen, die sich am Ende ihrer Berufstätigkeit befinden. Es finden sich aber auch Abgrenzungen – etwa wenn Frau Brüning sich im ersten Interview gegen die vom Interviewer nahegelegte autoritätskritische Haltung gegenüber Kursleitern ausspricht.

Auffällig ist schließlich der Unterschied zwischen den knappen, das Privatleben eher aussparenden Interviews mit Frau Brüning, die an deren Arbeitsplatz durchgeführt wurden, und den demgegenüber ausführlicheren Interviews mit Frau Mahnsfeld, die in ihrer Wohnung stattfanden.

3.2 Alters- und geschlechtsbezogene Normalvorstellungen

(1) Die Individualität von Frau Mahnsfeld konstituiert sich in der Bildungsgestalt I durch eine pointierte, nachdrücklich explizite Absetzung von gesellschaftlichen (Vor-)Urteilen, hier das gegenüber Nur-Hausfrauen („schlechtes gesellschaftliche Prestige"): Frau Mahnsfeld vermeidet nicht die Hausfrauentätigkeit, sondern sie behandelt diese, wenn auch gegeben, als Gelegenheit zur Verfolgung umfangreicher und ambitionierter individueller Bildungsinteressen.

Die Bildungsgestalt II folgt – strukturell – demselben Muster der Individualitätsperformanz. Allerdings stellt Frau Mahnsfeld ihre Individualität nunmehr durch eine Abgrenzung von einem gesellschaftlich vorherrschenden Altersbild dar, das die Entwicklungsdynamik mit 65 gewissermaßen für beendet erklärt. Sie demonstriert ihre Individualität in dieser Hinsicht auch an Überlegungen, nach dem Ende Berufstätigkeit noch ein Seniorenstudium zu machen, um so die frühe Festlegung ihres Bildungswegs durch die Mutter später noch einmal auf Grund der entwickelten Bildungsbiographie selbst in Frage zu stellen.

(2) Für Frau Brüning spielt die Auseinandersetzung mit auf Frauen bezogenen Normvorstellungen anscheinend keine Rolle. Sie setzt sich vielmehr gegen indirekte Festlegungen ihrer (vermutlich traditionell gutbürgerlichen) Herkunftsfamilie durch, indem sie sich für das Anfang der 1980er Jahre noch als gesellschaftskritisch-avantgardistisch geltende Studium der Soziologie entscheidet. Ihre Lebensform als alleinstehende Frau mit einem fordernden Beruf und darüber hinaus gehenden Interessen stellt sie als selbstverständlich dar.

Wenn sie dann am Ende ihrer Berufstätigkeit plant, sich wieder intensiv mit Soziologie zu beschäftigen und Italienisch zu lernen, knüpft sie zwar an das Studium und ihre früheren Sprachlernaktivitäten an, weicht aber in der Bildungsgestalt II von Altersstereotypen insofern ab, als sie eine neue Sprache lernt und indem sie mit der Soziologie ein Gebiet wählt, mit dem sich üblicherweise im Rahmen eines Studiums oder eines wissenschaftlichen Berufs beschäftigt wird.

3.3 Pädagogische Institutionalisierungsformen

(1) Die Bildungsgestalt I von Frau Mahnsfeld ist fokussiert auf Institutionen, und dabei insbesondere auf Kurse und Veranstaltungen der Volkshochschule. Formen des selbstorganisierten Lernens jenseits dieser institutionellen Struktur sind für sie kein Thema, obwohl der Interviewer sie mit seinen Fragen mehrfach auf diese Fährte zu locken versucht. Ein Anspruch auf Autonomie, auf Selbsttätigkeit, auf Selbstbestimmung des eigenen Bildungsprozesses wird von Frau Mahnsfeld aber gleichwohl zur Sprache gebracht, jedoch bezogen auf den mit bestimmten Lehrstilen verbundenen Aneignungsspielraum. Was TN58 an der Schule kritisiert, ist die dort herrschende Erwartung an die Schüler, „auf Kommando" zu lernen. Demgegenüber hebt sie an Volkshochschulkursen, und insbesondere an einem Malkurs, hervor, dass es dort darum ging, in der Schule verschüttete Motive und Interessen zu entdecken. In diesem Zusammenhang bekommen auch die großen Auswahlmöglichkeiten ihr besonderes Gewicht, die mit dem Volkshochschulangebot gegeben sind.

In der Bildungsgestalt II besteht diese Fokussierung auf die institutionell organisierte, professionell betreute Weiterbildung nicht mehr. Es werden Lernprozesse im Kontext beruflicher Arbeit zur Sprache gebracht und dann vor allem Lernprozesse, die auf der selbständigen Nutzung von den eher traditionellen Massenmedien und neuerdings insbesondere auf der Nutzung des Internet beruhen.

(2) Bei Frau Brüning ist die Anbindung des Lernens an (bestimmte) pädagogische Institutionen schon in der Bildungsgestalt I deutlich geringer. Die Volkshochschule ist hier nur eine Einrichtung neben anderen, die Frau Brüning eher
aus Zeit- und Kostengründen aufsucht und in deren Rahmen auch Entgrenzungen
stattfinden, wie etwa die privat organisierte Fortsetzung eines nicht mehr angebo-
tenen Kurses. In Bezug auf Sprachen fungieren zudem auch fremde Länder bzw.
Ferienkurse als ‚Lernorte'. Die Lehrmethoden einzelner Kursleiter betrachtet sie
durchaus kritisch. Wichtig ist ihr ein gutes ‚Gruppenklima', das den Rückzug ermöglicht und gleichzeitig das Lernen fördert.

Soweit die Bildungsgestalt II durch berufliches Lernen bestimmt ist, betont
TN29 das unmittelbare Lernen von anderen ‚on the job' und ‚on demand' – etwa
durch Hospitationen oder durch die Einweisung am Computer durch ihre Sekretärin. In dem in der Bildungsgestalt II imaginierten Weiterlernen nach Ende der
Berufstätigkeit scheint die eventuelle institutionelle Anbindung irrelevant: Wo und
wie sie Italienisch lernen und sich mit soziologischen Fragen beschäftigen will,
bleibt unklar.

3.4 Thematische Kulturen

Wenn Frau Mahnsfeld im ersten Interview relativ ausführlich und mit spürbarer
Begeisterung von den von ihr besuchten Malkursen spricht, schließt sie an einen
auch und gerade, aber nicht nur die Volkshochschule betreffenden Diskurs an, der
die 1980er Jahre zu einem nicht unerheblichen Maße prägte. Gemeint ist die unter
dem Stichwort „Kultur für alle" (vgl. Hoffmann 1979) zusammenfassbare Pro-
grammatik, nach der einerseits die Exklusivität des Zugangs zu Kunst und (Hoch-)
Kultur aufgebrochen werden sollte, und andererseits der Wandel von der Vermittlung kunsthistorischen Wissens zur Förderung künstlerischer Eigentätigkeit (vgl.
Albus 1987) verbunden war.

In der Bildungsgestalt II ist es das Internet als Wissens- und Informationsquelle,
das eine vergleichbare Begeisterung bei Frau Brüning auslöst: „Das ist– also das
Internet finde ich so was Tolles. Ich könnte ohne nicht mehr leben". Vor dem Hintergrund ihrer einstigen Exklusion von Bildung ist diese Emphase verständlich –
eine Einstellung, die sie der erheblich jüngeren Interviewerin, die alltäglich-selbst-
verständlich mit dem neuen Medium umgeht, erst erklären muss.

(2) Frau Brüning verwendet schon im ersten Interview, vor allem, wenn sie sich
über Kurse äußert, auffallend häufig das – zunächst unauffällige – Wort „Gruppe" oder auch „Gruppensituation". Sie greift damit einen soziologischen Begriff
auf, der sowohl in der Soziologie der 1970er Jahre eine große Rolle spielt als auch
in den durch die Studentenbewegung geprägten Alltag eingedrungen ist. Mit der

Gruppendynamik war dann eine Verbindung von (psychoanalytischer und gesell-
schaftskritischer) Theorie und praktischer Anwendung im Alltag von Arbeits- und
Lerngruppen gefunden, die in der Erwachsenenbildung stark rezipiert wurde (vgl.
Brocher 1986).

Diese Bezüge werden nicht explizit hergestellt, an der Sprache der Interviewten
ist aber das Phänomen des Einsickerns von Theorie (vgl. Beck und Bonss 1989) zu
beobachten und eine nunmehr selbstverständlich erscheinende Perspektive auf das
Lernen als Lernen in Interaktion mit anderen.

Während es im ersten Interview aber noch um die Überwindung von Angst
ging, wechselt im zweiten Interview die Perspektive auf das Umgehen mit Gruppen.
Frau Brüning berichtet auch davon, wie sie im Beruf mit Vertretern verschiedener
Interessen(-gruppen) umgeht, etwa bei Sanierungen mit Bauleuten und Einwoh-
nern auf erprobte Verfahren des Umgangs mit anderen Meinungen und Sichtweisen zurückgreift. Die Bildungsgestalt II ist damit eher von der Auseinandersetzung
mit Gruppen im Kontext des Berufs bestimmt als mit Gruppenkonstellationen
im Kontext von Kursen. Der Bezug auf sie ist in der Bildungsgestalt II indes nicht
gänzlich geschwunden. Hatte Frau Brüning im ersten Interview noch die Schwierigkeit einer (vom Kenntnisniveau her) heterogenen Teilnehmerzusammensetzung
beschrieben, plädiert sie im zweiten Interview für gemischte Kursgruppen.

3.5   Pädagogische Kulturen

(1) Pädagogische Kulturen sind durch ihr je spezifisches Verhältnis von Lernen
und Lebensführung bestimmt. In der Bildungsgestalt I von Frau Mahnsfeld ist das
Lernen ein wesentliches Mittel zur „Steigerung der Lebensqualität". Sie lernt nach
dem Bedarf, der sich aus ihrer jeweiligen Lebenssituation ergibt, z. B. Kinderzie-
hung, Scheidung oder beruflicher Neuanfang. Dabei handelt es sich auch um eine
Art des Lernens auf Vorrat, das auf der Antizipation von Erwartungen basiert, die
in der Zukunft möglicherweise an sie gerichtet werden könnten. Lernen wird so
zu einem kontinuierlichen Bezugspunkt verschiedener, punktueller Lebens- und
Entwicklungsphasen (vgl. auch Kade und Seitter 1996, insbes.: 128 ff.). Diese Bildungsgestalt verweist nicht mehr auf einen kulturell verankerten Bildungskanon,
sondern auf ein gesellschaftliches Bildungsprogramm (verdichtet im Programm
der Volkshochschule), das dem einzelnen – im Modus einer lockeren Kopplung
von Lernen und Lebensführung – als „Infrastruktur der Lebensführung" (vgl.
Kade 1997) zur Verfügung gestellt wird und die er nach individuellen Präferenzen
und zeitlichen Möglichkeiten (individuell kontingent, insgesamt aber mit gewisser
Wahrscheinlichkeit) nutzen kann. Das Lebenslange Lernen hat insofern eine Form,

in der es als eine Gelegenheitsstruktur, als ein offener Möglichkeitsraum für individuelle Bildungsprozesse seine gesellschaftliche Realität hat. Es ist ein sich in der Zeit entwickelnder, mit dem Lebenslauf mitlaufender Bezugspunkt der Strukturierung des Lebens.

In der Bildungsgestalt II fungiert das Lebenslange Lernen dann bereits als eine Art Weltanschauung, die den Menschen in einen homo paedagogicus verwandelt. Innerhalb der Bildungsgestalt II ist das Lebenslange Lernen in das Subjekt eingewandert. Es ist zum Persönlichkeitsmerkmal geworden, das (wiederum) fest mit dem Einzelnen verknüpft ist; und zwar als dauerhafte, kontinuierlich abrufbare Lernbereitschaft (vgl. Nolda 2004), die diskontinuierlich, nach individuellen Präferenzen und Notwendigkeiten aktiviert werden kann. Auf dieser Entwicklungsstufe des Lebenslangen Lernens sind die Verknüpfungsmodi fester Kopplung von Lernen und Leben (Lernen als Persönlichkeitsmerkmal) und lockerer Kopplung (situativ episodische Auswahl) miteinander verschränkt. Frau Mahnsfeld spricht in diesem Sinne davon, dass das Lernen für sie so „natürlich" sei wie das Essen. Lernen wird zu einem unverzichtbaren Lebensmittel, das jenseits seiner konkreten Verbesserung der „Lebensqualität" bereits seine Bedeutung hat, nämlich als Sinnstiftung. Lernen wird zum stabilen, kontinuierlich vorhandenen Bezugspunkt, an dem der einzelne einen festen Halt in einem kontingenten Lebensverlauf finden kann. Lernen wird zum Gravitätskern von Individualität.

(2) Frau Brüning erlebt das außerschulische Lernen zunächst als Befreiung von schulischen Restriktionen und als Mittel der Aneignung der modernen Welt. Die Entscheidung für die Sprachen Russisch und Spanisch könnte auf eine Anziehung durch politisch linke Positionen zurückzuführen sein, wie sie in der Vergangenheit in Russland und in der (damaligen) Gegenwart in einigen Ländern Südamerikas zu realisieren versucht wurden. Diese Annahme wird durch die Mitteilung unterstützt, dass sie auch Kurse zur politischen Bildung besucht hat.

Wenn Frau Brüning sich nach Beendigung ihrer Berufstätigkeit wieder mit einer modernen Sprache, dem Italienischen, und wieder mit ihrem ehemaligen Studienfach beschäftigen will, so zeigt sich darin eher eine Rückkehr: zum einen zu den bildungsbürgerlichen Präferenzen, mit denen sie aufgewachsen ist, und zum anderen zur Zeit vor ihrer Berufstätigkeit, wo es nicht um das wiederholte Vertreten von Positionen gegenüber verschiedenen Personen oder Gremien, sondern um das Entdecken von Neuem ohne unmittelbare Verwertungsabsicht gegangen ist.

3.6   (Zeit-)Kulturen des Lebenslaufs

Bildungsgestalten sind immer Antworten auf eine gegenwärtige Problemstellung der Individualitätskonstitution, der Herstellung individueller Einheit und Kontinuität. Unter dem Aspekt der Zeit lassen sich die Antworten danach unterscheiden, wie sie den Vergangenheits- und den Zukunftsbezug in der Gegenwart in ein Verhältnis setzen.

(1) Im Falle von Frau Mahnsfeld gibt es in dieser Hinsicht einen deutlichen Unterschied zwischen der Bildungsgestalt I und II. Die Vergangenheit, auf die die Bildungsgestalt I Bezug nimmt, sind zum einen die weiter zurück liegenden Lernerfahrungen, die Frau Mahnsfeld an der Schule gemacht hat. Und zum anderen die Lernerfahrungen, die sie in der näher zurückliegenden Zeit als Hausfrau, in den letzten 15 Jahren gemacht hat. Diese kontrastieren mit ihren Lernerfahrungen in der Schule. Sie stellen insofern einen Neubeginn dar. Auf sie ist ihre zukünftige (berufliche) Lebenssituation bezogen. Die gegenwärtigen Lernerfahrungen bilden darauf bezogen einen eher kontinuierlichen Übergang. Die Gegenwart beschreibt also den Ort, an dem ein Kontrast- bzw. Diskontinuitätsverhältnis in ein Kontinuitätsverhältnis transformiert wird.

Die Vergangenheit, auf die die Bildungsgestalt II von Frau Mahnsfeld Bezug nimmt, reicht bis in lebensgeschichtliche Phase des Aufwachsens zurück. In dieser Lebensphase wird durch das Bildungsdesinteresse bzw. -verbot der Mutter einerseits und durch das bildungsinteressierte individuelle Engagement von Frau Mahnsfeld andererseits ein grundlegendes bildungsbiographisches Spannungsverhältnis begründet. Aus ihm heraus entsteht eine Bildungsdynamik, die in einer diskontinuierlich-kontinuierlich verlaufenden, persönlichen und beruflichen Aufstiegsbewegung ihre lebenslange, lern- und entwicklungsbezogene Verlaufsform findet. Bezogen darauf wird das altersbedingte Ende der Berufstätigkeit als tiefer Einschnitt, ja, als Wendepunkt vom Aufstieg zum Abstieg, zum Verschwinden der Zukunft erfahren. Die das bisherige Leben prägende Entwicklungsdynamik wird gewissermaßen zurückgebogen. Eine linear-akkumulierende, zukunftsgerichtete Vorwärtsbewegung des Bildungsprozesses geht über in eine zirkulär-rekursive Rückkehrbewegung in die Vergangenheit.

(2) Bei Frau Brüning sind es die vergleichsweise kurz zurückliegenden Lernerfahrungen zwischen Schule und Berufseintritt, die ihre durch das Interview hergestellte Bildungsgestalt bestimmen und diese vom schulischen Lernen abheben. Auf dieser Basis hat TN29 einen soziologischen Blick entwickelt. Er zeigt sich beispielsweise an den Beschreibungen von Kursen, wenn Frau Brüning über Gruppen und Rollenverhalten oder von dem „sozio-kulturellen Zusammenhang" von Sprachen spricht. Die Gegenwart des Berufsbeginns tritt noch nicht deutlich hervor, sie ist am ehesten als zeitlich bedingte Verhinderung selbstbestimmter Bildung und damit als Diskontinuität erkennbar.

Wie im Falle von Frau Mahnsfeld knüpft auch die Bildungsgestalt II von Frau Brüning an Erfahrungen in der Vergangenheit an. Sie hat, was ihr berufliches Handeln angeht, gelernt, sich mit verschiedenen Positionen auseinanderzusetzen, den Überblick zu behalten und Verbindungslinien zwischen verschiedenen Akteuren und Abteilungen zu ziehen. Damit kann sie anknüpfen an Erfahrungen im Studium, wo sie Dozenten mit entsprechenden Fähigkeiten bewundert hat („wenn Leute mit so einem brei-, ganz breiten Hintergrund immer wieder irgendwelche Verbindungen herstellen konnten"). Hier scheint ein Transfer gelungen zu sein, der die Welt der Wissenschaft mit der der Berufspraxis in einer Verwaltung verbindet. Auf ihre Pläne nach dem Berufsende bezogen greift sie demgegenüber beinahe ungebrochen auf das zwischen Schulende und Berufsanfang erworbene Muster des verwertungsfreien Lernens zurück. Die durch den Beruf gegebene Diskontinuität erscheint an dessen Ende deutlich abgeschwächt.

4   Bildungsbiographische Individualitäten als Antwort auf Instabilitäten und Diskontinuitäten gesellschaftlicher Kontexte

Bildungsbiographien eignet trotz aller zum Teil tiefgreifenden Veränderungen in den Lebensläufen im Zeitraum von 25 Jahre unter dem Gesichtspunkt differenter Individualitäten eine insgesamt hohe Stabilität. Bei Frau Brüning wie bei Frau Mahnsfeld bleiben über beide Bildungsgestalten hinweg zum einen die spezifische Erfahrungsebene erhalten, auf der Individualität sich strukturiert (Erfahrungen auf der sozialen oder auf der temporalen Ebene) und zum anderen auch der Typus der Bildungsbewegung (linear-progressiv versus zirkulär-rekursiv). Diese Stabilität über größere Zeiträume hinweg muss vor dem Hintergrund der im vorangehenden Kapitel dargestellten Instabilität der Kontexte (Pädagogische Institutionalisierungsformen, Pädagogische Kulturen, Gesellschaftliche Themen, Lebensalter) erstaunlich erscheinen.

Man könnte in der beobachteten bildungsbiographischen Stabilität eine empirische Unterfütterung der bekannten Bourdieuschen These von der ‚biographischen Illusion' (1990) sehen, denen Individuen unterliegen, wenn sie sich ihrer gesellschaftlichen Einbettungen nicht bewusst sind und von ihnen abstrahieren. In einem anderen Licht jedoch erscheint das Verhältnis von individuell differenten bildungsbiographischen Erzählungen und wesentlichen Kontexten, in die sie eingebettet sind, im Bezugsrahmen neuerer Erzähltheorie (vgl. Koschorke 2012). In diesem Rahmen können Bildungsbiographien als Ort der Individualitätsperformanz begriffen werden, also als ein Schau- und Aushandlungsplatz, auf dem aktuelle, vergangene und zukünftige Lebensereignisse gegenwartszentriert unter dem Aspekt von Individualität kommunikativ integriert werden. Sie sind eine exponierte Form der Bearbeitung der an Individuen in modernen Gesellschaften gerichteten Erwartung, eine Individualität auszubilden.[13] Die vorangehend erläuterten Formen der Stabilität von Bildungsbiographien (linear-progressiv und zirkulär-rekursiv) sind entsprechend als differente, individuell spezifische Antworten auf Erfahrungen kontingenter Kontexte zu lesen, in die die Artikulation von Individualität in der Zeit und Biographien im Zeitverlauf eingebettet sind. Die Bildungsbiographie von Frau Brüning gewinnt insbesondere ihre Stabilität im Zeitverlauf über einen im Alter, nach der Beendigung der Berufstätigkeit stattfindenden, explizit zur Sprache gebrachten rekursiven Bezug auf einen Persönlichkeitskern, also auf ein inneres Selbst, das in früher Jugend bereits fest begründet ist. Demgegenüber gewinnt die Bildungsbiographie von Frau Mahnsfeld ihre Stabilität über tieferliegende, sich iterativ im Prozess verfestigende strukturelle Kontinuitäten, auf die sich differente Erfahrungen im Lebenslauf – aus einer Beobachterposition zweiter Ordnung – zurückführen lassen. Beiden Stabilitätsversionen ist die Abhebung von Individualitätsvorstellungen gemeinsam, die sich am Typus eines (eher traditionellen) Modells orientieren, nach dem individuelle Stabilität im Lebensverlauf auf Vorstellungen einer prozessunabhängigen (einfachen) Stabilität beruht.

Diese bildungsbiographischen Strukturmodelle referieren zunächst auf differente Erfahrungen, die Individuen im Lebensverlauf machen. Sie reflektieren aber auch kulturell, in einem Modus trägen Wandels, entwickelte Schemata der Selbstbeschreibung. Wenn Individuen ihr Leben in der einen oder anderen Weise erzählen, greifen sie immer – im Modus individueller Aneignung – auf ein sich nur in größeren Abständen wandelndes gesellschaftlich bereitgestelltes Reservoir von (Kommunikations-)Formen der Beschreibung von Individualität zurück.[14] In modernen Gesellschaften sind diese Beschreibungsformen immer auch Ausdruck der Temporalisierung der Selbst- und Weltdeutung (Koselleck). Zentral ist dabei die Unterscheidung zwischen Beschreibungsschemata, die das individuelle Leben als prinzipiell zukunftsoffen, als linear-vektorielle Bewegung in der Zeit, und solchen, die es als geschlossen, im Sinne einer zyklisch-zirkulären Prozessform von Individualität beschreiben. Im einen Fall bilden sich biographische Bedeutungen und Strukturen, damit eine stabile Individualität durch die im Prozess wiederholte Anwendung von „Selektionsmechanismen" (vgl. Saake 2006, S. 135). Im anderen

---

[13] Vgl. Koschorke 2012; aus systemtheoretische Sicht sind Erzählungen eine „Inklusionspraxis, die sich der Reduktion von Komplexität verdankt" (Saake 2006, S. 99).

[14] Ralf Bohnsack spricht von „Orientierungsmustern", Peter Alheit von „Beschreibungsformaten", Niklas Luhmann von „Formen" oder auch von „Schemata".

Fall stabilisieren sich biographische Bedeutungen durch die Schwerkraft von „Ursprungsszenen" (Reh 2001). Bildungsbiographien melden *unmittelbar* den Anspruch der Kommunikation von und über Individualität" an.[15]

Diese Differenzierung zwischen vektoriellen und zirkulären Prozessformen wird in der neueren Diskussion zur Prozesshaftigkeit von Individualität für die Unterscheidung zwischen Biographie und Karriere genutzt (vgl. Lehmann 2011; Kade und Nolda 2012). Die Beschreibungsform Biographie stellt einzelne Lebensereignisse in einem für die Individualität einer Person bedeutungsvollen Zusammenhang dar. Sie ist wesentlich zirkulär strukturiert. Aus dem Blickwinkel der Beschreibungsform Karriere hingegen werden Lebenslaufereignisse – im Zeichen von Fortschritt – auf die Bedeutung hin selektiert, die sie als Schritte hin auf zu erreichende (berufliche) Ziele in einer als offen-gestaltbar gedachten Zukunft haben (vgl. Kade und Nolda 2012). Insofern folgt die Karriere dem Muster einer vektoriellen Zeitbewegung. Beide Beschreibungsformen geben der Gegenwart als operativem Ort bildungsbiographischer Erzählungen eine jeweils spezifische Bedeutung. Im Fall der (modernen) Karriere ist die Offenheit der Gegenwart für eine kontingente Zukunft konstitutiv für die Struktur der biographischen Erzählung. Im Falle der Biographie besteht die Offenheit der Gegenwart für die Zukunft nur scheinbar, von ihr kann daher in der Erzählung abstrahiert werden. Der Erzähler steht gewissermaßen außerhalb der biographischen Erzählung. Die Bildungsbiographie gilt als durch ein Gesetz festgelegt, das im Selbst gründet. Dieses entsteht nicht erst in der Zeit. Es handelt sich vielmehr um einen Bildungsprozess, in dem Individualität sich entfaltet. Sie wird entdeckt und kommunikativ sichtbar gemacht, nicht erst hervorgebracht. Dies impliziert, dass in der Erzählung am Ende zum Anfang zurückgekehrt, dieser bestätigt und in diesem Sinne die eigene Entwicklungsgeschichte in die Individualitätsgestalt integriert wird. Stabilität wird in diesem Fall durch Redundanz, Wiederholung, durch Herstellung von Geschlossenheit, durch Rekursivität, durch Zirkularität gewonnen.

Im Lichte dieser Unterscheidung stellt sich im Falle von Frau Mahnsfeld die Bildungsgestalt I als eine Bildungskarriere dar, die in eine Berufsbiographie übergeht. Die Bildungsgestalt II beschreibt demgegenüber einen Berufs- und Bildungsaufstieg, der einerseits in einen beruflichen Abstieg übergeht, andererseits aber zur einer Transformation der Bildungsbewegung von einer vektoriellen Steigerungsbewegung in eine, in die Breite der Lebensbereiche sich zerstreuende Bewegungsrichtung führt. Im Falle von Frau Brüning dagegen tritt die Bildungsgestalt I als

---

[15] So eine Formulierung von Rudolf Stichweh (1998, S. 232; Hervorhebung von JK/SN) bezogen auf die Romantische Liebe als eines der wichtigsten ‚Programme' zur Kommunikation von Individualität.

Bildungsbiographie auf, die mit dem Beginn der Berufskarriere abgeschlossen wird. Invers dazu beschreibt die Bildungsgestalt II das Ende einer Berufskarriere, an die nunmehr die Wiederkehr einer bildungsbiographischen Strukturierung des Lebenslaufs anschließt. Eine vektorielle Prozessform wird damit an eine zyklische Prozessform zurückgebunden.

Beide Konstellationen von Bildungsbiographie und Bildungskarriere sind auf den Zeitraum zwischen 1984 und 2009 bezogen. Er wird zum gesellschaftlichen Möglichkeitsraum für Individuen, ihre Individualität entweder in der Form der Biographie oder der Form der Karriere zu erleben. Unsere Analysen (vgl. etwa Kade und Nolda 2012) deuten an, dass dabei die Beschreibungsmuster Biographie und Karriere keineswegs einander so inkompatibel sind, wie der neuere, auf Luhmann sich berufende Diskurs zum Karrierebegriff annimmt.[16] Karrieren und Biographien kommen in bildungsbiographischen Erzählungen gleichermaßen vor. Sie können aufeinander folgen, sie können für segmentär spezifizierte Lebensbereiche maßgeblich sein oder es kann zwischen ihnen oszilliert werden. Solche Modalitäten der Verknüpfung von zyklisch-zirkulären Prozessformen (Biographie) und linear-vektoriellen Prozessformen (Karriere) verweisen keineswegs zwangsläufig auf die bekannte „Ungleichzeitigkeit des Gleichzeitigen". Sie kann auch Ausdruck eines Formenwandels von Bildung in einer in sich wesentlich differenten Moderne sein, gerade auch im Hinblick auf individuelle „Selbstbeschreibungen als Weltbeschreibungen" (vgl. Saake 2006). Die Verknüpfung von zyklischen und vektoriellen Prozessformen würde dann den Typus einer rekursiv-dynamischen Bildungsbewegung kennzeichnen, der einerseits von einem Willen zur Schließung bestimmt ist, andererseits aber auch durch den Willen zur Überschreitung der Grenzen des Bisherigen und der Generierung von Neuem, und dies über alle Lebensalter hinweg. Bildungsbiographien sind – und das erhellen die Analysen – immer auch offene Programme zukünftiger Individualität, die in der Gegenwart der Erzählung als „bestimmt-unbestimmte" (vgl. Ehrenspeck und Rustemeyer 1996) Möglichkeit des Anderswerdens rekonstruierbar werden.

Als performative Leistung bewegt sich Individualität damit im Spannungsfeld zwischen der Aufführung von Vorgegebenem, der Aktualisierung von Latentem und der Entwicklung von Neuem. Sie ist bezogen auf die aktuelle Gegenwart als Ort der Performanz, sie reicht aber immer auch in gedeutete Vergangenheiten und imaginierte Zukünfte hinein. Bezogen auf Individualität und diese produzierende Bildungsgestalten verbietet das Konzept bildungsidealistische Annahmen ebenso wie zynische Illusionsdiagnosen. Stattdessen sind es eher mühselig zu rekonstruierende, von Ereignis zu Ereignis im Lebenslauf voranschreitende und sich zurück-

---

[16] Vgl. in dieser Hinsicht grundlegend: Lehmann 2011; kritisch dazu Kade 2013.

wendende Bewegungen zwischen Einordnung und Abweichung, die die performativen Bemühungen der einzelnen um Bildung differenzorientierter Anspruchsindividualitäten kennzeichnen, und die sich – wenn überhaupt – nur über mehrfache interne Vergleiche von Bildungsgestalten und externe Abgleichungen mit unterschiedlichen, sich wandelnden Kontexten erfassen lassen. Um die Dynamik der Performanz von Bildungsgestalten und Anspruchsindividualitäten angemessen rekonstruieren zu können, wird man jedoch stärker, als dies hier geschehen ist, den Blick auf bildungsbiographische Umbrüche und die Ambivalenzen richten müssen, die im Wandel kultureller Kontexte in den Bildungsgestalten, jeweils zwischen 1984 und 2009, zur Darstellungen kommen. Individualität gewinnt ihre Kontur nur in der Auseinandersetzung mit gesellschaftlich vorgespurten Normal-Bildungswegen. Das ist eine Trivialität. Aber wie dies geschieht, das harrt weiterer Bearbeitung.

Literatur

Albus, Sybille. 1987. *Kulturelle Eigentätigkeit als Lernprozess. Einführung für Kursleiterinnen und Kursleiter an Volkshochschulen.* Frankfurt a. M.: Pädagogische Arbeitsstelle des Deutschen Volkshochschul-Verbandes.

Beck, Ulrich, und Wolfgang Bonss. 1989. *Weder Sozialtechnologie noch Aufklärung? Analysen zur Verwendung sozialwissenschaftlichen Wissens.* Frankfurt a. M.: Suhrkamp.

Brocher, Tobias. 1968. *Gruppendynamik und Erwachsenenbildung. Zum Problem der Entwicklung von Konformismus oder Autonomie in Arbeitsgruppen.* Braunschweig: Westermann.

Bunia, Remigius. 2010. Das eingebildete Individuum. *Merkur* 64 (8):664–672.

Ehrenspeck, Yvonne, und Dirk Rustemeyer 1996. Bestimmt unbestimmt. In *Pädagogische Professionalität. Untersuchungen zum Typus pädagogischen Handelns*, Hrsg. Arno Combe und Werner Helsper, 368–390. Frankfurt a. M.: Suhrkamp.

Fischer, Monika E., und Jochen Kade. 2012. Qualitative Längsschnittstudien in der Erwachsenen- und Weiterbildungsbildungsforschung. In *Handbuch Qualitative Erwachsenen- und Weiterbildungsforschung*, Hrsg. Burkhard Schäffer und Olaf Dörner, 612–625. Opladen: Verlag Barbara Budrich.

Foucault, Michel 1973[1969]. *Archäologie des Wissens.* Frankfurt a. M.: Suhrkamp.

Goffman, Ervin. 1969. *Wir alle spielen Theater. Die Selbstdarstellung im Alltag.* München: Piper.

Hoffmann, Hilmar. 1979. *Kultur für alle. Perspektiven und Modelle.* Frankfurt a. M.: Fischer-Taschenbuch-Verlag.

Kade, Jochen. 1985. Diffuse Zielgerichtetheit. Rekonstruktion einer unabgeschlossenen Bildungsbiographie. In *Pädagogische Biographie Forschung. Orientierungen, Probleme, Beispiele*, Hrsg. Dieter Baake und Theodor Schulze, 124–141. Weinheim und Basel: Beltz.

Kade, Jochen. 1997. Vermittelbar/nicht-vermittelbar: Vermitteln: Aneignen. Im Prozess der Systembildung des Pädagogischen. In *Bildung und Weiterbildung im Erziehungssystem. Lebenslauf und Humanontogenese als Medium und Form*, Hrsg. Dieter Lenzen und Niklas Luhmann, 30–70. Frankfurt a. M.: Suhrkamp.

Kade, Jochen. 2011. Vergangene Zukunft im Medium gegenwärtiger Bildungsbiographien. Momentaufnahmen im Prozess des Biographisierens von Lebenslaufereignissen. *BIOS, Zeitschrift für Biographieforschung, Oral History und Lebensverlaufsanalysen* 24 (1): 29–52.

Kade, Jochen. 2012. Bildungstheorie und Bildungsforschung. In *Handbuch Qualitative Erwachsenen- und Weiterbildungsforschung*, Hrsg. Burkhard Schäffer und Olaf Dörner, 37–49. Opladen: Barbara Budrich.

Kade, Jochen 2013. Form(en) der Individualität. *Zeitschrift für Erziehungswissenschaft* 16 (1): 195–205.

Kade, Jochen, und Christiane Hof. 2009. Die Zeit der (erziehungswissenschaftlichen) Biographieforschung. Theoretische, methodologische und empirische Aspekte ihrer Fortschreibung. In *Typenbildung und Theoriegenerierung. Perspektiven qualitativer Bildungs- und Biographieforschung*, Hrsg. Jutta Ecarius und Burkhard Schäffer, 145–167. Opladen: Verlag Barbara Budrich.

Kade, Jochen, und Sigrid Nolda. 2012a. (Bildungs-)Biographie und (Bildungs-)Karriere. Zur Rekonstruktion des Wandels von Bildungsgestalten zwischen 1984 und 2009. In *Qualitative Bildungsforschung und Bildungstheorie*, Hrsg. Ingrid, Miethe und Hans-Rüdiger, Müller, 281–308. Opladen: Barbara Budrich.

Kade, Jochen, und Sigrid Nolda. 2012b. Qualitative Forschungskulturen und Forschungsgestalten zum Lernen Erwachsener. In *Handbuch Qualitative Erwachsenen- und Weiterbildungsforschung*, Hrsg. Burkhard Schäffer und Olaf Dörner, 641–656. Opladen: Barbara Budrich.

Kade, Jochen, und Sigrid Nolda. 2012c. Rekursive Bildung. Neurahmungen vergangener Lernerfahrungen Erwachsener. In *Erwachsenenbildung und Lernen. Dokumentation der Jahrestagung 2011 der Sektion Erwachsenenbildung der DGfE in Hamburg*, Hrsg. Heide von Felden, Christiane Hof, und Sabine Schmidt-Lauff, 119–130. Baltmannsweiler: Schneider.

Kade, Jochen, und Wolfgang Seitter. 1996. *Lebenslanges Lernen - Mögliche Bildungswelten. Erwachsenenbildung, Biographie und Alltag*. Opladen: Leske & Budrich.

Keupp, Heiner, und Joachim Hohl, Hrsg. 2006. *Subjektdiskurse im gesellschaftlichen Wandel. Zur Theorie des Subjekts in der Spätmoderne*. Bielefeld: transcript.

Knoblauch, H. 1995. *Kommunikationskultur. Die kommunikative Konstruktion kultureller Kontexte*. Berlin: de Gruyter.

Kolesch, Doris 2009. Biographie und Performanz - Problematisierungen von Identitäts- und Subjektkonstruktionen. In *Handbuch Biographie. Methoden, Traditionen, Theorien*, Hrsg. Christian Klein, 45–53. Stuttgart: Metzler.

Koller, Hans-Christoph. 2012a. *Bildung anders denken. Einführung in die Theorie transformatorischer Bildungsprozesse*. Stuttgart: Kohlhammer.

Koller, Hans-Christoph. 2012b. Anders werden. Zur Erforschung transformatorischer Bildungsprozesse. In *Qualitative Bildungsforschung und Bildungstheorie*, Hrsg. Ingrid Miethe und Hans-Rüdiger Müller, 19–34. Opladen: Barbara Budrich.

Koschorke, Albrecht. 2012. *Wahrheit und Erfindung. Grundzüge einer allgemeinen Erzähltheorie*. Frankfurt a. M.: Fischer.

Koselleck, Reinhart 2010. Zur anthropologischen und semantischen Struktur der Bildung. In *Begriffsgeschichten. Studien zur Semantik und Pragmatik der politischen und sozialen Sprache*, Hrsg. ders., 105–158. Frankfurt a. M.: Suhrkamp.

Krüger, Helga. 2010. Lebenslauf: Dynamiken zwischen Biografie und Geschlechterverhältnis. In *Handbuch Frauen- und Geschlechterforschung. Theorie, Methoden, Empirie*, Hrsg. Ruth Becker und Beate Kortendiek, 219–227. Wiesbaden: VS Verlag für Sozialwissenschaft.

Lehmann, Maren. 2011. *Mit Individualität rechnen. Karriere als Organisationsproblem.* Weilerswist: Velbrück Wissenschaft.

Luhmann, Niklas 1993. *Individuum, Individualität, Individualismus.* In: *Luhmann, Niklas: Gesellschaftsstruktur und Semantik. Studien zur Wissenssoziologie der modernen Gesellschaft,* Bd. 3, 149–258. Frankfurt a. M.: Suhrkamp.

Menke, Christoph. 2007. *Kraft. Ein Grundbegriff ästhetischer Anthropologie.* Frankfurt a. M.: Suhrkamp.

Nassehi, Armin. 2006. *Der soziologische Diskurs der Moderne.* Frankfurt a. M: Suhrkamp.

Nolda, Sigrid 2004. Das Verdrängen des Lerners durch das Lernen. Zum Umgang mit Wissen in der Wissensgesellschaft. In *Online-Lernen und Weiterbildung,* Hrsg. Dorothee M. Meister, 29–42. Opladen: VS Verlag für Sozialwissenschaften.

Reh, Sabine. 2001. Textualität der Lebensgeschichte – Performativität der Biographieforschung. *Handlung, Kultur, Interpretation* 10 (1): 29–49.

Rosenberg, Florian v. 2011. *Bildung und Habitustransformation: Empirische Rekonstruktionen und bildungstheoretische Reflexionen.* Bielefeld: Transcript.

Saake, Irmhild 2006. Selbstbeschreibungen als Weltbeschreibungen. Die Homologie-Annahme revisited. *Sociologica Internalis* 44 (1–2): 99–140.

Seitter, Wolfgang. 1999. *Riskante Übergänge in der Moderne. Vereinskulturen, Bildungsbiographien, Migranten.* Opladen: Leske & Budrich.

Stichweh, Rudolf. 1998. Lebenslauf und Individualität. In *Lebensläufe um 1800,* Hrsg. Jürgen Fohrmann, 223–234. Tübingen: Niemeyer.

Welzer, Harald. 1993. *Transitionen. Zur Sozialpsychologie biographischer Wandlungsprozesse.* Tübingen: edition diskord.

Wirth, Uwe. 2002. *Performanz. Von der Sprachphilosophie zu den Kulturwissenschaften.* Frankfurt a. M.: Suhrkamp Wissenschaft.

Zirfas, Jörg, und Benjamin Jörissen. 2007. *Phänomenologie der Identität. Human-, sozial- und kulturwissenschaftliche Analysen.* Wiesbaden: VS Verlag für Sozialwissenschaften.

Bildung als Randerscheinung? Zum Umgang mit Wissen in Lebenswelten

Juliane Giese und Jürgen Wittpoth

Erziehungswissenschaft im Allgemeinen und Erwachsenenpädagogik im Besonderen interessieren sich seit geraumer Zeit verstärkt für informelle, selbstgesteuerte Formen des Lernens. Von einer Verständigung darüber, *was* mit Begriffen wie ‚Selbststeuerung‘, ‚Selbstorganisation‘, ‚informelles Lernen‘ genauer bezeichnet werden soll, kann bislang kaum die Rede sein; das gilt auch für die Frage, *was* gelernt wird bzw. werden soll. Eine Art impliziter Übereinkunft besteht jedoch darüber, *wo* diese Formen des Wissenserwerbs vorzugsweise anzusiedeln sind: diesseits professioneller pädagogischer Unterweisung und außerhalb von Bildungsinstitutionen. Im (internationalen) Diskurs der Erwachsenenbildung wird gerade darin die Möglichkeit gesehen, das ‚lifelong learning *for all*‘ zu realisieren, da es, anders als in der Reformeuphorie der 1970er Jahre gedacht, offensichtlich nicht gelungen ist, den überwiegenden Teil der Menschen zur periodisch wiederkehrenden Teilnahme an formellen Angeboten von Bildungsinstitutionen zu bewegen (vgl. etwa OECD 1996). Das selbstgesteuerte, informelle Lernen – als ‚Bildung Erwachsener‘ der institutionalisierten ‚Erwachsenenbildung‘ gegenüber gestellt – ist damit nicht nur Gegenstand besonderen Interesses, sondern eine Art Hoffnungsträger, wird weithin positiv konnotiert (zur Kritik vgl. Wittpoth 2009).

Bestimmt man den Zusammenhang, in dem informelles Lernen sich ereignet, nicht nur negativ (‚außerhalb von …‘), dann liegt es nahe, es als *Lernen in Lebenswelten* zu verstehen. Auch der Lebenswelt-Begriff wird nicht einheitlich verwandt, es gibt jedoch einen Bedeutungs*kern*, von dem recht einvernehmlich ausgegangen

J. Giese (✉) · J. Wittpoth
Institut für Erziehungswissenschaft Erwachsenenbildung Weiterbildung,
Ruhr-Universität Bochum, Universitätsstraße 150, 44801 Bochum, Deutschland
E-Mail: juliane.giese@rub.de

J. Wittpoth
E-Mail: juergen.wittpoth@rub.de

F. von Rosenberg, A. Geimer (Hrsg.), *Bildung unter Bedingungen kultureller Pluralität,*   155
DOI 10.1007/978-3-531-19038-9_9, © Springer Fachmedien Wiesbaden 2014

wird. Unter Bezug auf grundlegende Arbeiten vor allem von Schütz, Luckmann und Blumenberg lässt sich dieser Kern knapp skizzieren.

1   Wissen und Lernen in der Lebenswelt

Lebenswelt kann als jene Wirklichkeit verstanden werden, die „der wache, normale Erwachsene in der natürlichen Einstellung als schlicht gegeben vorfindet" (Schütz und Luckmann 2003, S. 53).[1] Dabei ist ‚schlicht gegeben‘ alles, was wir als fraglos erleben, was für uns bis auf weiteres unproblematisch ist (vgl. ebd., S. 29). In dieser Welt handelnde Menschen greifen auf einen *Wissensvorrat* zurück, der weniger als Ergebnis rationaler Denkvorgänge denn als Ergebnis der Ablagerung und Aufschichtung subjektiver Erfahrungen zu verstehen ist (vgl. ebd., S. 173).

Nach dem Grad ihrer reflexiven Verfügbarkeit lassen sich Elemente dieses Wissensvorrates unterscheiden:

a. Jeder Erfahrung als ein ‚Untergrund‘, als ‚unmittelbare Gegebenheit‘ vorausgesetzt ist unser ‚Wissen‘ um die zeitliche, räumliche und soziale Gliederung des Erlebens: Situationen haben einen Anfang und ein Ende, die Welt ist uns nur in Teilen zugänglich, und in ihr treffen wir auf Andere (vgl. ebd., S. 154, 193).
b. Davon nicht trennscharf abzugrenzen sind verschiedene Arten des Routine- oder *Gewohnheitswissens*, wie etwa Fertigkeiten, Gebrauchs- und Rezeptwissen (vgl. ebd., S. 156 ff.). Sie sind durch ihre Fraglosigkeit gekennzeichnet, ständig ‚griffbereit‘, ohne Aufmerksamkeitszuwendung verfügbar. Damit weisen sie eine paradoxe Relevanzstruktur auf: sie sind zugleich von größter und von untergeordneter Relevanz, für Handeln unverzichtbar, aber nicht als *Wissens*formen gegenwärtig (vgl. ebd., S. 160).
c. Demgegenüber werden ‚*spezifische Elemente*‘ des Wissensvorrats aus besonderen Erfahrungen gewonnen und sind thematisierbar. Der Unterschied zwischen Gewohnheits- und spezifischem Wissen lässt sich am Beispiel des Erwerbs und Gebrauchs von Fremd- und Muttersprache veranschaulichen. Während man erstere *als* Sprache erlernt (und sich an Umstände, Mühen und Erfolge dieses Prozesses in der Regel erinnern kann), entwickelt man sich *in* der Muttersprache, bedient sich ihrer, denkt *in* ihr.

---

[1] Wir beschränken uns hier auf deren Kern, die ‚Lebenswelt des Alltags‘, von der Schütz und Luckmann vor allem Traum- und Phantasiewelten unterscheiden (vgl. ebd., S. 29, 66 ff.). Damit verzichten wir zugleich auf den Versuch, die Begriffe Lebenswelt und Alltag dezidiert voneinander zu unterscheiden. Ein solcher wäre immer nur unter Bezug auf einzelne Autoren, deren Verständnisse voneinander abweichen, ertragreich und ist für den hier zu entwickelnden Gedankengang nicht erforderlich. Vielmehr gehen wir mit Blumenberg (s. u.) davon aus, dass mit Lebenswelt *und* Alltag in erster Linie Konstellationen bezeichnet werden, in denen ein besonderer Modus der Bezugnahme auf Welt regiert, und um diesen Modus geht es uns.

Ein solcher Wissensvorrat reicht für die Bewältigung von Handlungsanforderungen so lange aus, wie zwischen Anforderung und verfügbarem Wissen eine ‚routinemäßige Deckung‘ besteht (vgl. ebd., S. 277). Im weiteren Sinne – der wiederholten Bestätigung dessen, was man immer schon ‚wusste‘ – lernt man auch dann, aber für den Erwerb ‚neuen‘ Wissens gibt es keinen Anlass. Erst wenn ein Problem auftaucht, wenn eine aktuelle Erfahrung nicht in einen im Vorrat abgelagerten Typus hineinpasst, muss die Situation oder die Erfahrung neu ausgelegt werden. Man greift nach Maßgabe der Situationsbestimmung, des Wissensstandes und der in ihm gegebenen Interpretationsschemata auf neue Wissenselemente zu, die ihrerseits vor-ausgelegt sind (vgl. ebd., S. 285).

Wesentlich für ‚Lernen in der Lebenswelt‘ ist dann zweierlei:

a. Der Vorgang der Auslegung wird abgebrochen, „wenn das in der Auslegung konstituierte Wissen zur Bewältigung der Situation ausreicht. Vielerlei Auslegungsmöglichkeiten bleiben demnach irrelevant" (ebd., S. 200).
b. Eine Verträglichkeit neuer Wissenselemente mit bestehenden muss nicht hergestellt werden; was im Rahmen eines formal-logisch geordneten Systems in Widerspruch gerät, muss in der natürlichen Einstellung nicht kollidieren (vgl. ebd., S. 217).

Zusammenfassend kann Lebenswelt damit verstanden werden als „Inbegriff von Erfolgen der Stabilisierung des Lebens" (Blumenberg 2010, S. 15), als eine „Sphäre der Unverlegenheit" (ebd., S. 14).[2] Dies wird noch deutlicher, wenn man – mit Blumenberg – die Unterscheidung zwischen ‚natürlicher‘ und ‚theoretischer Einstellung‘, die bei Schütz und Luckmann durchaus gegenwärtig ist, ins Zentrum der Betrachtung stellt:

Lebenswelt wird dann als ‚Negat der Wissenschaft‘ beschreibbar (vgl. ebd., S. 35), als die Welt, in der „Philosophie *noch nicht* möglich […] und *nicht mehr* nötig ist" (ebd., S. 33), als die „Totalität des noch nicht begonnenen, noch nicht erahnbaren, noch nicht einmal als Möglichkeit zu begreifenden Unternehmens ‚Theorie‘" (ebd., S. 28). Sie ist durch eine Tendenz zur Selbstverständlichkeit geprägt, auf Selbsterhalt und Funktionssicherheit orientiert und lässt daher keinen Spielraum für die Vorstellung, dass das je Gegebene auch anders sein könnte (vgl. ebd., S. 165). Wer „in der Lebenswelt lebt, ‚weiß‘ *zu genau*, was alles auf sich hat und was er inmitten dieses Aufsichhabens zu tun hat, als dass er nach Erkenntnis Verlangen haben könnte" (ebd., S. 52). Das bedeutet nicht, dass die Lebenswelt eine „Idylle der Vertrautheit und Traulichkeit" (ebd., S. 81) darstellt, und man muss sie sich auch nicht als ‚intellektuell tot und gleichgültig‘ vorstellen (vgl.: ebd.). Vielmehr hat man

---

[2] „Verlegenheit ist geradezu Symptom des Lebensweltverlustes, des Durchschlagens der Kontingenz aufs Verhalten. Man hat keine Erklärungen, aber man weiß, wie es gekommen ist und wie es zusammenhängt" (ebd., S. 14).

mit dem Leben und dessen Erhalt so vollauf zu tun, „dass jedes Bedürfnis nach Gründen und Erklärungen, nach Reflexion nicht nur die Unmittelbarkeit dieses Lebensvollzuges störte, sondern auch die Sicherheit aus der ungebrochenen Konzentration auf seine Erhaltung" (ebd., S. 84).

‚Das Andere' der lebensweltlichen Gewissheit (natürlichen Einstellung) ist demnach die *theoretische Einstellung*, die nichts als bewährt akzeptiert (vgl. ebd., S. 56), Begründungen einfordert, Bewusstheit nicht primär als Störung, sondern als Erfüllung betrachtet (vgl. ebd., S. 173). Damit ist zugleich deutlich, dass Lebenswelt nicht substantialistisch verstanden werden kann, als „etwas in der Zeit Datierbares und etwa im Raum bestimmter Kulturen Lokalisierbares" (ebd., S. 79). Vielmehr tendieren kulturelle Systeme generell „auf die Herstellung von Lebenswelten und, bei deren Verlust, auf ihre Wiederherstellung" (ebd., S. 59). Deutlich wird dies etwa an ‚Verlebensweltlichungen' in der gesellschaftlichen Sphäre, die die theoretische Einstellung ihr eigen nennt und kultiviert, der Wissenschaft. Dort entwickeln sich immer wieder akademische Schulen zu scholastischen Enklaven, in denen der ‚universale Umwälzungscharakter' des theoretischen Prozesses stillgestellt wird (vgl. ebd., S. 56).[3]

In einer *wissenssoziologischen* Perspektive ist es interessant, ‚lebensweltlich gebundenes Lernen' oder – etwas allgemeiner formuliert – Formen und Funktionen des Umgangs mit Wissen sowie dessen Bedeutungen in Lebenswelten zu beobachten. Das werden wir im Folgenden (Kap. 2) am Beispiel zweier ‚kleiner sozialer Lebenswelten' in Anlehnung an Hitzler und Eberle (2004) und Hitzler und Honer (1984) tun: Der Hexenszene und einem Verband von Umweltaktivisten, zweier Welten also, in denen der Common Sense unterschiedliche Arten des Umgangs mit Wissen erwarten wird. Als ‚klein' werden solche Lebenswelten nicht deshalb bezeichnet, weil sie räumlich oder von der Menge ihrer Mitglieder her überschaubar wären, sondern vielmehr, weil in ihnen „die Komplexität *möglicher* Relevanzen reduziert ist auf ein *bestimmtes* Relevanzsystem" (Hitzler und Eberle 2004, S. 116). Als ‚sozial' werden sie apostrophiert, weil „dieses Relevanzsystem intersubjektiv verbindlich ist für gelingende Partizipation" (ebd.).

In einem *bildungswissenschaftlichen* Kontext ist die Neugier dann noch einmal besonders gerahmt. Denn einerseits wird dem ‚Lernen in der Lebenswelt' nicht eben wenig zugetraut: auf der europäischen Ebene etwa die Schaffung eines ‚dynamischen Wirtschaftswachstums bei gleichzeitiger Stärkung des sozialen Zusammenhalts' (vgl. Kommission der Europäischen Gemeinschaften 2000, S. 6).[4]

---

[3] Böhme und von Engelhardt stellen dementsprechend eine Analogie zwischen der Bedeutung von Krisen in der Lebenswelt und ‚Revolutionen' in der Wissenschaft (im Sinne Kuhns) her (vgl. dies. 1979, S. 21 ff.).

[4] Ähnlich hohe Erwartungen gibt es in fast allen einschlägigen Erklärungen supranationaler Organisationen zum ‚lifelong learning' seit etwa Mitte der 1990er Jahre; einen Überblick gibt Schemmann (2007).

Andererseits ist das ‚Lernen' im skizzierten Sinne das Andere der ‚Bildung', wie die ‚natürliche Einstellung' des Andere der ‚theoretischen Einstellung' ist. Denn während die Lebenswelt bestimmt ist durch die Totalität des Vorurteils, durch Begründungslosigkeit, die Verteidigung *gegen* Erkenntnis und Erklärung, gilt (in der Erwachsenenbildung[5]) derjenige als gebildet, „der in dem ständigen Bemühen lebt, sich selbst, die Gesellschaft und die Welt zu verstehen und diesem Verständnis gemäß zu handeln" (Deutscher Ausschuss 1963, S. 20), man könnte auch sagen, lebensweltliche ‚Selbstverständlichkeit' nicht auf sich beruhen zu lassen. Und das ist keine Frage des Geschmacks; die Begründungslosigkeit lässt sich zwar durch Funktionssicherheit rechtfertigen, aber „nicht für das Leben, sondern für das Bewusstsein, denn für das Leben kann die Lebenswelt durchaus tödlich sein, ohne dass dies das Bewusstsein trübt" (Blumenberg 2010, S. 90). Insofern wird abschließend (Kap. 3) nach dem Stellenwert des dargelegten ‚Umgangs mit Wissen' in zwei exemplarischen Lebenswelten für die ‚Bildung Erwachsener' zu fragen sein.

2 Umgang mit Wissen in der Hexenszene und bei Umweltaktivisten

Bei beiden exemplarisch[6] vorgestellten Szenen handelt es sich um ‚kleine soziale (Lebens-) Welten' im engeren Sinne.[7] Demnach ist eine „kleine soziale Lebens-Welt [...] ein intersubjektiv konstruierter Zeit-Raum situativer Sinnproduktion und -distribution, der im Tagesab- und Lebenslauf aufgesucht, durchschritten, ge-

---

[5] Das gilt zumindest für ihre ‚traditionelle' Gestalt. Aber wie immer man den Bildungsbegriff auch heute fasst, wird man ihn kaum ohne ein Moment von Reflexivität, ohne das Zulassen von Kontingenz, ohne die Thematisierung dessen, was in der Doxa ‚verschlossen' ist, denken.

[6] Im Rahmen einer laufenden, eher noch explorativen Studie soll der Umgang mit Wissen in verschiedenen lebensweltlichen Zusammenhängen untersucht werden. Über die hier verwandten hinaus liegen Daten von World-of-Warcraft-Spielern, Liferollenspielern, Mitgliedern eines Lauftreffs, Angehörigen der Poetry-Slam-Szene und Menschen, die sich der Pflege und dem Betrieb historischer Eisenbahnen widmen, vor. Beabsichtigt ist *zunächst*, eine möglichst breite Repräsentanz unterschiedlicher Arten von Domänenwissen zu erreichen und zu prüfen, in welchem Verhältnis das jeweilige Wissen zum Aktivitätskern der Szenen steht. Die Auswahl der Interviewpartner (zwei bis drei pro Szene) orientierte sich an der Dauer der Zugehörigkeit zu der jeweiligen kleinen sozialen Welt und der Intensität des Engagements. Eine erste Ausarbeitung zu den Hexen liegt vor in Wecke 2011.

[7] Anselm Strauss hat demgegenüber ein weiteres, offeneres Verständnis von ‚social worlds'. Er versteht sie als Universen regulärer wechselseitiger Reaktionen, kultureller Areale (z. B.: Oper, Ballet, Baseball), die nicht über formelle Mitgliedschaft, sondern über Kommunikation begrenzt werden. Sie bilden keine stabilen Formationen aus, vielmehr untergliedern sie sich ständig in Subwelten, die dann wiederum neue Verbindungen eingehen usw. (vgl. Strauss 1982). Auch sie eignen sich zur Analyse in der hier verfolgten Perspektive, sind in diesem Beitrag aber nicht Gegenstand.

streift wird, und der mehr oder minder wesentliche Elemente für das spezifisch moderne ‚Zusammenbasteln' […] persönlicher Identität bildet" (Honer 1985, S. 131). Sie ist gekennzeichnet durch eine definierbare Zwecksetzung, technisches und legitimatorisches Sonderwissen, Interaktionsgelegenheiten, freiwillige teilzeitliche Partizipation, Passageriten und ‚Karriere'-Muster (vgl. ebd., S. 131). Für die Analyse des Umgangs mit Wissen in Lebenswelten eignet sich diese soziale Form besonders, weil sie leichter identifizierbar und ‚ansprechbar' ist als lebensweltliche Zusammenhänge in einem weniger festen Aggregatszustand. Die beiden konkreten sozialen Welten – die Hexen- und Heidenszene sowie ein Verband von Umweltaktivisten – sind darüber hinaus recht hoch organisiert: Sie verfügen über nationale und internationale Netzwerke, kommunizieren mittels Newsletter u. ä.

Methodisch arbeiten wir in einer Haltung der ‚lebensweltlichen Ethnographie' mit Experteninterviews (vgl. Meuser und Nagel 2005), denen ein weiter Expertenbegriff zugrunde liegt (vgl. Bogner und Menz 2005), und die in der Eingangsphase biographieorientierte Elemente enthalten. Die Auswertung erfolgt in Anlehnung an die Dokumentarische Methode (vgl. Bohnsack 2003, S. 31–68).

2.1 „Das ist immer ne ewige- eine ewige Schulung, also es ist ein ewiger em Weiterarbeiten, es ist ein ewiges Studium. Das ist wichtig" (A3w, 112–114)

In der Hexenszene erfolgen Bezugnahmen auf Wissen in unerwarteter Formenvielfalt, Breite und Intensität. In deskriptiver Manier lassen sich zunächst *Formen und Orte* der Aneignung und Vermittlung von Wissen sowie *Arten* des verfügbaren Wissens unterscheiden.

2.1.1 Formen und Orte der Aneignung und Vermittlung von Wissen

Vor allem in der ersten Orientierungs- bzw. Einstiegphase, die durch ein eher diffuses Interesse, durch Suchbewegungen gekennzeichnet ist, spielen individuelle Buchlektüre und Internetrecherchen eine große Rolle:[8]

> Also man man stolpert da auf dem Weg erst mal so entlang, (.) ehm hauptsächlich, indem man (.) ja, die (.) typische Literatur, die einem angeboten wird, (.) liest. Das sind (.) zu Beginn, erst mal Bücher (.), die so'ne Art Leitfaden für Hexen […] das-sind alles so (.) Bücher in denen drinsteht, (.) ehm, was man alles – natürlich in deren

---

[8] Bei den Interviewpartnerinnen handelt es sich um eine 42jährige Bürokraft (A1w), eine 41jährige Diplom-Sozialpädagogin (A2w) und eine 40jährige selbständige Einzelhändlerin (A3w).

> Shops – alles kaufen muss, welche Räuchermischungen, welche Kerzen, in welchen
> Farben und wo man die hinstellen muss und in welche Richtung man laufen muss
> und auch welches Gedicht man dazu man dazu auf-@sagen muss@. (A1w, 117–130)
> hab dann irgendwie a- (.) so ziemlich alles verschlungen, was es in der Richtung gab
> (0,5) und hab mich dann irgendwann im Internet aufgemacht und hab mal geguckt (.)
> nach Gleichgesinnten. (A2w, 91–94).

Sind Gleichgesinnte gefunden bzw. Orte identifiziert, an denen man auf solche treffen kann, kommt es auf der lokalen oder regionalen Ebene zum Austausch von Wissen in Arbeitsgemeinschaften oder bei Stammtischen:

> Und dann waren wir, ich glaub, zu fünft oder zu sechst, (1) und haben dort (.) einen
> Hexenstammtisch ins Leben gerufen @(.)@ und haben uns ausgetauscht über (.)
> unsere Erfahrungen, was wa bisher alles so gelesen haben, was wa so dazu (.) glauben
> und denken. (A1w, 106–109)
> das war auf jeden Fall die Gruppe, wo wir uns regelmäßig getroffen haben, um einfach, ehm, Spiritualität auszuprobieren um zu gucken, was was macht man. Anhand
> der Bücher wussten wir natürlich so grob, (.) ähm, wie zum Beispiel ein Ritual abzulaufen hat oodeer wir ham uns dann diese ganzen Grundbegriffe (.) erarbeitet. (A1w,
> 170–174)

Überwölbt werden diese Formen der Aneignung und des Austauschs von Wissen durch gewissermaßen curricular organisierte Angebote auf der nationalen und internationalen Ebene, die z. T. in Präsenzform, z. T. internetgestützt realisiert werden. Es handelt sich um langfristige Programme, die zwei bis drei Jahre in Anspruch nehmen, mit einer Art Zertifikat abgeschlossen werden und Voraussetzung für die Initiation sind:

> Und-ehm, (1) prägend für Wicca is eigentlich, dass man halt auch in so einer Gruppe
> arbeitet, dass man ausgebildet wird von Priester oder Priesterin beziehungsweise beiden, und dass man auch ganz (.) spezielle Stationen durchläuft und ehm, (.) ja, das ist
> so was wie wi- (.) ja, wie so'n Zertifi@kat@, was man da macht. (A1w, 263–267)
> Also ich hab drei Jahre für mich gebraucht, um an dem Punkt anzukommen, wo
> ich sage, „ich hab' jetzt das Gefühl, ich bin so weit, dass ich initiiert werden kann."
> (1) Und dann hat eben meine ehm (0,5) meine Mentorin halt gesagt, „ehm, gut, ich
> denke auch, du bist so weit. Wir rufen jetzt den Coven zusammen und der Coven entscheidet, ja oder nein." (.) Ne, weil […] im Grunde genommen ist es immer so, dass
> der gesamte Coven entscheiden muss, ob jemand neu aufgenommen wird oder nicht.
> Weil die Initiation immer bedeutet die Aufnahme in den Coven. (A2w, 726–734)

Unabhängig davon können auf der lokalen Ebene Schüler/-innen ausgebildet werden:

Also ich hab einen eigenen Ausbildungszyklus, die Drudemunde, em wo ich dann einige Frauen habe, die ich halt eh begleite und ausbilde auf dem heidnischen Weg. [...] Dieser Ausbildungsweg geht drei Jahre. (A3w, 170–188)

Die Maßnahmen sind eingebettet in eine feinmaschige Organisationsstruktur, in ein „internationales Netzwerk von Heiden" (A2w, 1122) mit Koordinator/innen auf der internationalen, nationalen und (in Deutschland) Landesebene:

wir sind mittlerweile in, och ich weiß nicht, wie vielen Ländern, also wir haben sogar Südamerika mittlerweile, Südamerika, Australien, Amerika, Nordamerika (.) ehmmm Russland, [...] ich überleg jetzt eben, wo- hier in Europa gibt's, glaub ich, kein einziges Land, wo's keine A-Organisation gibt mittlerweile (.) eh °Griechenland° ham wir, glaube ich, niemanden. (.) Jo. (0,5) Türkei ham wa auch. (A2w, 1113–1121)

Schließlich werden Formen der Aneignung, des Austauschs und der Ratifizierung von Wissen in der Praxis, im Ritual selbst beschrieben:

bei manchen Coven m-m- is es so, das halt ehm (.) learning by doing. (.) Also du bist dabei, du machst da mit, du guckst da zu, du lässt es auf dich wirken. Und damit lernst du. (A2w, 882–884)
          Mysterium heißt immer, ich kann dir zwar Wissen vermitteln, aber das Mysterium musst du selber erfahren. Und das kann ich nicht für dich erfahren, dass musst du selber erfahren. Das ist dein Mysterium. (A2w, 896–898)
          und wir machen halt eben Theorie und Praxis und die sollen halt auch selber machen. Das heißt also wi- es wird jeder mal'n Kreis ziehen müssen oder es wird jeder mal die Elemente (.) anrufen oder jeder mal ne ne ne Gott n Gott oder ne Göttin anrufen. (0,5) Ehm damit se eben nicht nur vollgestopft werden hier oben, sondern wirklich einfach auch mal praktisch (.) äh was machen können, ne, und selber auch Selbstbewusstsein kriegen, in dem, was sie tun, ne. (A2w, 657–663)

2.1.2 Arten verfügbaren Wissens

Im Blick auf Arten verfügbaren Wissens lassen sich Kontext- und Domänenwissen sowie – innerhalb des letzteren – abstraktes und technisches (Handlungs-) Wissen unterscheiden.

Mit Kontextwissen ist Wissen gemeint, das sich auf Religion(en), Geschichte und andere Bereiche bezieht, zu denen die Protagonisten eine Verbindung mit ihrem eigenen Wissen bzw. Glauben sehen. Auf Wissensbestände dieser Art wird zum einen *affirmierend* Bezug genommen:

zum Beispiel, die Buddhisten ham das ja auch, die ham ja auch ihre spirituellen Leh-rer, die sie auf ihren meditativen Reisen finden, nem. Also nicht alle, aber einige For-men von Buddhismus. (0,5) Oder die Indianer, also die die Native Americans ham das ja auch, die ham ja auch ihre spirituellen (.) ehm (.) Geistführer, ne. (A2w, 1703–1708)

schamanische Reisen oder Ähnliches ist im Grunde genommen nichts als irgendwelche Praktiken. (.) Konzentrationsübungen, innerer Dialog, wie auch immer man
das nennen möchte, andere Leute gehen zum Yoga (.) oder machen Sport, um (.)
ja (0,5) sich auf sich selber zu konzentrieren. Das ist eigentlich, würd ich mal sagen,
so der Kern von Meditation oder schamanischen Reisen oder ähnlichem. Das man
inneren n inneren Dialog (.) führt. (A1w, 968–974)

Zum anderen dienen sie der Profilierung eigener Überzeugungen qua Abgrenzung:

das Germanische öhm (.) Götterpantheon ist eigentlich das, wo ich meine (.) Wurzeln
drin wiederfinde, das- der der Glauben an an die Asen und die Wanen und vor allen
Dingen an meine Ahnen, (.) ehm, (0,5) das ist das, wa- wo ich (gefühl) hab, das ist das
ist lokal, das ist keine (.) Religion wie Hinduismus, Buddhismus et cetera, was irgendwie so (.) w-eit (.) weg ist, […] sondern das ist etwas, was-was (.) irgendwie auch
mit dem Land verbunden ist und mit meinen Wurzeln und mit meinen Vorfahren,
(A1w,415–423)

Also es ist nicht wie im Christentum, wo viele sagen, ja ich bin katholisch, weil
meine Mutter ist auch katholisch, ne. (.) Aber wenn man dann mal aus der Bibel was
fragt, dann ham se von nüx- nix ne Ahnung, ne. (.) Das ist bei Heiden eher weniger. Die meisten entscheiden sich wirklich ganz bewusst diesen Weg zu gehen. (A2w,
1092–1096)

Abstraktes Domänenwissen wird immer wieder als wichtig betont und bezieht sich
vor allem auf Heidentum und Naturreligionen sowie beider Geschichte:

Interesse am Lernen, ne? Also das ist ganz wichtig, auch nicht nur am Esoterischen,
sondern an der Geschichte an sich, an-an-an der alten Geschichte, am alten Heidnischen, an der Geschichte unserer Stämme, an Geschichte der Kelten, der Germa-
nen. Nur so kann man eh-eh Wurzeln ausgraben, weil die haben wir ja nicht mehr.
Die sind uns ja quasi gnadenlos abgeschnitten worden in der Christianisierungszeit.
(A3w, 269–274)

Also ich hab wirklich em gemerkt, dass es einfach ne europäische, das Heidnische
eine europäische Urreligion ist. Es ist also wirklich wie em (1) ja wir sind die-die
Indianer quasi halt, ne also em em dieses Landes sozusagen, ne? Also em wenn man
sich mit der Christianisierung beschäftigt, dann weiß man, dass die natürlich sehr,
sehr em mit sehr viel Blut und sehr viel em em Zwang hierhin kamen, gerade jetzt
auch hierhin. Und em (2) ja also em und die alten religiösen eh Riten beziehungsweise
die alten Religionen hier der Stämme sehr europäisch sind, also sehr naturverbunden
und nicht eben, wie die Sonnenreligionen, die Sonnenreligionen, sehr- eigentlich sehr
gegen die Natur. (A3w, 456–465)

Technisches Domänenwissen bezieht sich auf die Handhabung einer Fülle von Ge-
rätschaften und Praxen (Ritualen):

Es gibt ja verschiedene Werkzeuge, mit denen wir arbeiten, mit dem Kelch, mit der
Atame, (0,5) […] mit dem Pentakel. (.) Ehmm wo man dann sagt, klar, der Kelch ist

dafür da, das- eh die Atame ist dafür da, der Pentakel ist dafür da. Das ist so dieses Wissen abrufen. (A2w, 312–317)

Pfadarbeiten sind ähnlich wiiie ehm Fantasiereisen, nur dass sie den- die Teilnehmer in einen etwas tieferen Trance bringen, also Fantasiereisen bleiben ja immer an der Oberfläche, das heißt, (.) die Teilnehmer sind ja im Grunde genommen (.) nnnur entspannt, aber im Hier und Jetzt. Und bei ner Pfadarbeit ist es so is es so ähnlich wie so'ne Halbhypnose, ne, das heißt die Teilnehmer werden in einen etwas tieferen Trance gebracht und haben so eben auch Zugang zu unterbewussten ehm Welten oder eben zu Welten, die ehm (.) oberhalb unseres Bewusstseins liegen, ne. (A2w, 394–402)

eine Schamanin oder auch eine-eine em eine Hexe, wie auch immer, lernt das in ganz, ganz langer Zeit em, bestimmte Rituale auszuführen, bestimmte Kontakte zu den Ahnengeistern zu haben, zur Anderswelt zu haben, um dann den Menschen dann helf- hilfreich zur Seite zu stehen. (A3w, 246–250)

2.1.3 Funktionen des Wissenserwerbs und des erworbenen Wissens

Über die Identifikation eines breiten Spektrums von Wissen und Vermittlungs- bzw. Aneignungsformen hinaus lassen sich *Funktionen* des- bzw. derselben unterscheiden.

Insbesondere das in curricularisierten, langfristigen Programmen vermittelte Wissen dient der Rekrutierung von ‚Mitgliedern' und Multiplikatoren, der Ermöglichung von Karriere und (über ‚Zertifizierung und Akkreditierung') der Einschränkung von Berechtigungen. Dabei versuchen verschiedene Strömungen oder ‚Schulen', sich und ihren Glauben zu reproduzieren und sich im Feld zu behaupten. Als eine Art Gütesiegel fungieren offensichtlich die Namen besonders bekannter oder anerkannter ‚Meister':

Und-ehm, (.) quasi in in dieser Tradition, (.) ehm, die ja so'ne Art, ja so 'ne V-V-Vererbungslehre dahinter hat, also man- d- es ist immer wichtig, von wem man ausgebildet wurde und wer (.) wen der ausgebildet (.) hat und so weiter, dass man- (.) zurück- dass das zurückverfolgbar ist, zu den Wurzeln. (A1w, 279–283)

hab ich auch noch ne schamanische Ausbildung gemacht, […] ehm bei Vicky Gabriel und Will- William Anderson, die auch relativ bekannt sind in Deutschland. (.) Ehm (.) ja und hab dann da halt (.) meine Ausbildung sozusagen durchlaufen, hab dann meine erste Initiation (.) bekommen, bin dann ehm (.) in den Coven aufgenommen worden und hab dann nach ehm einem (.) guten Jahr darauf (.) oder anderthalb Jahre drauf meine zweite Initiation bekommen. Und (mit deiner) zweiten Initiation bist du eben befugt, selber Initiationen durchzuführen und n eigenen Coven zu gründen. (A2w, 136–145)

Dabei bietet das Kursangebot keine Gewähr für eine Aneignung gemäß den Intentionen der Anbieter. Teilnehmer basteln sich ‚Eigenes' aus Strömungen zusammen, wandern hin und her:

hab mich dann im Endeffekt, obwohl ich ja auch im alexandrischen Wicca angefangen hatte (.) im Endeffekt für's Gardnerian entschieden (.) weil (.) im Gardnerian ist es weniger zeremoniell (0,5) und es ist mehr erdverbunden. (0,5) Ne, also is
mehr ehmmmm es kommt mehr so'n bisschen in die schamanische Richtung. (A2w,
131–135)
    Hab dann diese Ausbildung da im Zirkel gemacht, anderthalb Jahre […] Und hab
dann gemerkt, das brauche ich gar nicht. Warum soll ich denn- warum soll ich mich
denn definieren über andere, das ist doch Quatsch. Und hab dann einfach gem- alles
versucht an Literatur und so zu bekommen. (A3w, 559–565)

Unterhalb der Ebene der Rekrutierung und Qualifizierung von ‚Führungskräften'
kommt dem szenetypischen Domänenwissen eine stark gemeinschaftsbildende
Funktion zu. Es eröffnet auf der lokalen Ebene Zugang *zur* Gemeinschaft (Lektüre
geht der Kontaktaufnahme bei Stammtischen voraus), ist Kommunikationsmedi-
um *in* der Gemeinschaft (erhält sie aufrecht), wird *von* der Gemeinschaft weiterge-
geben, ‚geprüft', ratifiziert oder verworfen:

kamen auch immer mehr Leute, (.) man bekam natürlich immer mehr Input, man
man traf immer mehr Leute, wo man das Gefühl hatte, (.) die (.) ticken genauso wie
man selber oder haben dieselben Interessen oder dieselben Erlebnisse, dann waren
da (.) Leute bei, die (.) schon erfahrener sind, (.) ehm (1,5), die einem dann auch gute
Tipps gegeben haben, auf jeden Fall (.) formte sich halt immer mehr das Gefühl, dass
man in der Gemeinschaft jetzt gerne etwas machen möchte, (A1w, 148–155)
    Ehmm aber das war eben auch immer für uns alle sehr wichtig (.) ehm war einfach
dieses Gefühl von Gemeinschaft. (.) Ne? Also einfach das Gefühl, hm das ist wie ne
Familie, (.) ne? Es sind Menschen, mit denen bin ich gerne zusammen, mit denen
mach ich gerne was und (.) da kann ich mich fallen lassen. (.) ne, das war immer
wichtig in den Ritualen. (A2w, 249–253)
    und darum geht's einfach so wirklich (.) es geht um um die um die zwei Passworte
im Wicca und die kann ich auch sagen, weil die stehen auch in jeder Literatur, ehm
vollkommene Liebe und vollkommenes Vertrauen. (A2w, 442–445)

Auch wenn die Bedeutung von Stammtischen und Coven als *Lern*orte immer wieder betont wird, dienen sie offensichtlich auch der Befriedigung anderer Bedürfnisse:

haben wir (.) ehm (.) mit ner Studienkollegin von mir n Stammtisch gegründet,
(.) und durch diesen Stammtisch hab ich dann auch noch andere k- Leute kennen
gelernt, (.) eehmm (.) und dann ham wir auch mal so ne [zögert kurz] Arbeitsgruppe
gemacht im Grunde genommen. […] Und haben dann auch so'n bisschen für uns
gelernt. (A2w, 167–174)
    ehm (1,5) ist das jetzt (.) nicht unbedingt (.) wie-wie jeden Abend ne Vorlesung oder
Ähnliches, wir hatten das schon mal, dass wir verschiedene (.) ehm Themengebiete
bearbeiten wollten beim Stammtisch, aber meistens läuft es doch darauf (.) hinaus,
dass die Leute sich einfach nur treffen und schnattern und (.) ehm viel Privates (.)
ehm bereden, ohne dass es jetzt (.) irgendein spezielles heidnisches Thema ist, was es
gibt. (A1w, 470–476)

In enger Verbindung mit der Gemeinschaft steht das Erleben, und beide miteinander stehen in einem ambivalenten Verhältnis zum Wissen (als „Theorie"). Einerseits ist es Voraussetzung für Aktion: man muss wissen, was zu tun und zu sagen ist. Andererseits treten Wissen und Erleben in Konkurrenz: *bloß* etwas zu wissen, führt nicht weiter, man muss das, worum es geht, erleben, und im Zweifelsfall ist das Erleben wichtiger.

> Und ehm, (.) ja, je mehr man sich auch mit den anderen Leuten austauscht, hab ich zumindest gemerkt, dass diese ganze Theorie schön und gut ist, und dass da vermutlich über diese Schwelle auch jeder erstmal drüber muss, (.) ehm, (.) und dass das Ganze dann hinterher aber (.) mehr zu einem gemeinschaftlichen Erleben wird. Und dass man darüber eigentlich viel mehr (.) lernen kann, als das, was in den Büchern steht. (A1w, 139–144)
>
> Mmh und für viele war es denn halt eben nicht genug, (.) ne, also die wollten dann nicht nur reden, weil beim Stammtisch wird halt viel geredet und weniger getan, (.) ehm wir ham zwar auch öfter mal Themen gehabt, es hat also jemand mal n Vortrag vorbereitet über'n bestimmtes Thema (.) oder wenn halt n Jahreskreisfest anstand mal so'n bisschen über die Bedeutung referiert, (.) aber es war halt eben wenig tun. (A2w, 207–213)
>
> weil ehmmm man kann sich da auch ganz schön verrennen in die Theorie (.) und vergisst dann auch so die Intuition. (A2w, 592–593)
>
> mach! M- mach! Du wirst erfahren, was du erfahren <u>musst</u>. Und du wirst lernen, was du <u>brauchst</u>. Ne und- da- m- brauch ich jetzt nicht irgendwie zitieren aus irgendwelchen großen schlauen Büchern. (A2w, 901–903)

Schließlich dient Wissen, insbesondere Kontext- und abstraktes Domänenwissen, der Legitimation. Wohl wissend, dass Hexentum gemeinhin nicht ernst genommen wird bzw. unter Verdacht steht, werden Parallelen zu legitimen Sinnuniversen hergestellt, Vergleiche mit anderen Religionen angestellt, historische Bezüge bemüht. Mit selektivem Anschluss an legitime Wissensbestände wird der Versuch unternommen, das eigene Denken und Handeln zu ‚normalisieren'.

> also Psychologie ist für mich ne Weiterentwicklung von Schamanismus. (1) °Ne.° Also die alten Schamanen, die ham schon ganz viele Sachen gemacht, die die Psychologen heute ähnlich machen, aber dann einfach umdeklarieren und (.) da ne Wissenschaft draus @machen@. (A2w, 1475–1497)
>
> Also auch diese Dinge, die in der Archäologie passieren, also diese F- die Fundstücke und diese neue (.) Sichtweise auf viele Dinge geben eigentlich auch eh eben dem schamanischen Wissen auch Recht, also dass die Leute damals in der Bronzezeit und auch im Vorchristentum nicht so eh nicht so eh (.) <u>wild</u> waren in dem Sinne und auch schon sehr kultiviert und halt auch em schon auch sehr weit im Gedankenmuster waren. Es zählen ja immer, das das sieht man an den Keltengräbern im Glauberg beispielsweise, dass die Frauen auch was zu sagen hatten. (A3w, 507–515)

2.2 „Eine gut funktionierende Gruppe braucht Arbeitsgemeinschaft- (.) -schaften, die zu Themen arbeitet" (B1 m, 667–669)

Auch im Umweltverband erfolgen Bezugnahmen auf Wissen in vielerlei Hinsichten. Formenvielfalt, Breite und Intensität bleiben allerdings – zumindest bei den beiden in die Auswertung einbezogenen Fällen – hinter dem in der Hexenszene angetroffenen Niveau zurück.

2.2.1 Formen und Orte der Vermittlung und Aneignung von Wissen

Der ‚Einstieg' ins Milieu erfolgt nicht über individuelle Wissensaneignung in Form der Buchlektüre oder Informationsgewinnung über das Internet (zumindest wird dies nicht explizit erwähnt). Im einen Fall[9] liefern biographische Erfahrungen und das Empfinden politischer Zugehörigkeit, im anderen[10] das Interesse an sinnvoller Freizeitgestaltung die entscheidenden Impulse.

B1m hat (te) das Wissen über die Gefährdungen der Umwelt ‚schon immer', seit seiner Studentenzeit Ende der 1970er Jahre, in der er sich entsprechend politisch engagiert hatte. Er bewegt sich seit mehr als 30 Jahren in einer stabilen ‚geistigen Heimat' (B1m, 104), braucht keine neuen Erfahrungen oder Impulse, legt eher Verschüttetes frei, schließt am Ende einer beruflichen Karriere, die wenig Zeit für Anderes ließ, wieder an.

> Aber mein Denken hat sich nie verändert so seit damals (B1m, 114–115). Es ist eine
> Identität, ich engagiere mich bewusst dann da (B1m, 219–220);
> um mal (.) eh-eh sozusagen auch etwas anders zu haben und f- (0,5) etwas, was bei
> mir verschüttet war, wo einfach (.) keine Zeit für war […] Ist ja nicht, weil mir irgend-
> wie ein neues Denken jetzt jetzt grundsätzlich notwendig gewesen, sondern ich habe
> ja auch schon (.) in den in den eh-eh Ende der 70er und Anfang der 80er Jahre für
> so etwas (.) gespendet oder oder […] das ist sozusagen wieder ein Anknüpfen auch
> gewesen. (B1m, 437–447)
> Die Probleme sind da, aber sie werden (.) mit Wort (.) mit Worten geglättet. Also (.)
> das wol- wollte ich nie. (0,5) Das wollte ich schon früher nicht (.) und das will ich auch
> jetzt nicht, weil ich das bis zum geht nicht mehr verachte. (B1m, 728–731)

Ganz anders B2m: Er kommt auf Empfehlung zum Umweltverband, weil er – als Arbeitsloser – etwas sucht, seine ‚Freizeit' sinnvoll zu verbringen. Der sich in seinen Äußerungen dokumentierende Wissensstand über ökologische und ökono-

---

[9] B1m ist ein 60jähriger Chirurg.
[10] B2m ist ein 37jähriger Arbeitsloser.

mische Zusammenhänge erscheint als nicht sonderlich elaboriert. Das Milieu ist ihm zunächst fremd (keine ‚Heimat'), gewinnt aber an Attraktivität, weil man ‚neue Leute kennenlernt' (B2m, 20) und weil man ‚viel rumkommt':

> Ja anfangs (.) da habe ich was gesucht (.) hobbymäßig oder irgendetwas, um meine Zeit sinnvoll ff- zu verbringen. (.) Weil ich arbeitslos war. (1) Da wurde mir empfohlen, mal (0,5) Richtung [Name des Umweltverbandes] zu gucken. (.) Weil sich das so mit meinen Interesse- Interessen deckte. So Umweltschutz. (1) (Boa) dann bin ich hier hingekommen, zum Plenum, zum normalen, [räuspert sich kurz] (.) habe mich dazu gesetzt. Ja am Anfang war es ein bisschen- (0,5) kam ich halt ein bisschen fremd vor und ja (.) war aber halt interessant. (1) Bin halt wieder (.) immer wieder gekommen hier wöchentlich. (B2m, 10–18)
>
> Fährt man halt (irgendwie) Deutschland, durch A- durch Europa (1), nimmt dann auch an den Protesten teil (B2m, 37–38). Bin schon, was weiß ich, (.) bis (.) einmal bis Barcelona runtergefahren (und) (.) oder mal bis (.) Stockholm. (1) Halt viel rumgekommen, ist auch schön. (B2m, 53–55)
>
> Ziele? Pfffffffhhh. Da gibt es halt nichts weiter. Man steht zur Verfügung. Wo- hilft, wo man kann, wo man es- wenn man Zeit hat. […] Ja, im Prinzip halt die Welt retten, ne. @(.)@ (1,5) So gut, wie es geht. (B2m, 639–642)

Auch hier gibt es auf der lokalen und regionalen Ebene ein (mehr oder weniger organisiertes) Netz von Orten und Formen, an und in denen die Verbandsmitglieder Wissen vermittelt bekommen, gemeinsam erarbeiten und austauschen. Thematische Seminare und Arbeitsgemeinschaften werden – von B1m – als wichtig betont. Inhaltliche Arbeit und Aktion müssen sich nach seiner wiederholt vorgetragenen Auffassung ergänzen, Hand in Hand gehen.

> wichtig ist, dass dann die Arbeitsgemeinschaft, die AGs laufen. […] Nicht, das ist, glaube ich, […] das muss eine Mischung […] sein zwischen- also, wo man inhaltlich (.) sich mit Sachen auseinandersetzt, […] und eh-eh, wo man sich trifft, ganz locker oder formlos und dann […] eben Sachen (.), was weiß ich, eh-eh (.) bespricht; Aktionen, welche Aktionen laufen, wer kann (gut teilnehmen) […] und sonst was. (B1m, 577–586)
>
> und da habe ich auch immer Wert drauf gelegt, dass wir (.) eben auch in AGs oder in Untergruppen arbeiten und eh (.) uns mit Themen auseinandersetzen, die wir aufgeteilt haben zwischen Landwirtschaft, Gentechnik, eh-eh-eh Wälder, Papier und eben eben, da mache ich mit, Meere (.) ehm (0,5) aber (0,5) wo es also so Verseuchung, Ökonomisierung, Zerstörung der Küsten, (.) eh-eh-eh de- de- der Müllberg, der unter der Oberfläche ist, die Überfischung, eh und die Zerstörung sozusagen der na- der Ressourcen, die der ganzen Menschheit gehören. (B1m, 81–89)

B2m erzählt eher von Seminaren als Ereignissen.

> die [Seminare] werden halt <u>angeboten</u>. Da wird halt (.) informiert ff ff, was weiß ich, in zwei, drei Monaten findet was zu Thema X statt, (1) dann meldet man sich dort an (0,5) dann hat man Ansprechpersonen. (1) Die hier in [Name der Stadt] sind zum

Beispiel so ein ehm (.) Weiterbildungsstützpunktnennt sich das, da fff-finden vermehrt so Seminare statt, für die Gegend hier, aus der Region. [...] Joah und dann (.) dann meldet man sich an, kriegt ne An- (.) eh (.) Bestätigung und-dann (0,5) kommt man hier hin, ist in der Regel (.) ja meistens ist es (.) läuft es einen Tag. Was-weiß-ich, von (.) zehn bis (.) 17, 18 Uhr. [...] Manche Seminare sind dann auch, was weiß ich, zwei Tage lang irgendwo (1) halt weiter weg, [Name einer Stadt] zum Beispiel, dann (.) kommt es mal vor, dass man in einer Jugendherberge über- übernachtet. (3) Das ist halt immer interessant. Leute kennen zu lernen oder alte Bekannte, die man halt nur (.) selten sieht, weil (.) weil die woanders oder weit weg sind. (B2m, 101–138)

Auch hier werden lokale Gruppenaktivitäten überformt durch curricular organisierte Weiterbildungsveranstaltungen auf der überregionalen (Bundes-) Ebene. Sie sind nach einem Stufenkonzept angelegt (Basis-, Aufbau-, Einführungs-, Fortgeschritten-Seminare) und befassen sich mit ökologisch relevanten Themen, mit der Struktur und Arbeit des Verbandes sowie mit der Vorbereitung bzw. Begleitung von Kampagnen.

ja es gibt auch solche Grundlagenseminare zu [Name des Umweltverbandes], wo man sich- eh wo man dann halt (1) en- (.) Verein kennen lernt und (.) so (.) wie der aufgebaut ist, so die Strukturen (0,5) da gibt es so verschiedene Stufen ehm (2) zum Schluss °(so ehm)° war ich dann auch in [Name einer Stadt] (.) zum °(ja, nennt sich)° Abschlussseminar °(oder)°. (B2m, 26–31)
    Pfffff (das-war-halt) (2) interessant, mal dahin zu kommen [...] So kennen zu lernen, die Leute. (Wasss) (.) die dort arbeiten, alle hauptamtlich auch. (1) Pffffff ja, vorher (hat man) ja schon diese Basisseminar, Basis zwei nennt sich das, glaube ich, mal gemacht. [...] Joah, dann haben sich so die verschiedensten Bereiche (.) haben sich vorgestellt und (.) ja, [...] dann zum Beispiel Fundraising kam dann jemand, [...] Und dann gab es halt auch andere Themenbereiche. (.) Und ehm zu diesem Basis drei gehört dann auch so eine Fahrt in den (.) ins Lager, so nennt sich der Bereich für die Aktivisten. [...] Und hat dann dort dann so deren Arbeitsweise kennen gelernt. °(Halt)°. (B2m, 179–197)
    Dann gibt es noch ehm ja, so (1) speziellere, (0,5) zum Beispiel für (.) an Kam(.)pagnen angelehnte Seminare. Was weiß ich, wenn man jetzt (.) neu angefang- oder jetzt (0,5) zu Fukushima dann noch einmal, zum Atomkraft was gemacht haben, (dass man) (1) () festgestellt und mal (1) noch einmal erklärt wird, wie man- wie sich die Ka- die Kamand- die Kampagne aufgebaut ist und wie das so (.) (passieren soll). (B2m, 147–152)

2.2.2   Arten des verfügbaren Wissens

Im Vergleich mit den Hexen ist eine Unterscheidung von Arten verfügbaren Wissens bei den Umweltaktivisten schwieriger. Zum einen gehen Kontext- und abstraktes Domänenwissen stärker ineinander über; allenfalls Verweise auf den Zusammenhang zwischen Ökologie und Ökonomie sowie der ‚sozialen Frage' ließen sich hier anführen.

am meisten interessiert mich natürlich so von der- bei der Arbeit der Bereich (0,5)
so wo wo wo der Umweltschutz mit der Ökonomie so so Hand in Hand geht. Also
Z- Zerstörung der Mangrovenwälder für Shrimpszucht und sonst was, (.) weil (0,5)
die Umweltfrage ist die Frage, die soziale ist die andere (0,5) und beide zusammen
erzwingen eine andere Welt. (B1m, 107–111)

Zum anderen wird weniger auf Wissens*bestände* zurückgegriffen, als vielmehr auf
Veranstaltungen hingewiesen, in denen Wissen vermittelt oder erarbeitet wurde
(s. o. thematische und organisationsbezogene Veranstaltungen). Verweise auf technisches (Handlungs-) Wissen, das bei Aktionen und Kampagnen relevant wird,
sind demgegenüber zahlreich:

> zu lernen einfach (1) Leute anzusprechen und wenn sie nichts wollen, okay. Es ist eine
> Niederlage, aber (.) kann man nicht ändern. (.) Man kann nicht alle gleichzeitig glück-
> lich machen. (B1m, 245–247)
> Ja, halt, dass man (.) Ruhe bewahrt, dass man, (.) was-weiß-ich, die Hände unten
> behält. (1,5) Dass man halt (.) ja (.) nicht (.) aggressiv rüberkommt, (sondern) (.)
> beruhigend. Dass man mit den Leuten redet. […] Da machen wir (.) Rollenspiele,
> zum Beispiel. […] Ein paar (0,5) spielen dann die Gegenseite, (1) was weiß ich,
> irgendwelche (0,5) Wachschützer oder so Polizei und dann (1) spielt man das halt
> durch. (1) Wie so etwas ablaufen könnte. (B2m, 698–706)

2.2.3   Funktionen des Wissenserwerbs und des erworbenen Wissens

Das gestufte curricularisierte Seminarprogramm auf der Bundesebene dürfte aus
der Perspektive des Verbandes die der langfristigen Hexenschulung entsprechenden Funktionen haben. Mitglieder müssen geschult, auf Funktionen vorbereitet,
mit Berechtigungen ausgestattet, immer wieder ermuntert werden etc. Die einge-
führten Benennungen – Basis I, II,III; Einführungs- und Fortgeschrittenen-Semina-
re, Weiterbildungsstützpunkte – machen die Annahme plausibel, zumindest solange man nicht davon ausgeht, dass all die Veranstaltungen kaum realisiert werden.
An den beiden interviewten Fällen lassen sich Funktionen aber nicht zeigen, sie
rangieren offensichtlich auf unteren Rängen in der Verbandshierarchie. Deutlich
wird allerdings, dass man als aktives Mitglied auf eine Teilnahme an entsprechenden Angeboten verzichten kann – B1m geht darauf nicht ein – und dass die Angebote von Teilnehmenden sehr eigensinnig, eher als Event denn als Lernanlass,
genutzt werden können

> gab es halt so ein paar- hat man ein paar Seminare besucht (.) °(um so)° (.) zu vertie-
> fen, bestimmte hm-m-m- (.) Richtungen so, (1) was weiß ich zu °fff° °was gab es da°
> (1) zu Öl mal ein Seminar oder (2) zu Kernenergie. (B2m, 23–26)

> war halt interessant, (noch mal) mehr zu erfahren. (1) °Quasi auch-so'n° (.) biss-
> chen Erlebnis, da was- (.) halt-in [Name einer Stadt] zu sein. °Auch (wieder) mit
> anderen Leuten.° (2) War halt nett. (B2m, 183–185)

Auf der unteren Ebene der Ortsgruppen und Arbeitsgemeinschaften wird die inhaltlich-thematische Fundierung der Aktionen und Kampagnen vehement als Ziel
formuliert. Die Art, in der über die Aktivitäten gesprochen wird, gibt jedoch Anlass, von eher schleppender Realisierung auszugehen:

> die AGs (.) sind eben jetzt unterschiedlich lange auch schon (.) schon ehm (1) ja, am
> Laufen. (.) °Mehr oder weniger°. (B1m, 588–589)
> also wir fangen ja jetzt mit dem mit der Meeres-Gruppe gerade an (B1m, 334–335).
> Wir sind drei jetzt in der Meeres-Gruppe. Und dann gibt es zwei vielleicht in [Name
> einer Stadt] und einen in [Name einer Stadt] oder so. (B1m, 362–364)
> die AGs laufen jetzt so- sind so angelaufen oder laufen an (.) und einmal in der
> Woche ist Plenum. (1) M-meistens gehe ich da hin. (B1m, 93–94)
> Und dann ist die Bilanz die, dass (.) es ehm (.) gar nicht so einfach und etwas müh-
> selig ist, auch eine AG zu inhaltlichen Sachen auf die Beine zu stellen und dann auch
> (0,5) eh-öh-öhm (.) dann auch mal ein bisschen was zu machen und em etwas vor-
> bereiten, das kostet auch ein bisschen Energie. (B1m, 978–982)

Und selbst wenn es zu einer Veranstaltung kommt, bleiben Aspekte in Erinnerung,
die für die Anbieter eher nicht im Zentrum des Interesses gestanden haben dürften:

> es kommt jemand, hm, und erzählt dann was zu dem bestimmten Thema. […] Ja,
> man (.) man trifft sich hier halt, es fi- wird dann eben umgebaut, dass man hier so
> Sitzreihen hat. Dann kommt man- trifft man halt auch- (.) kommen mal die Leute
> aus der Gegend- oder aus- ja aus (.) °(manchmal auch aus größeren Entfernungen)°
> (1) lernt halt auch neue kl- Leute kennen. (2) Joah, und dann (1) wird so ein Vortrag
> gehalten, mit Beamer und (1) oft wird dann (halt) mit so ein paar Spielchen dabei,
> Kennenlernspielchen (anfangs) oder Gruppenbildung oder […] (Und) hier (.) hier
> ist es dann so üblich, dass man dann, wenn man Mittagspause macht und (0,5) zum
> Beispiel in (eine) Pizzeria geht oder so und was isst. (.) Hier haben wir dann auch so
> Snacks in der Regel mit einem Eigenbeitrag von zwei Euro. (1) Zahlt man dann und
> dann (.) kann sich da was nehmen. So Getränke, (.) Kekse. (B2m, 112–133)

Auch im Umweltverband spielt die Gemeinschaftsbildung eine große Rolle. Wissen
um ökologische Risiken und um die Wichtigkeit des eigenen Engagements (‚die
Welt retten') ist Anlass, Medium und Antrieb für die Gemeinschaft; an ihr teilzu-
haben, ist selbständiges Motiv.

> Ja, es ist halt (.) sehr schön. Es ist (0,5) tolle Leute, die man da kennen- ehm ken-
> nen gelernt hat. (1) Halt auch vom Wesen her und von ihrer Einstellung. (2) Ja, ich

mache das halt sehr gerne und (1) halte mir da auch (.) gerne Frei- Zeit für frei. (B2m,
604–607)

> ja, so sind eben Aktionen auch auch eh große Aktionen, wo ich (0,5) mich trotz
> eben eben der vielen Leute (.) ganz heimisch gefühlt habe und dann hinterher auch
> (.) das Gefühl hatte, das wa- es hat doch was gebracht; als eben die Anti-AKW- (.) eh
> Bewegung jetzt zum Abschalten nach Fukushima war, waren eben zentrale Kundge-
> bungen in Köln und da sind wir auch zusammen hingefahren und das ist eben dann
> (.) auch ein gutes Gefühl gewesen, wenn man da zusammen hinfährt in der Gruppe.
> (B1m, 69–76)

> auch so ein fester Termin und im gewissen Sinne eine (.) eine gewisse <u>Heimat</u> (.) ist,
> weil das eben mich mit Dingen verbindet eh-eh (0,5), eh die mir am <u>Herzen</u> liegen. (1)
> Nicht. Und (.) und so eine Heimat ist das auch dann. (B1m, 823–826)

Die große Bedeutung des Erlebens klingt hier ebenfalls an. Die Teilnahme an der
Aktion ist im Zweifelsfall wichtiger als die inhaltlich-thematische Arbeit. Während
die Aktion bei den Hexen ‚nach innen' gerichtet ist (*sie* wollen etwas erleben, mis-
sionieren nicht), hat sie für die Umweltaktivisten eine doppelte Bedeutung: sie ist
konstitutiv für den Organisationszweck ‚Aufklärung' (nach außen) *und* mit Lustge-
winn bei den Aktivisten verbunden

> ich <u>bin</u> eben nicht primär (.) Meeresökonom oder [...] Fischer, [...] aber ich kann
> mich trotzdem dafür fitter machen. (.) Und notfalls lädt man einen ein. (1) Und (.)
> das ist das Inhaltliche, und das Andere ist sozusagen (0,5) öh eh das- man will ja jetzt
> nicht nur- da- dann wäre es ja eine reine Studiengruppe, dann könnten wir hier einen
> Raum mieten und wir machen hier einen auf Umwelt (.) und Fischerei. (.) Könnten
> wir hier irgendwo mieten, ja. Dann würden hier Viere sitzen oder so. Die würden
> (.) würden schön diskutieren und wir sind alle, alle [klatscht in die Hände] umwelt-
> bewusst [...] Und jeder klatscht sich auf die Schulter, aber würde sich nix ändern. (.)
> Nicht. Dann bei [Name des Umweltverbandes]gehört eben auch noch dazu, (.) eben
> <u>Aktionen</u> zu machen, nicht. Und-eh das ist auch (.) auch eh-eh eh <u>wichtig</u>, ne. (B1m,
> 638–650)

Umweltaktivisten müssen sich gesellschaftlich nicht in dem Sinne legitimieren wie
Hexen. Ihr Anliegen und ihre Aktionen sind prinzipiell in der öffentlichen Meinung anerkannt. Gleichwohl greifen sie in einem besonderen Sinne auf Wissen in
legitimatorischer Absicht zurück:

> Dass, wenn man auf die Straße geht, (.) eben schon ehm (0,5) ja, auch (0,5) a-antwor-
> ten ba- ein bisschen parieren kann. (B1m, 323–324)

> gibt welche, die die damit mit einem fachlicher diskutieren, als man es vielleicht
> drauf hat. (B1m, 255–256)

> wenn einer jetzt mit speziellen Ingenieurfragen kommt, da können wir (.) eh-eh
> nicht eh eh eh (.) gegenhalten, weil se- wenn wenn man nicht Ingenieur ist. Das ist
> einfach (.) eh-eh (0,5) das geht nicht. Deswegen ist eine wichtige Sache, dass man
> sich selbst auch trainiert, eh-eh (0,5) in Form der Seminare oder eben, dass wir auch

inhaltliche Arbeit (0,5) eh-eh in den einzelnen Gruppen leisten, [...] dass es dann einige einige gibt, die dort eben fitter sind, die dann anderen auch beistehen können. (B1m, 290–297)

3   Bildung an den Rändern von Lebenswelten?

In den Selbstbeschreibungen der Protagonisten beider sozialer Welten spielt Wissen eine außerordentlich große Rolle. Gewohnheitswissen, das per definitionem reflexiv nicht verfügbar ist, kommt in vielen ihrer Schilderungen zum Ausdruck. Explizit angesprochen wird, dass neues (,spezifisches') Wissen angeeignet wurde, das das Interesse an und den Zugang zu der sozialen Welt erst ermöglichte.[11] Das ist insofern nicht überraschend, als kleine soziale Lebenswelten sich um *besondere*, nichtalltägliche Praxen herum konstituieren und damit zwangsläufig auch über ,Sonder'-Wissen verfügen. Erst dieses macht einen Unterschied (möglich) und ist Voraussetzung für die Identifikation Gleichgesinnter. Außerdem ist spezielles technisches Wissen vonnöten, ohne das szenetypische Praktiken nicht denkbar sind. Schließlich sind beide Welten so weit formiert und intern differenziert, ihre Praxen so weit kodifiziert, dass spezielle Vorkehrungen getroffen wurden, die Träger definierter Rollen in speziellen ,Institutionen' für deren adäquate Wahrnehmung zu qualifizieren.

Die große Bedeutung des Wissens erschließt sich nicht nur dem Beobachter, sondern wird von den Akteuren auch offensiv vertreten: zu wissen und zu lernen, ist Programm; einmaliger Erwerb reicht nicht aus, ,es ist ein ewiges Studium' (A3w, 114). Anlässe, zu denen man sich versammelt, werden durch Bezüge auf thematische, ,inhaltliche Arbeit', auf Workshops u. ä. gewissermaßen geadelt, dem eigenen Tun wird so Ernsthaftigkeit verliehen. Wissen wird untereinander ausgetauscht, seine Angemessenheit oder ,Brauchbarkeit' kollektiv ratifiziert.

Allerdings erweisen sich diese Selbstbeschreibungen als programmatisch überhöht. Aneignung und Austausch von Wissen haben im Szenealltag oftmals eine eher randständige Bedeutung (,Und haben dann auch so'n bisschen für uns gelernt' (A2w, 174)), werden dem Gemeinschafts-Erleben untergeordnet (,meistens läuft es doch darauf (.) hinaus, dass die Leute sich einfach nur treffen und schnattern und (.) ehm viel Privates (.) ehm bereden' (A1w, 473–475)). Die Gruppen (-sitzungen) werden als Heimat oder Familie erlebt, in der man ,sich fallen lassen kann'. Vieles wird dadurch gelernt, dass man (mit-) ,macht'; was angemessen ist, muss gespürt werden, jeder für sich selbst erleben. Und wenn sich die verfügbaren Wissensbe-

---

[11] Lediglich bei B2m ist dieser Aspekt kaum ausgeprägt.

stände als nicht hinreichend geschmeidig erweisen, dann werden die Bücher auch schon mal ‚weggeschmissen' (A2w, 558).

Wichtiger ist jedoch die *Einstellung*, in der Wissen gesucht, angeeignet und eingesetzt wird. Wissen wird nicht für Prüfoperationen oder für Fragen herangezogen. Es wird den je ins Auge gefassten Funktionalitäten untergeordnet, muss vor allem lebensweltdienlich sein, die eigenen Orientierungen und Praxen stabilisieren. Es regiert also durchweg die oben skizzierte ‚natürliche Einstellung'; die Mitglieder der beschriebenen kleinen sozialen Welten wissen zu genau, „was alles auf sich hat", und was sie zu tun haben, als dass „sie nach Erkenntnis Verlangen haben" könnten (Blumenberg 2010, S. 52). Sie zeigen kein Bedürfnis nach Reflexion, sondern sind auf die Sicherung und Erhaltung des Vollzugs konzentriert. Die betrachteten kleinen sozialen Welten sind also ‚mustergültig' durch Fraglosigkeit und Selbstverständlichkeit gekennzeichnet. Dies gilt unabhängig davon, ob man die szenerelevanten Wissen*inhalte* als eher irrational (mystisch) oder rational (naturwissenschaftlich fundiert) ansieht: die Formen des Umgangs mit Wissen bei den Hexen und den Umweltaktivisten sind weithin strukturidentisch.

Auch die aufwändigen curricularisierten Programme, die es in beiden Welten gibt, sind von dem selbstgenügsamen und stabilisierenden Charakter nicht ausgenommen. Sie entsprechen von ihren Zielsetzungen und Funktionen her der ‚betrieblichen Weiterbildung' schlechthin (dienen daher vor allem der Erziehung, nicht der Bildung, vgl. Wittpoth 2003). Organisationsmitglieder müssen die Organisationsziele kennenlernen, möglichst verinnerlichen, auf jeden Fall vertreten können; sie müssen über interne Abläufe und Zuständigkeiten informiert werden und das ‚können', was man von ihnen verlangt. Darüber hinaus müssen die Ermöglichung wie der Ausschluss von internen Karrieren plausibel gemacht und Positionen besetzt werden, die darüber wachen, dass alles so geschieht, wie es geschehen soll.

Lediglich an einem Punkt wird in beiden Welten deutlich, dass Lebenswelten, auch wenn sie entschieden auf Funktionstüchtigkeit und Bestand angelegt sind, einen prekären Status haben. Sie können ihre Wirklichkeit gegen das Unbekannte und Ungewisse verteidigen, sind dabei aber ständig von anderer Wirklichkeit umgeben, zu der es ‚undichte Grenzen' gibt (Blumenberg 2010, S. 52). Sie sind verletzlich, „an ihrer Peripherie immer schon undeutlich konturiert, leicht unbeständig, sozusagen ausgefranst zwischen ihrer konstanten Selbstverständlichkeit und den Invasionen von Unbekanntem – also dessen, was der Fall ist, aber nicht selbstverständlich war" (ebd., S. 135). Bei den Hexen wie bei den Umweltaktivisten besteht diese ‚andere Wirklichkeit' in Gestalt derer, die gegenüber ihren Gewissheiten und Praxen skeptisch sind. Offensichtlich sehen die Hexen sich genötigt, ihren Glauben durch Verweise auf lange Traditionen von Naturreligionen, durch Bezüge auf historisches Wissen u. a. zu legitimieren, das, was vielen als wenig zeitgemäß, abwegig, skurril erscheint, zu normalisieren. Umweltaktivisten ‚fürchten' sich regelrecht vor Menschen mit technischem Spezialwissen (‚die mit einem fachlicher diskutieren als man es vielleicht drauf hat' (B1m, 255–256)), sorgen sich, ihnen gegenüber ihr Anliegen nicht überzeugend vertreten zu können. In beiden Fällen suchen die Akteure dann nach Wissen, das es ihnen ermöglicht, Außenstehenden klar zu machen, dass das, was sie (vorher, ‚immer schon') ‚wissen', richtig ist. Lebenswelten setzen sich also gegen ‚Bedrohungen' zur Wehr, fangen das an ihren Grenzen auftauchende Unbekannte durch ‚Aktionen der Bewältigung' auf (vgl. Blumenberg 2010, S. 135). Im *Verhältnis zu* anderen Wirklichkeiten besteht eine Spannung zwischen Erhalt, Irritation, Erneuerung und Normalisierung; *innerhalb* der Wirklichkeit der Lebenswelt regiert jedoch ein konservativer Habitus.

Vergewissert man sich also, *was* in Lebenswelten gelernt wird und *wie* dies geschieht, kann man sich der verbreiteten Hoffnung, über selbstgesteuertes Lernen das ‚lifelong learning for all' realisieren zu können, kaum anschließen. Sicher, es wird etwas gelernt. Dies jedoch als ‚Bildung Erwachsener' zu verstehen, ist kaum angemessen/möglich, weil das angeeignete und ausgetauschte Wissen in erster Linie dazu dient, Gewissheiten zu reproduzieren, fraglos Selbstverständliches gegenüber ‚Bedrohungen' abzuschirmen. Gerade wenn man sich von einem substantialistischen Verständnis von Lebenswelt entfernt, also nicht etwa denkt, der Umweltaktivist verlasse seinen privaten Alltag (Lebenswelt), um sich in öffentlichen Diskursarenen reflektiert auf Welt zu beziehen, wird die Ubiquität der Selbstgenügsamkeit, die Unaufhebbarkeit von Lebenswelten deutlich. Besagter Umweltaktivist bewegt sich lediglich von einer in eine andere Lebenswelt.

Genau hier eröffnet sich eine Perspektive, die auf der Grundlage des erhobenen Materials nicht mehr weiter zu verfolgen ist. Die gewählte Methode bedingt eine Konzentration der Interviewpartner auf die besondere Lebenswelt, auf die hin sie angesprochen werden. Hinweise darauf, was mit den Gewissheiten der einen Lebenswelt geschieht, wenn der Akteur sich in einer anderen bewegt, gewinnt man so allenfalls in Ansätzen.

Bei den Hexen kommt es zumindest partiell zu ‚Übertragungen' des Glaubens in Zusammenhänge außerhalb der kleinen sozialen Welt:

> und hab dann mal begonnen, so für mich selber kleine Rituale zu kreieren. (.) Und hab so- (.) mh das war auch die Zeit in meinem Studium (.) zum Ende des Studiums hin, wo ich auch (1) schwanger werden wollte. (.) Und eehm hab dann so mein erstes eigenes Ritual eigentlich dafür gemacht, dass ich (.) n Kind bekomme. (.) Und ehm hab dieses Ritual gemacht und zwei Wochen später war ich schwanger [...]. Und dann hab ich nur gedacht, @ „hm, noch deutlicher kann die Göttin es dir eigentlich nicht **sagen, dass du auf'm @richtigen Weg bist.@"**. (A2w, 538–548)

Gleichwohl ist es schwer vorstellbar, dass man in einer solchen Haltung den Normen, Erwartungen und praktischen Anforderungen etwa im Kontext des Berufes begegnet.

Auch die beiden Umweltaktivisten übertragen Normen ihrer kleinen sozialen Welt auf ihren persönlichen Lebensstil, ringen zumindest mit diesen Normen.

> eben auch inhaltliche Dinge und auch persönlich kennen lernen (.) und und schätzen lernen dann eben. Deswegen bin ich immer immer noch ein bisschen anders, ich bin ja eine andere <u>Generation</u> oder so. (1) Nicht das das es gibt Sachen, die (.) die lassen sich- (ja,) die meisten bei uns sind das sind Veganer oder Vegetarier. Ich esse auch schon weniger Fleisch, aber ob ich- (.) Veganer will ich gar nicht werden, aber ob ich mal Vegetarier werden werde, kann sein! Das weiß ich noch nicht. Aber eh-eh auch wenn ich kein kein Vegetarier bin werde ich sicherlich (.) eh-eh viel, viel weniger Fleisch essen und mich bewusster ernähren, eh-eh was ich sowieso schon angefangen hatte. (B1m, 830–839)
> Mir ist halt aufgefallen- (1), dass ich (.) durch den Kontakt, mit den Informationen, die ich hier habe (.) halt (.) mich auch <u>selber</u> (.) ändere. (1) °Halt n- das° (2) ja, dass dass ich dann halt ehm (1) selber zum Beispiel erfahren habe, dass (wie) die Lebensmittelsituation ist, wie die Ti- Tiere behandelt werden, (mit) Massentierhaltung, (.) dass ich dadurch selber dann (richt-) (.) eh Vegetarier und Richtung Veganer (1) mich entwickel halt. (0,5) Dass man halt auch (ein) (1) anderes Bild von der Welt halt erhält. (B2m, 765–772)
> Ist nicht einfach. (.) und Veganer bin ich noch nicht, aber °@(.)@° […] ich versuche es. (B2m, 807–809)
> Ja, man fragt sich bei allem, was was steckt dahinter, ja. […] Und was wäre der richtige Weg. Oder wie geht man damit um oder (0,5) wie verhält man sich besser. (B2m, 999–1002)

Äußerungen dieser Art schließen an verbreitete, ‚szenetypische' Praxen und Überzeugungen (Gruppennormen) an und verweisen in erster Linie auf ein ‚Bemühen', solche Überzeugungen auch selbst umzusetzen. Sie gehen mit vielen Einschränkungen einher (‚weiß ich noch nicht, ich versuche es'), bleiben bisweilen seltsam abstrakt (wenn etwa der Arbeitsuchende seltener fliegen oder sein Geld bei einer umweltbewussten Bank anlegen will), und was aus einem ‚anderen Bild der Welt' letztlich folgt, bleibt offen. Aber sie verweisen auf die ‚undichten Grenzen' der Lebenswelten, auf ihre Ränder. Ob es genau an diesen Rändern zu Bildungsprozessen kommt, soll in einem nächsten Arbeitsschritt unter Einsatz biographieorientierter Verfahren geprüft werden.

Transkriptionsregeln

∟	Beginn einer Überlappung
(.)	Pause bis zu einer Sekunde
(2)	Anzahl der Sekunden, die eine Pause andauert

ja	laut (in Relation zur üblichen Lautstärke des Sprechers bzw. der Sprecherin)
°ja°	sehr leise (in Relation zur üblichen Lautstärke des Sprechers bzw. der Sprecherin)
ja-ja	schneller Anschluss; Zusammenziehung
jaaaa	Dehnung; je mehr Vokale aneinandergereiht sind, desto länger ist die Dehnung
ja	Betonung
[räuspert sich]	Kommentare bzw. Anmerkungen zu parasprachlichen, nicht verbalen oder gesprächsexternen Ereignissen
@ja@	lachend gesprochen
@(.)@	kurzes Auflachen
@(3)@	Anzahl der Sekunden, die ein Lachen andauert
viellei-	Abbruch eines Wortes/ eines Satzes
(......)	Unverständliche Äußerung; die Länge der Klammer entspricht etwa der Dauer der unverständlichen Äußerung

Literatur

Blumenberg, Hans. 2010. *Theorie der Lebenswelt*. Berlin: Suhrkamp.

Bogner, Alexander, und Wolfgang Menz. 2005. Das theoriegenerierende Experteninterview. In *Das Experteninterview*, Hrsg. Alexander Bogner, Beate Littig, und Wolfgang Menz, 33–70. Wiesbaden: VS Verlag für Sozialwissenschaften.

Böhme, Gernot, und Michael von Engelhardt. 1979. Einleitung: Zur Kritik des Lebensweltbegriffs. In *Entfremdete Wissenschaft*, Hrsg. Dies., 7–25. Frankfurt a. M.: Suhrkamp.

Bohnsack, Ralf. 2003. *Rekonstruktive Sozialforschung*. Opladen: Leske und Budrich.

Deutscher Ausschuss für das Erziehungs- und Bildungswesen. 1963. *Zur Situation und Aufgabe der deutschen Erwachsenenbildung*. Stuttgart: Klett.

Hitzler, Ronald, und Anne Honer. 1984. Lebenswelt, Milieu, Situation. *Kölner Zeitschrift für Soziologie und Sozialpsychologie* 36 (1): 56–74.

Hitzler, Ronald, und Thomas Eberle. 2004. Phänomenologische Lebensweltanalyse. In *Qualitative Forschung*, Hrsg. Uwe Flick, Ernst v. Kardoff, und Ines Steinke, 109–118. Hamburg: Rowohlt.

Honer, Anne. 1985. Beschreibung einer Lebenswelt. Zur Empirie des Bodybuilding. *Zeitschrift für Soziologie* 14 (2): 131–139.

Kommission der Europäischen Gemeinschaften. 2000. *Memorandum über lebenslanges Lernen*. Brüssel: Eigenverlag.

Meuser, Michael, und Ulrike Nagel. 2005. Experteninterviews – vielfach erprobt, wenig bedacht. In *Das Experteninterview*, Hrsg. Alexander Bogner, Beate Littig, und Wolfgang Menz, 71–93. Wiesbaden: VS Verlag für Sozialwissenschaften.

OECD. 1996. *Lifelong learning for all*. Paris: Eigenverlag.

Schemmann, Michael. 2007. *Internationale Weiterbildungspolitik und Globalisierung*. Biele-feld: W. Bertelsmann.

Schütz, Alfred, und Thomas Luckmann. 2003. *Strukturen der Lebenswelt*. Konstanz: UVK.

Strauss, Anselm. 1982. Social worlds and legitimation processes. *Studies in Symbolic Interaction* 4:171–190.

Wecke, Kerstin. 2011. Aneignung und Vermittlung von Wissen in kleinen sozialen Welten. Dargestellt am Beispiel der Hexen- und Heidenszene. Masterarbeit, Ruhr-Universität Bochum.

Wittpoth, Jürgen. 2003. Erziehung, Bildung, lebenslanges Lernen. In *Erziehung in der Moderne*, Hrsg. Dirk Rustemeyer, 509–520. Würzburg: Königshausen und Neumann.

Wittpoth, Jürgen. 2009. Leben Lernen lebenslang. In *Umlernen*, Hrsg. Norbert Ricken, Henning Röhr, Jörg Ruhloff, und Klaus Schaller, 291–301. München: Wilhelm Fink.

Bildung unter Bedingungen kultureller Pluralität. Perspektiven einer praxeologischen Bildungsforschung

Florian von Rosenberg

Bildung unter Bedingungen kultureller Pluralität kann als ein Schlüsselthema verstanden werden, insofern in einer kulturpluralen Gesellschaft nicht nur Akteure mit Migrationserfahrungen, sondern potentiell alle Mitglieder der Gesellschaft Erfahrungen von kultureller Pluralität machen (vgl. Wulf 1998; Koller 2002a, S. 97). In diesem Sinne ist die aufgeschlagene Diskussion keine, die sich nur in einer Spezialdisziplin – wie der interkulturellen Pädagogik (vgl. Nieke 2008) oder der Migrationspädagogik (vgl. Mecheril 2004) – verorten sollte, sondern sie stellt einen disziplinübergreifenden, weil alle Disziplinen betreffenden Problematisierungsanspruch. Einwände gegen einen solch allgemeinen thematischen Anspruch ließen sich aus einer systemtheoretisch orientierten Forschungsperspektive vorbringen, welche herausstellt, dass unterschiedliche kulturelle Konstruktionen von beispielsweise Ethnizität, Nationalität, Regionalität oder Religiosität in funktional differenzierten Gesellschaften strukturell bedeutungslos sind (Radtke 1996). Diesen vor allem für die Analyse von Organisationen aber auch für die Reflexion von pädagogischer Professionalität äußerst gewinnbringenden Überlegungen kann jedoch mit Albert Scherr (2001, S. 349) entgegengehalten werden, dass die auf der Ebene von Funktions- und Organisationssystemen festgestellte strukturelle Belanglosigkeit kultureller Konstruktionen nicht bedeutet, dass kulturelle Konstruktionen „damit zugleich auch für die alltägliche Kommunikation, die alltägliche Lebensführung, sowie die Prozesse der Identitätsbildung bzw. -umbildung von Individuen und sozialen Gruppen bedeutungslos werden." Scherr (ebd., S. 349) hält fest, dass die alltägliche Lebensführung nicht „in der Teilnahme an der Kommunikation der Funktionssysteme [aufgeht (F.v.R.)] (…) und (…) auch keine ausreichende Grund-

F. von Rosenberg (✉)
Allgemeine Erziehungswissenschaft, Universität Erfurt, Nordhäuser Straße 63,
99089 Erfurt, Deutschland
E-Mail: florian.von_rosenberg@uni-erfurt.de

F. von Rosenberg, A. Geimer (Hrsg.), *Bildung unter Bedingungen kultureller Pluralität,*   179
DOI 10.1007/978-3-531-19038-9_10, © Springer Fachmedien Wiesbaden 2014

lage für die individuelle Identitätsbestimmung und -erhaltung" bietet. Für die erziehungswissenschaftliche Forschung nicht irrelevant, differenziert Scherr (ebd.,
S. 350) zwischen Organisationen, in denen Interaktionsfähigkeit schlicht vorausgesetzt wird, z. B. wirtschaftlichen Organisationen, und Organisationen, wie z. B.
pädagogischen Organisationen, in denen „von der Bedingung der Lebenswirklich-
keit des alltäglichen Lebens nicht umfassend abstrahiert werden" kann. Der Kritik
an einem naiven Kulturalismus lässt Scherr (ebd., S. 350) somit eine Kritik an der
Kritik des naiven Kulturalismus folgen, welche „die Fähigkeit von Individuen als
Personen an funktional spezialisierter Kommunikation teilzunehmen, einfach als
gegeben voraussetzt." Aus dieser Perspektive ist die Frage, wie Akteure und Akteursgruppen mit kulturellen Konstruktionen umgehen durchaus gewinnbringend.

Ein Forschungsstrang, der die Konstituierung, Tradierung und Transformation des
Zusammenhangs von kulturellen Konstruktionen und Formen der Identitätsbildung in einer Verbindung von systematischen Reflexionen und empirischen Rekonstruktionen in den Vordergrund stellen kann, lässt sich in der bildungstheoretisch orientierten Biographieforschung finden. Bildung wird hier gemeinhin als
die Transformation von Selbst- und Weltverhältnissen beschrieben (vgl. Marotzki
1990; Koller 1999; Nohl 2006c; Geimer 2010; Fuchs 2011; Rosenberg 2011; Rose
2012).[1] In diesem Beitrag möchte ich an die genannte Forschungsrichtung anschließen und sie mit einer Analyse kultureller Pluralität in Verbindung stellen.
Ausgangspunkte sind hierfür zunächst systematische Überlegungen zum Begriff
der kulturellen Pluralität (1.), denen methodisch-methodologische Reflexionen
zur Erforschung von Bildungsprozessen folgen (2.). Hiervon ausgehend werde
ich mich in einem stärker empirisch angelegten Abschnitt mit einer Fallanalyse
auseinandersetzen, die in den Rahmen einer fallübergreifenden Typenbildung zu
Bildungsprozessen unter Bedingungen kultureller Pluralität eingebettet wird (3.),
um abschließend einige Umrisse einer praxeologischen Bildungsforschung zu skizzieren (4.).

---

[1] An einer an dieser Stelle in der Regel genannten Unterscheidung von Lernen und Bildung
bei der Lernen auf einen Wissenszuwachs innerhalb eines Orientierungsrahmens reduziert
wird, halte ich nicht mehr fest, insofern mir der gewählte Lernbegriff damit unterkomplex
erscheint. Vielmehr gehe ich davon aus, dass durch Lernprozesse auch Orientierungsrahmen
modifiziert und differenziert werden können, während Bildungsprozesse sich auf Transformationen von Orientierungsrahmen beziehen. Während die Modifikationen und Differenzierungen von Orientierungsrahmen in Lernprozessen partiell bleiben, führen die Transformationen in Bildungsprozessen aufgrund ihres umfassenden Charakters zu Reinterpretatio-
nen der eigenen Geschichte (vgl. hierzu ausführlich Rosenberg 2013).

1 Systematische Überlegungen zu einem Modell kultureller Pluralität

Um eine kulturtheoretische Verortung zu kennzeichnen möchte ich auf eine von mir geteilte Skepsis gegenüber Modellen von Multi- und Interkulturalität eingehen, vor deren Hintergrund sich ein Forschungsprogramm abzeichnet, dass die Mehrdimensionalität und Hybridität kultureller Einbindungen in Blick zu nehmen erlaubt.

Ursprünglich ausgehend von zeitdiagnostischen Aspekten schlägt Wolfgang Welsch in den frühen 1990er Jahren gegenüber Begriffen der Multi- und Interkulturalität das Konzept der Transkulturalität vor. Den zentralen Einsatzpunkt für eine andere Fassung des Kulturbegriffes stellt für Welsch (2010, S. 3) die Beobachtung dar, dass gegenwärtige Kulturen „de facto längst nicht mehr die Form der Homogenität und Separiertheit [haben (F.v.R.)], sondern sie durchdringen einander, sie sind weithin durch Mischung gekennzeichnet." Kulturelle Determinanten verlaufen für Welsch „quer durch die Kulturen (…), so dass diese nicht mehr durch klare Abgrenzungen, sondern durch Verflechtung und Gemeinsamkeiten gekennzeichnet sind." Welsch (ebd., S. 5) führt aus: „Die meisten unter uns sind in ihrer kulturellen Formation durch *mehrere* kulturelle Herkünfte und Verbindungen bestimmt. Wir sind kulturelle Mischlinge." Verfolgt man diesen Punkt auf einer systematischen Ebene weiter, ergeben sich gleichermaßen Anschlüsse an die Multikulturalismuskritiken von Reckwitz (vgl. 2010 erstmals 2001) wie auch von Nohl (2006a).[2]

Reckwitz (2010, S. 70 f.) zeigt auf, dass das kulturtheoretische Basisvokabular „in weiten Teilen der Multikulturalismusdebatte, (…) auf ein pluralistisches Homogenitätsmodell von Kultur hinausläuft." Dabei erscheint es nach Reckwitz (ebd., S. 71) problematisch, dass die Theoriearchitektur, mit der die Multiplizität von Kulturen gefasst wird, „auf einer impliziten Identifikation von Sinngrenzen mit Kollektivgrenzen beruht." Ähnlich wie Welsch sieht auch Reckwitz die Gefahr, dass gerade die gegen eine Homogenisierung anschreibenden Theorieangebote der Multikulturalität implizit homogenisierenden Grundannahmen folgen. Diese problematische Tendenz ist sowohl für Reckwitz als auch für Welsch in der kulturtheoretischen Bezugnahme auf Herder angelegt. Reckwitz verdeutlicht dies exemplarisch an der für die Diskussion um Multikulturalismus einflussreichen Arbeit von Charles Taylor (2009) „Multikulturalismus und die Politik der Anerkennung". Zentral geht Taylor nach Reckwitz (2010, S. 73) der Frage nach, „wie sich der Anspruch

---

[2] Nohl (2006a) arbeitet in seinen Ausarbeitungen zu einer Pädagogik kollektiver Zugehörigkeiten aus der Perspektive der praxeologischen Wissenssoziologie und vor allem unter Bezug auf das Konzept der Mehrdimensionalität ebenfalls eine Kritik an Homogenisierungsmodellen von Kultur aus, die an dieser Stelle eher aus Mangel an weiteren Zeichen vernachlässigt wird (vgl. hierzu ausführlicher Rosenberg 2013).

bestimmter Gruppen auf eine Respektierung und Verteidigung ihrer spezifischen
sozialen Praktiken, wie sich mithin der Anspruch auf eine gegenseitige Anerkennung der Eigenarten verschiedener Kollektive legitimieren lässt." In diesem Sinne
rechnet Taylor nach Reckwitz (ebd.) mit Kulturen, die als Personengruppen „jeweils ein bestimmtes Sinnsystem vertreten." Kulturen werden insofern bei Taylor
„mit Gemeinschaften gleichgesetzt, als sie in ihrer Eigenschaft als bedeutungsholis-
tisch strukturierte Sinnsysteme die gesamte Lebensweise eines Kollektivs anleiten"
(ebd.). Um die systematische Problematik aufzudecken, die in einer Gleichsetzung
von Gruppe und Sinnsystem angelegt ist, verfolgt Reckwitz Taylors handlungstheoretische Ausarbeitungen, die an anderer Stelle veröffentlicht sind. Reckwitz rekonstruiert Taylor als einen Vertreter einer Theorie der Praxis (vgl. hierzu auch
Reckwitz 2000, S. 478 ff.). Dabei geht Taylor nach Reckwitz (2010, S. 72) von einem
Handlungsmodell aus, in dem „jeder menschlicher Handlungsakt notwendiger-
weise von Akten des Sinnverstehens, von interpretativen Sinnzuschreibungen der
Akteure ermöglicht wird, mit denen diese den Gegenständen und Personen ihrer
Handlungsumwelt spezifische Bedeutung zuschreiben."

Für die Sinnzuschreibungen greifen die Akteure auf routiniertes und damit auf
implizit verfasstes Wissen zurück, das bei Taylor als Hintergrundwissen verstanden wird. Das Hintergrundwissen liefert „im Sinne eines Systems von Unterscheidungen jene übersubjektiven Sinnmuster, aus denen der einzelne Akteur in seinen
Sinnzuschreibungen schöpft" (ebd.). Problematisch werden Taylors handlungsthe-
oretischen Überlegungen dann, wenn er die mit dem Hintergrundwissen einhergehenden Sinnmuster auf die Grenzen einer Gruppe begrenzt. Kultur als Sinnmuster
wird dann als Lebensform verstanden, die für eine soziale Gruppe charakteristisch
ist und die sie von anderen sozialen Gruppen/Kulturen unterscheidet (vgl. ebd.,
S. 73). Die Sinngrenzen einer Gruppe entsprechen dann den Sinngrenzen eines Ak-
teurs. Reckwitz rekonstruiert luzide, wie Taylor so ein „pluralistisches Homogenitätsmodell" (ebd., S. 74 f.) einführt, insofern vorausgesetzt wird, „dass eine einzelne
Person wie auch ein ganzes Kollektiv sich als Trägerin eines und nur eines Sinn-
horizontes erweisen muss: Die Differenzen zwischen Sinnhorizonten erscheinen
gleichzeitig als Differenzen zwischen Gemeinschaften (…)."

Nimmt man die Kritik von Welsch und Reckwitz und an anderer Stelle Nohl
(vgl. 2006a) ernst, geht es darum ein Forschungsprogramm zu skizzieren, welches
erlaubt, die kulturellen Überlagerungsverhältnisse von Akteuren und Kollektiven
in unterschiedlichen Wissensordnungen zu analysieren. Im Fokus steht so ein kulturtheoretisch fundiertes Forschungsprogramm, welches mit der Überlagerung,
Mehrdimensionalität und Hybridität von unterschiedlichen Wissensmustern rechnet, die nicht ausschließlich an die Grenzen von Kollektiven gebunden sind. Es
geht darum, einen Begriff des Kollektiven zu systematisieren, welcher Kollektive

nicht als „undifferenzierte Großgruppen" (Reckwitz 2000, S. 618) begreift, sondern der die Uneindeutigkeit kultureller Ordnungen in den Blick zu nehmen erlaubt, wodurch eine „konzeptuelle Entkopplung von Sinngrenzen und Personengrenzen" (ebd., S. 623) eintritt. Die Grenze zwischen unterschiedlichen Kulturen verläuft dann nicht mehr zwischen unterschiedlichen Kollektiven, sondern „zwischen verschiedenen Praxis/Wissens-Komplexen" (ebd., S. 85). Kulturelle Pluralität wird dann als Pluralität von Praxis- und Wissenskomplexen verstanden, wobei sowohl auf systematischer als auch auf empirischer Ebene der „mehrdimensionale Vergleich" (Nohl 2006a, S. 153) von entscheidender Bedeutung ist. Eine methodologische Fundierung für ein solches Forschungsprogramm findet sich in der rekonstruktiven Sozialforschung.

2 Methodologische Fundierungen für die Rekonstruktion von Bildungsprozessen unter Bedingungen kultureller Pluralität: Prozessgenetische Typenbildung

Mit der in der rekonstruktiven Sozialforschung verankerten dokumentarischen Methode (vgl. Bohnsack 2003) wird ein forschungspraktischer Weg aufgezeigt, wie implizite und explizite Wissensmuster in ihrer (kulturellen) Mehrdimensionalität empirisch zu rekonstruieren sind.[3] Gegenüber intentionalen Handlungstheorien und für die zuvor genannten kulturtheoretischen Überlegungen anschlussfähig, betont die dokumentarische Methode den kollektiven und routinisierten Charakter der „atheoretischen" (Mannheim 1980, S. 73 ff.) Wissensbestände von Akteuren und Akteursgruppen. Methodologisch entscheidend für den Zugang zu dem impliziten Wissen ist ein Wechsel in der Analyseeinstellung, der sich in einem Wechsel von den *Was*- zu den *Wie*-Fragen dokumentiert. Es wird in der empirischen Rekonstruktion nicht der Frage nachgegangen, was die gesellschaftliche Realität in der Perspektive der Akteure ist, sondern wie die gesellschaftliche Realität in der Praxis der Akteure hergestellt wird (vgl. Bohnsack et al. 2001, S. 12). Damit steht die „Rekonstruktion der generativen Praxis, des Erzeugungsprinzips der Praxisformen" (Bohnsack 2003, S. 151) im Vordergrund.

Um die Perspektive auf den Herstellungsprozess von Praktiken zu lenken, wird der Geltungscharakter von Akteursaussagen eingeklammert. Fragen, ob die interpretierten Texte richtig oder falsch, moralisch gut oder schlecht sowie ästhetisch ansprechend oder abstoßend sind, bleiben außen vor. Fokussiert wird der modus operandi – das der Praxis zugrunde liegende Generierungsprinzip. Neben der

---

[3] Vgl. zum Folgenden auch Rosenberg 2011, S. 91 ff.

Einklammerung des Geltungscharakters von Akteursaussagen stellt innerhalb der dokumentarischen Methode die komparative Analyse mit dem Ziel einer mehrdimensionalen Typenbildung ein zentrales methodologisches Instrumentarium bei der Rekonstruktion von impliziten Wissensmustern dar. Gerade durch die mehrdimensional angelegte Analyse können im Prinzip die Homogenisierungstendenzen in der Rekonstruktion der Sinngrenzen von Personen und Gruppen eingeschränkt werden.[4] Bei der komparativen Analyse geht es darum, durch empirische Fallvergleiche das zu interpretierende Dokument mit Gegenhorizonten zu kontrastieren und zu differenzieren. Dies geschieht aus zwei Gründen: Zum einen wird das Material so nicht allein mit dem Gegenhorizont des Forschers konfrontiert, sondern es werden empirische Gegenhorizonte von Vergleichsfällen in die Interpretation mit aufgenommen, wodurch die eigene Standortgebundenheit methodologisch und forschungspraktisch relationiert wird (vgl. Nohl 2001a). Zum anderen zielt die komparative Analyse auf fallübergreifend angelegte Typenbildungen ab.

Als Typen können fallübergreifende Muster von Orientierungen und Prozessformen angesehen werden. Bei der Typenbildung geht es darum, „Orientierungsrahmen zu identifizieren, die sich von [einem (F.v.R)] Fall abheben und auch in anderen Fällen zu finden sind" (Nohl 2006b, S. 13). Dabei ist mit Bohnsack (2003, S. 143) „die Eindeutigkeit einer Typik (…) davon abhängig, inwieweit sie von anderen auch möglichen Typiken ‚abgegrenzt‘" werden kann. Zur Herausarbeitung einer Typik ist man damit konstitutiv auf einen Vergleich und damit auf eine komparative Analyse angewiesen.

Für die praxeologische Wissenssoziologie sind bislang zwei Formen von Typenbildungen besonders relevant geworden. Dabei handelt es sich um die sinn- und soziogenetische Typenbildung. Bei der *sinngenetischen Typenbildung* geht es, zur Veranschaulichung übertragen auf die Begrifflichkeit von Selbst- und Weltverhältnissen, darum, den modus operandi und damit die implizite Funktionsweise von Selbst- und Weltverhältnissen zu rekonstruieren. Im Fokus der Analyse steht dabei die Frage, nach welchem Prinzip ein Selbst- und Weltverhältnisse immer wieder ähnliche Denk-, Wahrnehmungs- und Handlungsstrukturen produziert. Die *soziogenetische Typenbildung* baut in diesem Sinne auf der sinngenetischen Typenbildung auf. Bei der soziogenetischen Typenbildung wird nicht nur der modus operandi eines Selbst- und Weltverhältnisses rekonstruiert, sondern durch komparative Analyse wird bestimmt, mit welchen Sozialdimensionen die Strukturen des Selbst- und Weltverhältnisses zusammenhängen. Beispielsweise, ob der mo-

---

[4] Dies schließt nicht aus, dass in manchen Arbeiten im Umfeld der praxeologischen Wissenssoziologie trotzdem ein homogenisierendes Kulturverständnis vorherrscht.

dus operandi eines Selbst- und Weltverhältnisses generations-, milieu- oder geschlechtsspezifisch zu verorten ist.

Für eine auch an Prozessen und nicht nur an Funktionen orientierte erziehungswissenschaftliche Forschung im Allgemeinen und für die Rekonstruktion von Bildungsprozessen[5] im Besonderen schlage ich nun vor die Formen der Typenbildung durch eine *prozessgenetische Typenbildung* weiter zu ergänzen.[6] Während bei der sinn- und soziogenetischen Typenbildung die Rekonstruktion von Selbst- und Weltverhältnissen in den Vordergrund tritt und damit ein Fokus auf der Analyse des modus operandi, beziehungsweise der Funktion von Selbst- und Weltverhältnissen liegt (vgl. Bohnsack 2003, S. 60), steht bei der prozessgenetischen Typenbildung die Geschichte der Selbst- und Weltverhältnisse und damit ihre Entwicklung, Differenzierung, Tradierung und gegebenenfalls ihre Modifizierung und Transformation im Zentrum der Rekonstruktion, wodurch sich das Tertium Comparationis gegenüber der sinn- und soziogenetischen Typenbildung verschiebt. Bei der prozessgenetischen Typenbildung werden nicht die verschiedenen Generierungsprinzipien von unterschiedlichen Selbst- und Weltverhältnissen miteinander, sondern in fallübergreifenden Analysen die unterschiedlichen Generierungsgeschichten von Selbst- und Weltverhältnissen verglichen. Es geht also nicht darum, nach welcher Funktionsstruktur ein Selbst- und Weltverhältnis operiert, sondern wie diese Funktionsstruktur sich konstituiert, tradiert, modifiziert, differenziert und unter Umständen transformiert hat. Durch die empirische Kontrastierung von Entstehungs-, Tradierungs- und Transformationsgeschichten mit anderen empirisch erhobenen Entstehungs-, Tradierungs- und Transformationsgeschichten geraten damit weniger die modi operandi, als vielmehr die Genesen von Selbst- und Weltverhältnissen in den Blick. Anders als bei der – in der bildungstheoretisch orientierten Biographieforschung häufig genutzten – Einzelfallanalyse wird bei der komparativen Analyse von Entstehungs-, Tradierungs- und Transformationsgeschichten nicht nur mit dem eigenen Interpretationshintergrund gearbeitet, sondern vor allem auch mit empirischen Gegenhorizonten. Durch fallübergreifende Vergleiche und die Kombination von sinn-, sozio- und prozessgenetischen Typenbildungen können so unterschiedliche und dennoch fallübergreifende Entstehungs-, Tradierungs- und Transformationsgeschichten in den Blick geraten.

---

[5] Zum Problemhorizont der Identifizierung von (Bildungs-)Prozessen vgl. Koller 2012, S. 139 ff.

[6] Auch an anderen Stellen wird darüber nachgedacht die herkömmlichen Formen der Typenbildung weiter zu ergänzen vgl. beispielsweise Nohl 2013.

3   Fallübergreifende Strukturen von Bildungsprozessen unter Bedingungen kultureller Pluralität

Als ein produktiver Anschluss für die Erforschung von Bildungsprozessen unter Bedingungen kultureller Pluralität lässt sich die schon genannte bildungstheoretisch orientierte Biographieforschung begreifen. Bildung wird hier als die Transformation von Selbst- und Weltverhältnissen untersucht. Dabei geht es in der Regel um Umschlagspunkte innerhalb einer Biographie, von denen aus die Biographie eine andere Wendung nimmt. In zwei DFG-Projekten[7] habe ich Lern- und Bildungsprozesse[8] untersucht, die sich im Kontext von Erfahrungen kultureller Pluralität vollziehen. Im Vordergrund standen hier fallübergreifende Rekonstruktionen von 25 Interviews. An dieser Stelle möchte ich auf den Einzelfall von Herrn Smith eingehen und ihn in den Kontext der fallübergreifenden Analysen miteinbeziehen.[9]

Herr Smith ist zum Zeitpunkt des Interviews neunundzwanzig Jahre alt und hat gerade sein Studium abgeschlossen. Sein Bildungsprozess ist durch die Auseinandersetzung mit Diskriminierungserfahrungen geprägt, welche in seiner Erzählung eine strukturierende Rolle einnehmen. Vergleicht man den Fall von Herrn Smith in komparativen Analysen mit anderen Interviews, in denen Diskriminierungserfahrungen eine bedeutsame Rolle einnehmen und mit Interviews, in denen diese Dimension nicht auftaucht, fällt eine fallübergreifende Struktur auf, die ich ihn Anlehnung an Nohl (2001b) als Sphärendifferenz interpretiert habe.

In dem Interview von Herrn Smith tauchen immer wieder Beschreibungen von sozialen Räumen wie der Schule oder der Straße auf, in denen er vor dem Hintergrund von Konstruktionen seiner Hautfarbe als different markiert und diskriminiert wird. Diese sozialen Räume möchte ich als äußere Sphäre beschreiben. Von der äußeren Sphäre ist eine von mir als innere Sphäre gekennzeichnete Sozialform zu unterscheiden, in der Herr Smith sich nicht durch seine Hautfarbe als different markiert und diskriminiert versteht. Zu der inneren Sphäre gehören seine Beziehung innerhalb der eigenen Familie, bestimmte Freundschaften und teilweise in der frühen Kindheit auch Orte wie das Militärläger in dem sein Vater arbeitet und

---

[7] Es handelt sich um die Projekte „Bildung – Transformation und Tradierung im Zusammenhang von Individualität und Kollektivität" (2008–2010) und „Lernorientierungen diesseits und jenseits des Bildungsprozesses: Der biographisch kontextuierte Aufbau von Wissen und Können" (2010–2012), welche von Arnd-Michael Nohl geleitet wurden.

[8] In der Folge werde ich mich auf die Darstellung der Bildungsprozesse beschränken.

[9] Interviewt wurden Akteure, die eine Konversion durchlaufen haben, die sich als ‚Vielreisende' oder ‚Traveller' bezeichneten, die in einer binationalen Paarbeziehung sozialisiert wurden und Akteure, die über Jahre in einer binationalen Paarbeziehung (gewesen) sind.

in dem die Familie eine Zeit lang wohnt. Die innere und die äußere Sphäre werden von Herrn Smith immer wieder mit Metaphern des ‚Schwarzen'[10] und des ‚Weißen Umfeldes' beschrieben, wobei sich eine Sphärendifferenz ergibt, die im Fall von Herrn Smith zum Ausgangspunkt eines Bildungsprozesses wird. Bezogen auf das ‚Weiße und Schwarze Umfeld' führt Herr Smith aus:

> Ich kann mich mit keinen von beiden hundertprozentig identifizieren und vielleicht sind das so die Schwierigkeiten mit denen äh mein Bruder und ich da konfrontiert sind und mit dem, so was, ne gewisse Orientierungslosigkeit oder auf jeden Fall Orientierungsbedürftigkeit einhergeht.

Verweisend auf die von ihm vorher im Interview eingeführte Unterscheidung von einem „weißen und schwarzen Umfeld" gibt Herr Smith an, sich mit keinem „von beiden hundertprozentig identifizieren" zu können. Gleichzeitig ergibt sich für Herrn Smith hieraus eine „Orientierungslosigkeit" und eine „Orientierungsbedürftigkeit". Bei Herrn Smith zeigt sich hier eine „interpretative Unbestimmtheit" (Reckwitz 2000, S. 623), die sich auf seine Zugehörigkeitskonstruktionen beziehen. Insbesondere Situationen, in denen „die eigene Person sowie die soziale Zugehörigkeit (…) nicht eindeutig bestimmbar" (Reckwitz 2010: 86) sind, scheinen geeignet die Selbst- und Weltverhältnisse von Akteuren zu irritieren und damit Modifizierungen einzuleiten. Gerade durch seine Nichtidentifizierung mit einer ‚Weißen oder Schwarzen Zugehörigkeit' kommt es bei Herrn Smith zu einer Hybridisierung, die ihm Schwierigkeiten bereitet sich als zugehörig zu fühlen und zu orientieren. Für Kontexte kultureller Pluralität typisch gerät Herr Smith damit „unter dem Einfluss verschiedener grundlegender Sinnhorizonte und kultureller Traditionen (…), die sich miteinander auf unberechenbare Weise kombinieren" (ebd., S. 82)[11] Die einleitend geschilderte Sphärendifferenz und die damit einhergehenden Überlagerungsverhältnisse, die im Fall von Herrn Smith zu interpretativen Unbestimmtheiten führen, sind damit Ausgangspunkt für einen folgenden Bildungsprozess, welcher fallübergreifend zunächst durch eine *erste Phase der ersten unspezifischen Kontakte* gekennzeichnet ist.[12] Bei Herrn Smith ergeben sich diese

---

[10] Um an dieser Stelle den Zuschreibungscharakter der Adjektivs *schwarz* und *weiß* zu verdeutlichen, wird entgegen grammatikalischer Regeln in meinen eigenen Interpretationen die Großschreibung gewählt, wohingegen bei den Zitatauszügen die gängige Schreibweise benutzt wird.

[11] Angemerkt sei an dieser Stelle, dass die Überlagerung eines ‚Weißen' und ‚Schwarzen Umfeldes' an dieser Stelle nur aufgenommene Metaphern aus den Erzählungen von Herrn Smith sind, hinter deren Zuschreibung und Identifizierung sich unterschiedliche Sozialdimensionen und -strukturen verbergen, deren Analyse an dieser Stelle nicht im Fokus steht.

[12] Während die Rekonstruktion der Sphärendifferenz als Ausgangspunkt des Bildungsprozesses stärker auf der Ebene von sinn- und soziogenetischen Analysen liegt, sind die folgenden

durch die zufällige Lektüre des Buches „Farbe bekennen" von Oguntoye, Ayim &
Schultz. Hiervon erzählt er:

> Hm ja erstmal war's ja so dass ich so ne ganze neue Welt damit auftat, weil ähm mir
> jetzt erstmal einigermaßen klar wurde es gibt nicht nur Leute, die sind so wie du und
> die haben ähnliche Erfahrungen wie du und äh also erleben ähnliche Dinge wie du
> sondern äh die sind auch in der Lage das theoretisch zu reflektieren und sich so zu
> organisieren dass sie diese Erfahrungen mit anderen teilen können [Auslassung (F.v.R.)]
> und das war einfach neu. Äh das war wahrscheinlich auch das erste Mal dass ich so ich
> mein (Pause) also zumindest also diese Erfahrungen so'n bisschen politisiert wurden.

Mit der Lektüre des Buches „Farbe bekennen" tut sich für Herrn Smith eine „neue
Welt" auf. In der Passage verweist Herr Smith einerseits darauf, dass er mit den
AutorInnen des Buches ein gemeinsames Wissen teilt, andererseits wird ihm hier
durch theoretische Reflexionen ein neuer Umgang mit den von ihm gemachten Erfahrungen angedeutet. Zuvor gemachte Erfahrungen der Diskriminierung zeigen
sich als ein „Bildungsvorhalt" (Kokemohr 2007, S. 64 ff.), welche im Sinne von
Nohl (vgl. 2011) als nicht-lineare Ressourcen später folgender Bildungsprozesse gedeutet werden können.

   Den ersten unspezifischen Kontakten folgt im Fall von Herrn Smith aber auch
fallübergreifend innerhalb einer prozessgenetischen Phasentypenbildung eine
zweite Phase der erprobenden Einlassung auf die neuen Erfahrungsansprüche. In
dieser Phase werden bestehende biographische Orientierungen durch neue Wis-
sens- und Praxiskomplexe kontrastiert und damit in Frage gestellt. Herr Smith
beginnt nach den ersten Kontakten mit sozialkritischen Schriften über Schwarze
Menschen in Deutschland ein Philosophiestudium, indem er sich zunächst weiter
erprobend mit den für ihn neuen Themenstellungen auseinandersetzt. Das Philosophiestudium, in dem er sich schnell auf Sozialphilosophie spezialisiert, bietet
ihm die Möglichkeit, sich weiter auf die für ihn neuen Erfahrungsansprüche einer
sozialkritischen Reflexion einzulassen. Schon zuvor in anderen Passagen genannte
Interessen an Reflexionen nimmt Herr Smith damit auf und ergänzt sie, indem er
sich, entsprechend neuer Erfahrungsansprüchen eines politisierten Raumes, um
eine Auseinandersetzung mit „Schwarzen Theoretikerinnen" wie Angela Davis be-

---

fallübergreifenden Analysen und die damit einhergehende Rekonstruktion einer Phasentypik einer prozessgenetischen Typenbildung zuzuordnen. In der Folge werden dabei vor allem
die fallübergreifenden Gemeinsamkeiten geschildert, während Unterschiede an dieser Stelle
vernachlässigt werden. Kontrastiert wird die dargestellte Phasentypik durch eine Phasentypik
von Lernprozessen (vgl. hierzu Rosenberg 2013).

müht. Herr Smith lässt sich erprobend auf die für ihn „neue Welt" ein, wodurch sich ihm neue Horizonte der Welt- und Selbstinterpretation öffnen.

Nach ersten unspezifischen Kontakten und daran anschließenden erprobenden Einlassungen, ist die dritte Phase des Bildungsprozesses von Herrn Smith – wie auch in anderen Bildungsfällen – durch eine *Phase der kontinuierlichen Auseinandersetzung* mit neuen Wissens- und Praxiskomplexen gekennzeichnet. Die in den erprobenden Einlassungen begonnenen Auseinandersetzungen werden hier auf Dauer gestellt. In dieser Phase kommt es zu einer Relevanzverschiebung. Waren zu Beginn der Bildungsprozesse die Auseinandersetzung mit den neuen Praxis- und Wissenskomplexen eine unter anderen, erhält die Auseinandersetzung mit den neuen Erfahrungsansprüchen in dieser Phase beginnend nun eine Relevanz, welche die gesamte Biographie tangiert. Herr Smith erzählt in diesem Zusammenhang wie das Projekt einer Schwarzen Theorie für ihn zu einem zentralen biographischen Thema wird. Ausgangspunkt ist dabei eine als Missachtung empfundene Erfahrung im Philosophiestudium. Ein Philosophiedozent stellt – im Zusammenhang mit einem Adorno Zitat – die ästhetische Legitimität Schwarzer Musik in Frage, was Herr Smith als Diskriminierung wertet. Diese Erfahrung veranlasst Herrn Smith zu einer systematischen Auseinandersetzung mit den Fragestellungen, mit denen sich auch sein Dozent respektive Adorno auseinandersetzt. Aus der philosophischen Geschichte heraus möchte er quasi genealogisch nachzuvollziehen, wie es zu dem von ihm empfundenen Ausschluss und der Abwertung der Thematik des Schwarz-Seins gekommen ist. Den ersten erprobenden Einlassungen folgt damit fallübergreifend eine kontinuierliche Auseinandersetzung, in der Herr Smith nun selbst die sozialkritische Position einer Schwarzen Theorie ausarbeiten möchte. Durch die kontinuierliche Auseinandersetzung vertieft sich Herr Smith in die für ihn neuen Erfahrungsansprüche eines von mir als Politisierung und Reflexion der eigenen Hautfarbe interpretierten Wissens- und Praxiskomplexes.

In der sich fallübergreifend dokumentierenden *vierten Phase der Generierung neuer biographischen Selbstthematisierungen* nimmt der Bildungsprozess eine Wendung. In dieser Phase beginnt Herr Smith seine Biographie vor dem Hintergrund einer Politisierung der Hautfarbe und einer damit in der vorherigen Phase sich schon vollziehenden Relevanzverschiebung zu reinterpretieren. Über die Auseinandersetzung mit „schwarzen Theoretikerinnen" erzählt er in diesem Zusammenhang:

> Ja es war sicher auch gerade in der Zeit in der ich ja generell einfach nicht wusste wie ich mich also, war so ne merkwürdige orientierungslose Zeit in der ich gar nicht genau wusste wo ich hinwollte *[Auslassung (F.v.R.)]* ich glaub da zu der Zeit fügte sich da einfach so Einiges zusammen, das hat sich auch immer wieder aufgelöst, und alles wieder neu zusammengesetzt und sich verändert, aber in der Zeit war das so dass es

auch mir im Ganzen ne gewisse Orientierung verlieh und womit ich gerade Schwierigkeiten hatte und so da wär einfach die Möglichkeit mich mit irgend was zu identifizieren und mich mit n paar Leuten zu identifizieren und (mit den) Geschichten zu
identifizieren und einfach so zum Beispiel einfach sagen zu können äh als schwarzer
Deutscher hab ich diese Geschichte.

In einer Phase der Orientierungslosigkeit bietet Herr Smith die Auseinandersetzung mit Schwarzen Theoretikerinnen die Möglichkeit, seiner Biographie Orientierung zu geben. Wenn Herr Smith anspricht, dass sich in dieser Zeit für ihn
einiges gelöst und wieder neu zusammengesetzt hat, spricht er einen Prozess der
Reorganisation und Reinterpretation der eigenen Biographie an. Dabei wird die
Reorganisation seiner eigenen Biographie vor dem Horizont anderer Interviewpas-
sagen deutlich, in denen Herr Smith über die schon im Zusammenhang mit der
Sphärentrennung genannten widerstreitenden Sozialisationsphänomene in seiner
Jugend und Kindheit spricht. Wie Herr Smith dort erzählt, fühlt er sich im Zusammenhang mit rassistischen Erfahrungen und durch Milieuunterschiede weder
in Deutschland, noch bei der Schwarzen Familie seines Vaters, zu der eine große
räumliche Distanz besteht, integriert. Gleichzeitig gibt Herr Smith jedoch an, dass
ihn beide Sozialisationsorte direkt oder indirekt stark geprägt hätten. In den biographischen Erzählungen berichtet Herr Smith immer wieder von hybriden Sozia-
lisationsphänomenen, die ihm insbesondere vor seinem Bildungsprozess Orientie-
rungsschwierigkeiten bereitet haben.

Die Solidarisierung mit einer Politisierung der Hautfarbe von Schwarzen Menschen in Deutschland hilft Herrn Smith, seine Biographie neu zu interpretieren
und die hier angelegte Sphärendifferenz anders zu bearbeiten, wodurch neue biographische Selbstthematisierungen entstehen können. Herr Smith sucht dabei
einen Anschluss an einen politisierten Raum Schwarzer Deutscher, die mit ihm
eine Geschichte teilen. Dabei hält er an anderen Stellen des Interviews fest, dass
sich seine Geschichte als Schwarzer Mensch in Deutschland von der Geschichte
Schwarzer Menschen in Nordamerika oder Großbritannien und damit auch von
der Geschichte seines Vaters unterscheidet. Seine mehrdimensional organisierte
hybride Sozialisationsgeschichte bildet für Herrn Smith einerseits den Hintergrund, der ihn für eine neue soziale Ordnung ansprechbar macht, und andererseits bildet sie auch den Gegenhorizont, von dem sich Herr Smith kritisch absetz-
ten möchte. Herr Smith findet zu einer Transformation seiner Selbst- und Weltverhältnisse, in der die Politisierung der eigenen Hautfarbe seiner Biographie eine
neue Ordnung gibt.

4 Umrisse einer praxeologischen Bildungsforschung

Resümiert man den gewählten Forschungsweg einer auf Bedingungen kultureller Pluralität fokussierenden praxeologischen Bildungsforschung,[13] werden einige
Unterschiede zu bisherigen Untersuchungen deutlich. Während die meisten – der
ohnehin spärlich gesäten – bildungstheoretisch orientierten Untersuchungen zu
Bildungsprozessen unter Bedingungen kultureller Pluralität sich mit der Analyse
von Einzelfällen beschäftigen (Koller 2002a; Kokemohr 2007; Schäfer 2009; Rose
2012), zielt eine praxeologische Bildungsforschung in dem vorgestellten Design auf
die Rekonstruktion von fallübergreifenden Strukturen ab (vgl. Nohl 2003; Rosenberg 2013). Möglich wird so, die mehrdimensional und hybrid strukturiert kulturelle Einbindung in ihrer individuellen Ausprägung genauso wie in ihrer kollektiven Verankerung in den Blick zu nehmen. Sowohl die genannten Einzelfall-
analysen, als auch die auf komparative Analysen abzielenden Zugänge eint, dass
anders als bei hypothesenprüfenden Forschungslogiken empirische Ergebnisse
nicht nur zur Veranschaulichung, Legitimation und Bestätigung von theoretischen
Reflexionen verwendet werden, genauso wenig wie theoretische Zugriffe nur die
empirischen Ergebnisse erklären sollen. Empirische Dokumente werden als Ma-
terialformen verstanden, die das Potential besitzen, sich gegenüber theoretischen
Überformungen als widerständig zu zeigen, wodurch Möglichkeiten entstehen,
neue Theorien zu generieren. Im besten Fall treten empirische Rekonstruktionen
und theoretische Reflexionen in ein Resonanzverhältnis, bei dem ein wechselseitiger Differenzierungsprozess einsetzt, aus dem heraus eine „theoretische Empirie"
(Kalthoff u. a. 2008) beziehungsweise eine empirisch gegründete Theorie (Glaser
und Strauss 1967) entstehen kann. Nimmt man die empirischen Rekonstruktionen
des Falles von Herrn Smith und die damit zusammenhängenden fallübergreifenden Analysen in den Blick, dann erweist sich Bildung in dem vorgestellten Sinne
nicht als Aneignung eines Wissens über Kulturen oder gar als der Erwerb einer
interkultureller Kompetenz, sondern Bildung zielt hier vor dem Hintergrund einer
mehrdimensionalen kulturellen Einbindung in unterschiedlicher Art und Weise
auf die Transformation von Selbst- und Weltverhältnissen ab.

Literatur

Bohnsack, Ralf. 2003. *Rekonstruktive Sozialforschung. Einführung in die Methodologie und
Praxis qualitativer Forschung, 5. überarbeitete Ausgabe.* Opladen: Budrich.

---

[13] Vgl. zu dem Ansatz einer praxeologischen Bildungsforschung auch: Geimer und Rosenberg 2013.

Bohnsack, Ralf, Iris Nentwig-Gesemann, und Arnd-Michael Nohl, Hrsg. 2001. *Die dokumentarische Methode und ihre Forschungspraxis. Grundlagen qualitativer Sozialforschung.* Opladen: Budrich.

Fuchs, Thorsten. 2011. *Bildung und Biographie. Eine Reformulierung der bildungstheoretisch orientierten Biographieforschung.* Bielefeld: Transcript.

Geimer, Alexander. 2010. *Filmrezeption und Filmaneignung. Eine qualitativ-rekonstruktive Studie über Praktiken der Rezeption bei Jugendlichen.* Wiesbaden: VS.

Geimer, Alexander, und Florian von Rosenberg. 2013. Praxeologische Bildungsforschung. Dokumentarische Methode und die bildungstheoretisch orientierte Biographieanalyse. In *Dokumentarische Methode. Grundlagen. Entwicklungen. Anwendungen*, Hrsg. Peter Loos, Arnd-Michael Nohl, Aglaja Przyborki, und Burkhard Schäffer, 142–154. Opladen: Barbara Budrich.

Glaser, Barney, und Anselm Strauss. 1967. *The discovery of grounded theory.* Chicago: Aldine Pub.

Kalthoff, Herbert, Stefan Hirschauer, und Gesa Lindemann, Hrsg. 2008. *Theoretische Empirie. Zur Relevanz qualitativer Forschung.* Frankfurt a. M: Suhrkamp.

Koller, Hans-Christoph. 1999. *Bildung und Widerstreit. Zur Struktur biographischer Bildungsprozesse in der (Post-)Moderne.* München: Fink.

Koller, Hans-Christoph. 2002a. Bildung und kulturelle Differenz. Zur Erforschung biographischer Bildungsprozesse von MigrantInnen. In *Biographische Arbeit*, Hrsg. Margret Kraul und Winfried Marotzki, 92–116. Opladen: Budrich.

Kokemohr, Rainer. 2007. Bildung als Welt und Selbstentwurf im Anspruch des Fremden. Eine theoretisch-empirische Annäherung an eine Bildungsprozesstheorie. In *Bildungsprozesse und Fremdheitserfahrungen. Beiträge zu einer Theorie transformativer Bildungsprozesse*, Hrsg. Koller, Hans-Christoph, Marotzki, Winfried, und Sanders, Olaf, 13–68. Bielefeld: Transcript.

Koller, Hans-Christoph. 2002b. Bildung und Migration. Bildungstheoretische Überlegungen im Anschluss an Bourdieu und die Cultural Studies. In *Bildung/Transformation. Kulturelle und gesellschaftliche Umbrüche aus bildungstheoretischer Perspektive*, Hrsg. Werner Friedrichs, und Olaf Sanders, 181–200. Bielefeld: Transcript.

Koller, Hans-Christoph. 2012. *Bildung anders denken. Einführung in die Theorie transformatorischer Bildungsprozesse.* Stuttgart: Kohlhammer.

Mannheim, Karl. 1980. *Strukturen des Denkens.* Frankfurt a. M: Suhrkamp.

Marotzki, Winfried. 1990. *Entwurf einer strukturalen Bildungstheorie. Biographietheoretische Auslegung von Bildungsprozessen in hochkomplexen Gesellschaften.* Weinheim: Juventa.

Mecheril, Paul. 2004. *Einführung in die Migrationspädagogik.* Weinheim und Basel: Beltz.

Nieke, Wolfgang. 2008. *Interkulturelle Erziehung und Bildung.* Wiesbaden: VS.

Nohl, Arnd-Michael. 2001a. Komparative Analyse: Forschungspraxis und Methodologie dokumentarischer Methode. In *Die dokumentarische Methode und ihre Forschungspraxis. Grundlagen qualitativer Sozialforschung*, Hrsg. Ralf Bohnsack, Iris Nentwig-Gesemann, und Arnd-Michael Nohl, 253–275. Opladen: Budrich.

Nohl, Arnd-Michael. 2001b. *Jugend und Differenzerfahrung. Junge Einheimische und Migranten im rekonstruktiven Milieuvergleich.* Opladen: Leske+Budrich.

Nohl, Arnd-Michael. 2003. Interkulturelle Bildungsprozesse im Breakdance. In *HipHop. Globale Kultur - lokale Praktiken*, Hrsg. Jannis Androutsopoulos, 297–321. Bielefeld: Transcript.

Nohl, Arnd-Michael 2006a. *Konzepte interkultureller Pädagogik. Eine systematische Einführung.* Bad Heilbrunn: Klinkhardt.

Nohl, Arnd-Michael. 2006b. *Bildung und Spontaneität. Phasen biographischer Wandlungsprozesse in drei Lebensaltern. Empirische Rekonstruktionen und pragmatistische Reflexionen.* Opladen: Budrich.

Nohl, Arnd-Michael. 2006c. Spontane Bildungsprozesse im Kontext von Adoleszenz und Migration. In *Adoleszenz - Migration - Bildung. Bildungsprozesse Jugendlicher und junger Erwachsener mit Migrationshintergrund,* Hrsg. Vera King und Hans-Christoph Koller, 159–176. Wiesbaden: VS.

Nohl, Arnd-Michael. 2011. Ressourcen von Bildung - empirische Rekonstruktionen zum biographisch situierten Hintergrund transformativer Lernprozesse. *Zeitschrift für Pädagogik* 6:911–927.

Nohl, Arnd-Michael. 2013. *Relationale Typenbildung und Mehrebenenvergleich. Neue Wege der dokumentarischen Methode.* Wiesbaden: VS.

Oevermann, Ulrich. 1991. Genetischer Strukturalismus und das sozialwissenschaftliche Problem der Erklärung des Neuen. In *Jenseits der Utopie. Theoriekritik der Gegenwart,* Hrsg. Steffan Müller-Dohm, 267–336. Frankfurt a. M: Suhrkamp.

Radtke, Frank-Olaf. 1996. Fremde und Allzufremde - Der Prozess der Ethnisierung gesellschaftlicher Konflikte. In *Ethnisierung gesellschaftlicher Konflikte,* Hrsg. Friedrich-Ebert-Stiftung Forschungsinstitut, 7–18. Bonn: Friedrich-Ebert-Stiftung.

Reckwitz, Andreas. 2000. *Die Transformation der Kulturtheorien. Zur Entwicklung eines Theorieprogramms.* Weilerswist: Velbrück.

Reckwitz, Andreas. 2010. *Unscharfe Grenzen. Perspektiven der Kultursoziologie.* Bielefeld: Transcript.

Rose, Nadine. 2012. *Migration als Bildungsherausforderung. Subjektivierung und Diskriminierung im Spiegel von Migrationsbiographien.* Bielefeld: Transcript.

Rosenberg Florian von. 2011. *Bildung und Habitustransformation. Empirische Rekonstruktionen und bildungstheoretische Reflexionen.* Bielefeld: Transcript.

Rosenberg Florian von. 2013. Lern- und Bildungsprozesse im Kontext kultureller Pluralität: Erfahrungen der Negativität, Fremdheit, Delegitimation und des Grenzexperiments. Auf dem Weg zu einer empirisch fundierten Theorie. Habilitationsschrift an der Helmut-Schmidt-Universität Hamburg.

Schäfer, Alfred. 2009. Bildende Fremdheit. In *Wie ist Bildung möglich?* Hrsg. Lothar Wigger. Bad Heilbrunn: Klinkhardt.

Scherr, Albert. 2001. Interkulturelle Bildung als Befähigung zu einem reflexiven Umgang mit kulturellen Einbettungen. *Neue Praxis* 4:347–357. (Neuwied).

Taylor, Charles. 2009. *Multikulturalismus und die Politik der Anerkennung.* Frankfurt a. M: Suhrkamp.

Welsch, Wolfgang. 2010. Was ist eigentlich Transkulturalität? Pdf-Datei im Netz unter: http://www2.uni-jena.de/welsch/tk-1.pdf. Zugegriffen: 27. Sept 2013. (Auch erschienen Darowska, Lucyna und Claudia Machold, Hrsg. 2009. Hochschule als transkultureller Raum? Beiträge zu Kultur, Bildung und Differenz. Bielefeld: Transcript).

Wulf, Christoph. 1998. Bildung als interkulturelle Aufgabe. In *Deutsche Gegenwartspädagogik. Interdisziplinäre Verflechtung. Intradisziplinäre Differenzierung,* Bd. 3, Hrsg. Michele Borrelli und Jörg Ruhloff, 41–55. Hohengehren: Schneider.

Zur Unwahrscheinlichkeit von Bildung: Potenzielle Subjektivierungskrisen vor dem Hintergrund der Relation von Habitus, Identität und diskursiven Subjektfiguren

Alexander Geimer

1 Anliegen

Der vorliegende Beitrag skizziert zunächst neuere Modelle der Bildungstheorie, die ihren Gegenstand als Transformation von Selbst- und Weltverhältnissen begreifen (Abschn. 2). Auch wenn sich diese Modelle als äußerst fruchtbar für den sozial- und erziehungs- bzw. bildungswissenschaftlichen Diskurs erwiesen haben, so teilen sie eine Leerstelle hinsichtlich der systematischen Relation von impliziten und reflexiven Wissensstrukturen unter den Bedingungen kultureller Pluralität, welche dieser Beitrag versucht, mit dem Einsatz von Konzepten der Cultural Studies (Abschn. 3) und Governmentality Studies (4) wie der praxeologischen Wissenssoziologie, welche die zuvor herausgearbeiteten Konzepte umklammert (5), zu schließen. Aus den genannten Ansätzen werden Aspekte entnommen, die es ermöglichen Gleichzeitigkeiten, Ambivalenzen und Paradoxien zu denken, die Bildung als grundlegenden Transformationsprozess eher unwahrscheinlich machen als befördern. Bildung stellt sich so als ein Prozess der Subjektivierung unter anderen dar, welcher sich unter den Bedingungen kultureller Pluralität nicht ohne Weiteres einstellt. Während von vielen bildungstheoretischen Ansätzen hervorgehoben wird, dass Bildung der Erfahrung des Fremden, Anderen und der Differenz aufruht, so wird anhand eines empirischen Beispiels aus der Medienforschung (6)

A. Geimer (✉)
Soziologie, insb. Methoden qualitativer Sozialforschung,
Universität Hamburg, Allende-Platz 1,
20146 Hamburg, Deutschland
E-Mail: alexander.geimer@wiso.uni-hamburg.de

F. von Rosenberg, A. Geimer (Hrsg.), *Bildung unter Bedingungen kultureller Pluralität*, 195
DOI 10.1007/978-3-531-19038-9_11, © Springer Fachmedien Wiesbaden 2014

argumentiert, dass vor dem Hintergrund der massenhaften Verbreitung medialer Repräsentationen von kultureller Differenz und Pluralität davon auszugehen ist, dass die Ein- und Übernahme von Subjektfiguren vor allem identitätsbezogener Distinktion dienen kann, während sich grundlegende Selbst- und Weltverhältnisse im Sinne habituell verankerter Orientierungen kaum irritieren lassen, so dass Bildungsprozesse – also gerade aufgrund kultureller Pluralität und entsprechend vielfältiger Differenzerfahrungen – sich vermeiden lassen.

2 Bildung als Transformation von Selbst- und Weltverhältnissen

Bildung ist in der neueren Bildungstheorie stets die Antwort auf die Frage nach der Entstehung von grundlegend Neuem in solchen Erfahrungs- und Handlungsprozessen, in denen sich die Genese von Subjektivität vollzieht. Generative Prinzipien der Erfahrung und des Handelns unterliegen dann einem Wandel, der häufig mit dem Begriff der Transformation von Selbst- und Weltverhältnissen gefasst ist (vgl. z. B. Marotzki 1990; Kokemohr und Koller 1995; Koller 1999; Nohl 2006; Geimer 2010; Rosenberg 2011, 2013, Geimer und Rosenberg 2013). Damit ist der Bildungsbegriff vom Begriff des Lernens unterschieden; letzterer vermag kaum die Tiefe jener bildungsspezifischen Transformationsprozesse auszuloten. Man kann dies, etwa mit Meder (2002, S. 11), auf die „Psychologisierung und Technologisierung" des Lernbegriffs zurückführen. Auch weist Meder darauf hin, dass im Kontrast zum Lernbegriff der Begriff der Bildung „Veränderungsprozesse [kennzeichnet, A.G.], die Lernen enthalten, in denen aber darum gestritten wird, was Welt und Gesellschaft ist und sein soll und wie sich der Einzelne in Welt und Gesellschaft verortet" (ebd.). Damit markiert der Lernbegriff die Veränderung innerhalb einer gegebenen Ordnung bzw. eines bestehenden Rahmens, während der Bildungsbegriff die Änderungen an der Gegebenheit von Orientierungen bzw. der Konfiguration der Rahmen meint. Diese Differenz wurde von Marotzki (1990, S. 52 ff.) im Anschluss an Bateson folgendermaßen bestimmt: „Jedem Lernprozeß liegt ein Rahmen zugrunde, der als Kon-Text den Text definiert. […] Lernprozesse, die diese Rahmen transformieren, habe ich Bildungsprozesse genannt". Diese grundlegende Unterscheidung wurde vielfach aufgegriffen und weiter entwickelt. Während Lernen, auch im Falle weitgehender Autonomie und Selbststeuerung, stets die Ausdifferenzierung von Wissensstrukturen in einem gegebenen Rahmen bezeichnet, bezeichnet also der Bildungsbegriff die Modifikation umfassender Strukturen der Weltaufordnung und Selbstbezüge. In dieser Hinsicht lassen sich drei Varianten im Kontext der Bildungstheorie unterscheiden (vgl. Nohl 2006, S. 11 ff.): reflexionstheoretische, sprachtheoretische und handlungstheoretische bzw. praxeologische Positionen.

Die genannten Ansätze spüren in ihren empirischen Arbeiten und methodologischen Überlegungen der Bedeutung des Wechselverhältnisses zwischen Reflexion und impliziten Grundlagen der Alltagspraxis für die Transformation von Selbst- und Weltverhältnissen nach; dies gilt insbesondere für die Arbeiten, die aus dem Umfeld der praxeologischen Wissenssoziologie (Bohnsack 2006, 2007, 2010) hervorgegangen sind und sich als eine praxeologische Bildungsforschung verstehen (Nohl 2006; Geimer 2010; Rosenberg 2011; Geimer und Rosenberg 2013). Dabei wird jedoch die *Relation von präreflexivem und reflexivem Wissen* ohne systematische Berücksichtigung der Pluralität diskursiver Subjektfiguren konzipiert, auch wenn eine „symbolisch-diskursive Vermitteltheit von Selbst- und Weltverhältnissen" (Koller 2012, S. 21; vgl. auch Reh und Ricken 2012; Rosenberg 2011) in Rechnung gestellt wird. Teilweise lassen sich diese Beschränkungen durch den Kulturbegriff der Cultural Studies (3) und den Subjektbegriff der Governmentality Studies (4) überwinden – jedenfalls, wenn man beide praxeologisch wendet (5). Kulturelle Pluralität erscheint dann einerseits als Vielfalt einzunehmender Subjektfiguren, was ein hohes Maß an erlebter Kontingenz potenzieller Anderen- und Weltverhältnisse impliziert, und andererseits als komplexes Selbstverhältnis, in welchem gleichzeitig eine Anerkennung von Subjektfiguren wie zugleich das Erleben ihrer Irrelevanz möglich ist. In diesem Sinne werde ich von einer dissoziativen Aneignung von diskursiven Subjektfiguren sprechen (vgl. auch Geimer 2012).

3   Kulturbegriff der Cultural Studies

Kulturanalyse bezeichnete schon aus Perspektive der frühen Cultural Studies „the clarification of the meanings and values implicit and explicit in a particular way of life, a particular culture" (Williams 2001[1961], S. 57). Dabei steht die aktive Gestaltung dieses „way of life" im Vordergrund, der also nicht lediglich als Produkt und determinierter Ausdruck hegemonialer Kräfte verstanden wird. Hierin ähneln die britischen Cultural Studies einer Transformation des Kulturverständnisses der amerikanischen Soziologie. Kultur wird auch von der Ethnomethodologie (Garfinkel 1967) als Tun von Kultur bzw. „Doing Culture" (vgl. Hörning und Reuter 2004) gefasst. Während die Ethnomethodologie gegen Konzepte eines „cultural dope" (Garfinkel 1967, S. 68), wie etwa in Parsons Sozialisationstheorie geortet, anschrieb, so sind die Cultural Studies wesentlich als neomarxistisches Projekt zu verstehen. Über die Rezeption Althussers wie insbesondere Gramscis in den Cultural Studies öffnete sich die an Marx orientierte Politik der Ökonomie hin zu einer Politik der (Medien- und Populär)Kultur bzw. einer „politics of signification" (Hall

1982, S. 69, vgl. 1997, 2009). Insofern bewegten sich die Analysen der Cultural Studies „away from ecomomic politics toward a more generalized cultural politics"
(Lewis 2002, S. 100). Indem Ideologie nicht als falsches Bewusstsein, sondern generell als Grundlage der Hervorbringung von Subjektivität verstanden wird, können
die diskursiven und kulturellen Ressourcen der Produktion von Subjektivität in
den Vordergrund rücken: „The designation of ideologies as ‚systems of representation‘ acknowledges their essentially discursive and semiotic character" (Hall 1996a,
S. 23). Diese Ressourcen sind grundlegend von kultureller Pluralität geprägt, indem
unterschiedliche Diskurse – insbesondere im Rahmen der medialen Populärkultur – um Definitionsmacht ringen: „There is a continuous and necessary uneven
struggle, by the dominant culture, constantly to disorganise and reorganise popular
culture; to enclose and confine its definitions and forms within a more conclusive
range of dominant forms" (Hall 1981, S. 233). Kultur und Ideologie sind so gesehen unauflösbar verknüpft und das Kernproblem der Cultural Studies besteht
daher, wie Hall (1980, S. 72) hervorhebt, in einer kritischen Analyse des „terrain
marked out by those strongly coupled but not mutually exclusive concepts culture/
ideology".

Gegenwärtige Strukturen und historische Prozesse eines diskursiven Kampfs
um Bedeutung herauszuarbeiten (und der Seite der Marginalisierten und Unterlegenen zur Sprache zu verhelfen) ist das Kernanliegen der Cultural Studies, die
dabei insbesondere auf Medien(rezeptions)analysen setzen (vgl. Geimer 2011, im
Druck, a, im Druck, b), denn: „cultural studies explores culture as a site where
subjectivity is constructed. For cultural studies, contemporary subjectivity is inextricably interwoven with media representation" (Stam 2000, S. 22). Dabei wird vor
allem in neueren Arbeiten die Widersprüchlichkeit von Kultur wie die Pluralität
kultureller Regulierungsformen betont, wodurch ein Blick auf Gleichzeitigkeiten
und Ambivalenzen ermöglicht wird.

Hall unterscheidet bspw. zwischen verschiedenen Regulierungsformen („cultural know how", „cassificatory systems", „production of subjectivities", s. u.), deren
Zusammenspiel im Weiteren vor allem hinsichtlich der Relation von reflexiven und
präreflexiven Wissensstrukturen zu berücksichtigen und in einen Zusammenhang
mit dem Bildungsbegriff zu bringen ist. Hall selbst hat bereits die Regulierung
durch Kultur („governance by culture") zumindest in einen engen Zusammenhang
mit *education* gerückt: „What is education if it is not the process by which society
inculcates its norms, standards and values – in short, its ‚culture‘ – into the next
generation in the hope and expectation that, in this way, it will broadly guide, channel, influence and shape the actions and beliefs of future generations [...] What is
this if not regulation – moral governance by culture?" (Hall 1997, S. 233).

Wenn Hall unter *education* die Einflussnahme auf *actions* und *beliefs* zukünftiger Generationen im Sinne einer *moral governance* fasst, versteht er *education* auch
als einen Regulierungsmechanismus in Anschluss an Foucaults Konzept der Sub-
jektivierung im Sinne der Führung von Führungen (Foucault 1994, 2007), der das
Subjekt befähigt, sich selbst zu kontrollieren und zu regulieren. Vor diesem Hinter-
grund wird im Weiteren auf den Subjektbegriff nach Foucault bzw. im Sinne der
Governmentality Studies rekurriert. Im Anschluss an die Prozessualisierung und
Differenzierung des Kulturbegriffs in den Cultural Studies zeichnet sich so eine
Prozessualisierung und Differenzierung des Begriffs der Bildung ab, die jedoch im
Rahmen der Cultural Studies selbst nicht zu erarbeiten ist. Der Einsatz der Govern-
mentality Studies dient im Folgenden dazu, die Relationen zwischen diskursiven
Subjektfiguren, die als hegemoniale Appellstrukturen zur Führung des Selbst (und
zu Bildungsprozessen) anreizen, und (prä)reflexiven Wissensstrukturen näher zu
diskutieren, um diese Relation anschließend bildungstheoretisch zu diskutieren.

4 Subjektbegriff der Governmentality Studies

Foucault geht es um den Entwurf einer „Geschichte der verschiedenen Verfahren
[…], durch die in unserer Kultur Menschen zu Subjekten gemacht werden" (Foucault 1994, S. 243). Von besonderem Interesse ist hier der routinierte und eingeübte, selbstreflexive Charakter der (angeleiteten) Führung des eigenen Selbst, der
darauf beruht, dass „der Mensch ins Innere seines eigenen Wissens eingeht" (Foucault 1996, S. 53), was Foucault zum grundlegenden „Phänomen" (ebd.) erklärt, um
das seine Arbeiten kreisen. Dieses Wissen um und von sich selbst hängt zusammen
mit der „Entstehung einer Normalisierungsgesellschaft und ihren Praktiken der
Einschließung" (Foucault 1996, S. 49, vgl. 1983, S. 139), die dazu führen, dass der
Mensch lernt, „sich als Subjekt zu begreifen und als solches anzuerkennen" (Rieger-
Ladich 2004, S. 204). Die Normalisierungsgesellschaft des „modernen Staats" (Foucault 1994, S. 249) ist gekennzeichnet von einer Übernahme und Transformation
der christlichen Pastoralmacht, die selbst an Kulturbedeutsamkeit verlor und sich
in die institutionelle und organisatorische Logik jenes modernen Staates und der
Zivilgesellschaft einschrieb, in der wir heute leben (vgl. Foucault 1983, S. 61 ff.).
Entsprechend gilt es die Lebensweise unter diesen Bedingungen dahingehend zu
untersuchen, „in welchen Formen, durch welche Kanäle und entlang welcher Diskurse die Macht es schafft, bis in die winzigsten und individuellsten Verhaltensweisen vorzudringen" (ebd., S. 19).
　　　Familie Medizin, Psychiatrie, Erziehung, Massenmedien, Arbeitgeber usw. konstituieren sich als Handlungsfelder durch Disziplinartechniken und Regulierungsverfahren,

die ‚normale' und ‚vernünftige' Subjekte hervorbringen. Der Bezug des Subjekts zu
sich selbst ist dabei in besonderem Maße von Formen des Geständnisses gekennzeichnet, das auf die Beichte in der christlichen Pastoralmacht zurückgeht: „Das Geständnis
der Wahrheit hat sich ins Herz der Verfahren eingeschrieben, durch die die Macht die
Individualisierung betreibt" (Foucault 1983, S. 62). Formen der „Selbstprüfung" (ebd.,
S. 63), die, so Foucault, als solche gar nicht mehr wahrgenommen werden, begleiten
das Handeln „in Justiz, Medizin, Pädagogik, in den Familien- wie in den Liebesbezie-
hungen, im Alltagsleben" (ebd., S. 62). Durch diese Praktiken der routinierten Selbstreflexion erkennt man sich selbst vor dem Hintergrund einer symbolischen Ordnung
an und wird von dieser als legitimes Subjekt anerkannt; es handelt sich also um einen
entscheidenden Modus der Subjektivierung, der als Produkt von ‚Technologien des
Selbst' zu verstehen ist.

Die diskursiven Vorgaben von Prozessen der Subjektivierung zu analysieren,
ist das Kernanliegen der Governmentality Studies im Anschluss an Foucault. Es
werden Subjektfiguren bzw. Subjektpositionen in den Blick genommen, die als „hegemoniale Anforderungsprofile" (Bröckling 2012, S. 131) Subjektivierungsprozesse
anreizen und hervorbringen. Dabei gilt es vor allem die „dimensions of our ‚relation to our selves'" (Rose 1996, S. 129) herauszuarbeiten, die durch Subjektfiguren
angeleitet werden, welche über spezifische Selbsttechnologien das Subjekt auf sich
selbst Bezug nehmen lassen, wie etwa vermittels der Imperative „know yourself
[…] master yourself […] care for yourself" (Rose 1996, S. 135). Während zwar die
Differenz von Subjektfiguren zur Alltagspraxis betont wird (Bröckling 2012, 2007),
so wird zugleich von der Alltagspraxis abstrahiert, wodurch keine Formen der
impliziten Aneignung oder reflexiven Aushandlung von Subjektfiguren und damit verbundene Paradoxien oder Krisen der Subjektivierung beobachtbar werden
– vielmehr wird eine gewisse Aneignung als Folge eingeübter, routinisierter Reflexion von Subjektfiguren in Selbsttechnologien weitgehend vorausgesetzt. Dabei
spielen einerseits machttheoretische Argumente eine besondere Rolle, indem davon ausgegangen wird, dass sich „Herrschaftstechniken vollständig in Selbsttechni-
ken übersetzen lassen" (Langemeyer 2002, S. 13). Andererseits ist dem Konzept der
„‚Führung von Führungen'" (Foucault 1994, S. 255) ein reflexionstheoretischer Bias
eigen, wie etwa Brook (2008, S. 11) hervorhebt. Auch Hall konstatiert eine „over-
emphasis with intentionality" (Hall 1996b, S. 14) in den Arbeiten von Foucault (vgl.
ebd.). Entsprechend verstehen Barker und Galasinski (2001, S. 45) Foucault, indem
sie als Kernfrage seines Subjekt-Modells festhalten: „how the self recognizes herself
as a subject involved in practices of self-constitution, recognition and reflection."
Und auch Saar hält fest, dass Foucaults Arbeiten vor allem um „Selbstbeziehung
und […] Reflexivität kreisen" (Saar 2003, S. 159).

Versteht man (im oben herausgearbeiteten Sinne) Bildung als Transformation
von Orientierungen (Nohl 2006) ist vorrangig danach zu fragen, wie sich diskursive

Subjektfiguren zu reflexiven Selbstentwürfen *und* habituell verankerten Orientierungsmustern (Orientierungsrahmen im Sinne der praxeologischen Wissenssoziologie, vgl. Bohnsack 2010) verhalten. Wie Reckwitz (2011, S. 49) herausgearbeitet
hat, ist „das Verhältnis zwischen Subjekt und Wissen [...] für Foucault so zentral
wie für Bourdieu, aber nicht in gleicher Weise: Die Habitusanalyse fragt nach dem
inkorporierten, impliziten Wissen, dessen praktische Beherrschung das Subjekt
innerhalb eines Lebensstils oder Feldes ausmacht, die Subjektivierungsanalyse hingegen nach dem diskursivierten Wissen, welches die Eigenschaften des normalen
oder erwünschten Subjekts definiert, klassifiziert und abgrenzt." Die von Reckwitz
hier nicht diskutierte Relation zwischen einer *Selbstverortung vor dem Hintergrund
diskursivierten Wissens* (bzw. diskursiven Subjektfiguren) und dem *modus operandi
der Praxis gemäß habituell verankerten, impliziten und daher präreflexiven Wissensstrukturen* lässt sich weitergehend im Rahmen einer praxeologischen Wissenssoziologie (Bohnsack 2006, 2007, 2010) bzw. praxeologischen Bildungsforschung
(Geimer und Rosenberg 2013) bestimmen. Im Sinne einer Verlustrechnung gehen
in einem solchen praxeologisch und wissenssoziologisch gewendeten Modell von
Subjektivierung kritische Positionen (der Cultural Studies) ebenso wie machttheoretische Fokussierungen (Foucaults bzw. der Governmentality Studies) verloren[1];
gewonnen werden soll hingegen ein Bildungsbegriff, der Gleichzeitigkeiten und
Paradoxien der Subjektivierung unter den Bedingungen kultureller Pluralität beobachten lässt.

5   Subjektfiguren und ihre Aneignung und Aushandlung gemäß der praxeologischen Wissenssoziologie und praxeologischen Bildungsforschung

Aus Perspektive der praxeologischen Wissenssoziologie (Bohnsack 2007, 2010) ist
es zunächst eine empirische Frage, ob und wie diskursive Subjektfiguren in die Alltagspraxis integriert oder übersetzt werden. Eine Frage, die also nicht subjekt- oder
handlungstheoretisch zu beantworten ist, weil sie theoretisch generell nicht vor-
entschieden werden kann. Es können allerdings (wenn auch mit einer gewissen
Vorläufigkeit) Relationen zwischen Subjektfiguren und habituell-impliziten bzw.
reflexiven Wissensstrukturen als Ausgangspunkt weiterer Überlegungen genommen werden. In dieser Hinsicht ist auf ein praxeologisches Konzept von Aneignung
(vgl. Geimer 2010, 2011, 2012) zurückzugreifen. Entwickelt zunächst im Kontext
der Rezeptionsforschung und in (kritischer) Auseinandersetzung mit den Cultural

---

[1] Eine Fortführung der ideologiekritischen Machtanalysen der Cultural Studies in bildungs-
und erziehungswissenschaftlicher Hinsicht findet sich bei Gottuck/Mecheril in diesem Band.

Studies und Bourdieus Habitustheorie bezeichnet Aneignung im Sinne Mannheims (1980) ein unmittelbares Verstehen, das von einem interpretativen Deuten
zu unterscheiden ist. Während Deutungen der Regelung des reflexiven Verhältnisses zu sich selbst wie der expliziten Distinktion von Anderen dienen, führen
Aneignungsprozesse zur Reproduktion oder Transformation eines impliziten Er-
fahrungswissens und damit potenziell zu Bildungsprozessen – Wechselwirkungen
mit Subjektfiguren waren in diesem Modell bislang allerdings nicht konzipiert. Vor
diesem Hintergrund stellt sich die Frage, inwiefern Subjektfiguren über unmittelbare Prozesse der impliziten Aneignung oder Formen der expliziten Interpretation,
situativen Aushandlung handlungsleitend werden bzw. inwiefern Varianten einer
Gleichzeitigkeit der Integration von Subjektfiguren in reflexive und präreflexive
Wissensstrukturen bestehen. Dabei ist zu bedenken, dass die – durch den Verlust
an Zustimmungspflichtigkeit tradierter Ordnungen – gesteigerte Reflexionsmög-
lichkeit des Selbst anhand diverser Subjektfiguren nicht etwa einen Prozess zunehmender Selbsttransparenz bedeuten muss. Das heißt, es besteht bspw. „durch Mitgliedschaft in verschiedensten Sozialmilieus, durch verstärkten Kontakt mit fremden Lebensformen und durch Ausweitung sexuellen Probehandelns die Tendenz
[…], das eigene Selbstverständnis für ganz unterschiedliche Identitätsmöglichkei-
ten zu öffnen" (Honneth 2003, S. 141). Damit ist aber, trotz aller Selbstbefragun-
gen, Selbstthematisierungen und variablen Selbstentwürfe, auch die Möglichkeit
(wenn nicht kontextbedingt: die Wahrscheinlichkeit, vgl. Geimer 2012) etwa dis-
soziativer Aneignungen gegeben, in denen sich reflexive Selbstentwürfe an Subjektfiguren ausrichten, aber zugleich habituell-implizite Wissensstrukturen nicht
beeinträchtigt werden. Eine solche Mehrdimensionalität der alltäglichen Rahmung
und alltagspraktischen Konkretisierung von Subjektfiguren impliziert eine Berücksichtigung der Gleichzeitigkeit von Regulierungsprozessen (und deren potenzieller
Widersprüchlichkeit), wie sie Hall in seinem Kulturkonzept einfordert (vgl. 3).

Hall flankiert Subjektvierungsprozesse mit „tacit understandings and taken-
for-granted cultural ‚know-how'" (Hall 1997, S. 234), das im Sinne eines Habitus
zu verstehen ist, sowie kulturübergreifenden „classificatory systems" (ebd.), die als
Stereotype des Common Sense kulturelle Markierungen zwischen Personen und
Handlungen ermöglichen. Er merkt jedoch an dieser Stelle und auch andernorts
nicht an, wie diese pluralen Formen der Regulierung von Praxis durch Kultur in
einen empirisch untersuchbaren Zusammenhang zu bringen sind und konkret ineinander greifen. Insofern ist der Vorwurf Halls (1996b, S. 14) gegenüber Foucault,
dass in dessen Subjektivierungskonzept unerklärt bleibt „what the mechanisms
are by which individuals as subjects identify (or not identify) with the ‚positions'
to which they are summoned", ebenso auf ihn selbst zu beziehen. Prozesse einer
potenziell widersprüchlichen Selbstregulierung und die Fragen nach dem ‚Wie'

konkreter Subjektivierungsprozesse, so die grundlegende Position dieses Beitrags, lassen sich durch die systematische Unterscheidung reflexiver und präreflexiver Wissensstrukturen klären, worauf ebenfalls Reckwitz (2009) im Rahmen einer praxeologischen Kulturtheorie hingewiesen hat. An der folgenden Stelle äußert sich Reckwitz daher in hohem Maße anschlussfähig an die hier entwickelte Perspektive: „Die Frage ist, welches Know-how-Wissen und welches Deutungswissen eine bestimmte Subjektform ausmachen. […] Das Know-how-Wissen ist ein prozedurales und methodisches Wissen von und um ‚scripts‘, in denen das Subjekt in den entsprechenden Situationen der Praktik angemessen agiert und Schemata gekonnten Verhaltens folgt. Das Deutungswissen umfasst interpretative Schemata, die routinisierte Sinnzuschreibungen gegenüber konkreten und abstrakten Gegenständen ermöglichen. Dies schließt Interpretationen gegenüber der eigenen Person, ein spezielles Selbstverstehen, eine ‚Hermeneutik des Selbst‘ ein" (Reckwitz 2008, S. 136 f.).

Es ist insbesondere die Differenz zwischen den Wissensformen eines implizitem Erfahrungswissen und expliziten Selbstentwürfen, die im Weiteren in ihrer Relation zu diskursiven Subjektfiguren zu diskutieren sind und welche die Leitdifferenz der praxeologischen Wissenssoziologie (Bohnsack 2006, 2007, 2010) wie ebenso der praxeologischen Bildungsforschung (Geimer und Rosenberg 2013) darstellen. Wichtige Anschlussmöglichkeiten eröffnen entsprechend die Arbeiten von Bohnsack et al. (1995) und Nohl (2010). Inspiriert von den Arbeiten Goffmans und Bourdieus unterscheiden Bohnsack et al. (1995, S. 431) und – im Anschluss daran – Nohl (2010, S. 175 f.) die „persönliche Identität", die biografisch gewachsene, reflexive Selbstentwürfe umfasst, von einem „persönlichen Habitus", der implizite Orientierungen kennzeichnet, die als präreflexives, atheoretisches Wissen zu verstehen sind. Im Folgenden soll anhand eines Beispiels aus der Medienforschung gezeigt werden, wie Subjektfiguren (hier der Kapitalismus- und Konsumkritik) auf der Ebene *identitätsbezogener Reflexion des Selbst* einerseits in hohem Maße relevant sind und andererseits zugleich für die *habituellen Grundlagen des Gewohnheitshandelns* weitgehend unbedeutend bleiben.

6   Bildungspotenzial von Subjektivierungskrisen und deren Vermeidung. Ein Fallbeispiel im Kontext kultureller Pluralität

Das nachstehende Beispiel verdeutlicht wie Bildungspotenziale, also Möglichkeiten der Transformation von Selbst- und Weltverhältnissen, sich eröffnen und sogleich wieder verschließen, also wie Irritationsmomente, die das Potenzial zur Einleitung einer krisenhaften Transformation von implizit-handlungsleitenden

Wissensstrukturen haben, entschärft und harmonisiert werden. Die folgende Passage entstammt einer Gruppendiskussion mit Jugendlichen zu dem Film FIGHT CLUB (1999)[2], den die Jugendlichen selbst ausgewählt und gemeinsam angeschaut haben. Es geht eine Passage zur Kapitalismuskritik in FIGHT CLUB voraus, welche die Jugendlichen von sich aus initiierten und die zwei (Am, Af) in besonderem Maße elaborieren. Darauf folgt die Frage des Interviewers, inwiefern die ausführlich artikulierte Kapitalismuskritik auch die Jugendlichen selbst betrifft, also inwiefern sie diese kritische Position auf sich beziehen können.

Am: *und auf mein eigenes Leben bezogen weiss ich nich ich denk halt dann schon*
drüber nach irgendwie; (.) diese dieser Nullpunkt den den da erreicht und (.) ich
mein der der () is ja total depressiv am Anfang. und dann fängt der irgendwie an
da zu lebm ahmah is ja irgendwie ne Form von Leben die der da sich erschafft,
auch wenns n bisschn in die falsche Richtung geht find ich schon fasz halt alles so
n bisschen zu hinterfragen halt immer; weil man denkt ja sonst nicht drüber nach
wenn man sich irgendwie ein teures Handy kauft oder so, (.) wer hat dafür gearbei-
tet warum is es genau so groß und wer wer wo spart wo wo wu-wurde gespart an
welcher Stelle; und des zeigt der Film find ich (1) manchma gut auf und manchmal
muss man halt selbst drüber nachdenken; ah ich find deb- bringt auf jeden Fall
Anreize. dass man halt über so was nachdenkt. (1)
Af: *Ja genau Bewusstmachung; (3) °@ja@°*

Der Aufforderung die artikulierte Kapitalismuskritik auf sich und das eigene Leben zu beziehen folgt ein vager Verweis von Am, dass man schon mal „irgendwie" darüber nachdenkt. Darauf folgt jedoch kein Bezug auf sich selbst, sondern auf eine Filmfigur, die am „Nullpunkt" ankam und „depressiv" war, wodurch die Kritik in ihrer Stärke und Berechtigung infrage gestellt wird. Wenn schließlich die eigene Praxis thematisiert wird, wird das Nachdenken erneut relativiert („n bisschen zu hinterfragen", „man halt mal über so was nachdenkt"). Dieses Nachdenken ist von der Handlungspraxis zudem weitgehend abgekoppelt, indem es gerade in Entscheidungssituationen nicht stattfindet (wie etwa dem Kauf eines Handys, bei dem eben *nicht* reflektiert wird, wie dieses Handy produziert wurde). Aus dieser Diskrepanz zwischen einer kapitalismuskritischen Subjektfigur und der Logik des Alltagshandelns erwächst aber kein Unbehagen, vielmehr ermöglicht das ‚ein bisschen Hinterfragen', das der Film anbietet, zugleich eine Rechtfertigung für das eigene

---

[2] Die Erhebung war Bestandteil eines Lehrforschungsprojekts, das ich ab Mitte 2011 bis Anfang 2012 begleitet und geleitet habe. Thema des Projekts war die Rezeption von Gewalt in Filmen durch Jugendliche.

Handeln. Entsprechend wird der Film von Af (Am validierend) auch als Moment einer *Bewusstmachung* verstanden. Bewusstmachung ist hier nicht etwa als überraschende Aufklärung im Sinne einer plötzlichen Einsicht verstanden; vielmehr gibt es ein kritisches Bescheid-Wissen, das man schon hat und an das man durch den Film lediglich nochmals erinnert wird. Dies zeigt auch die folgende Passage, die erneut von einer Frage des Interviewers (nach den Bezügen der von den Jugendlichen elaborierten Kapitalismuskritik zu ihrem eigenen Alltag) eingeleitet wird.

Im: *könnt ma dann selber sagen ok hier und da m-müsst ich vielleicht irgendwas anders machen? könnt ich was anders machen?*
Am: *naja ich weiß auch wie meine Klamotten produziert werden und kauf sie mir trotzdem; muss ich sagn. (.) also (.) also auch wenns jetz nich so korrekt is oder auch nich politisch korrekt is aber ich hatt ja Politik Leistungskurs und da ham wir so über ewig drüber gesprochen was so wie H&M und Co ihre Klamotten produziern unter unmenschlichen Bedinungn; (.) aba (.) also ich hab jetzt trotzdem nich irgendwie mein Konsumverhalten umgestellt. (.) also ich bin jetzt auch nich darauf bedacht unbedingt Bioklamottn zu kaufn muss ich sagn. also ich weiß was dahintersteckt wenn mans mir nochmal zeigt in nem Film; denk ich für nen Tag drüber nach oder vielleicht auch für ne Woche, aber am Ende gewinnt dann quasi wieder der die der der der Konsum über mich und dass ich mir dann quasi Luxus gönne und dann n bisschen drauf (.) hm in dem Sinne n bisschen drauf äh scheiße (.) weil mich betrifffts ja so erstmal nich. (.) also auch wenns eigentlich sollt nicht meine Meinung sein ist jetzt auch nich so dass es jetz; aba im Endeffekt is es ja dann hab ich den Luxus und vom vom Leid krieg ich ja nichts mit. (.)*
Im: *Was meinen die andern dazu? (1)*
Af: *Mm:: das (Wissen) ähm: ermöglicht ja dann schon mal ne bewusste Entscheidung;*

Am stellt auf die Nachfrage zunächst nochmals die Diskrepanz zwischen Nachdenken und Logik der Alltagspraxis am Beispiel der „Klamotten" fest. Kapitalismuskritische Subjektfiguren (etwa gegenüber der Produktionsweise von H&M) wurden auch in dem Politik-Leistungskurs in der Schule angeboten und reflexiv eingeübt. Auf der Ebene eines theoretischen Bewusstseins steht Am deutlich vor Augen, wie die „Klamotten" hergestellt werden, nämlich unter „unmenschlichen Bedingungen". Dennoch kann dieses Wissen nicht handlungsrelevant werden, weil der „Konsum über [ihn] gewinnt". Auf die Nachfrage des Interviewers validiert Af nun erneut die argumentative Position von Am (gemäß ihrer obigen Validierung) im Sinne einer Bewusstmachung, was bedeutet: Durch die Reflexion kann man sich bewusst entscheiden, den kapitalistischen Warenfetischismus zu leben, obwohl man nicht mit ihm übereinstimmt – und zwar weil man ihn kritisieren kann. Damit geht eine Paradoxie einher, deren Unaufgelöstheit die Bedingung der Vermeidung einer Krise darstellt: Man kann sich einerseits für etwas entscheiden, gegen das man sich andererseits nicht entscheiden kann.

Diese Paradoxie ist, obschon aus ihr keine Handlungsrelevanz entsteht, höchst relevant hinsichtlich der Distinktion gegenüber anderen. Entsprechend ergänzt später Af: „die meisten Leute glaub ich interessiert es einfach gar nicht die leben nur vor sich hin und nehmen des alles hin".[3] Man *selbst* nimmt nicht einfach nur so hin, sondern kann sich für das Hinnehmen ‚entscheiden'. Indem man Bescheid weiß – hier: indem einem Ungerechtigkeiten bewusst sind – wird die Entscheidung legitimiert bzw. so erst als eine Entscheidung konstruiert. Insofern ist nicht zu behaupten, dass das empirische Beispiel etwa nicht auf Prozesse der Subjektivierung verweisen würde, vielmehr sind diese von den Grundlagen der Alltagspraxis (Selbst- und Weltverhältnisse bzw. handlungsleitende Orientierungen, s. o.) separiert. Die Einnahme einer kapitalismuskritischen Subjektfigur wird damit als ‚Bescheid-Wissen' zum Selbstzweck und Distinktionsmerkmal und ist weitgehend unabhängig von der Alltagspraxis, auf die sich die Kritik bezieht – oder wie Af kurz darauf argumentiert:

Af: also ich find auf jedenfall schon mal gut wenn man sich darüber informiert dann kann man auch ähm einfach einfach ne Entscheidung treffn; des vorher is keine richtige @Entscheidung@ da entscheide ich mich dazu; ähm zu dem Lebens::stil ich glaub des hat der vorher nich gemacht; die Rolle; der Jack; genau.
Cm: na hatt er ja jetz gemacht; durch sein zweites Ich, (.) unbewusst.
Am: Die Frage is ja wies danach weitergeht, mit ihm (4) 00:19:07
Cm: Offen

Cm steigert die hier herausgearbeitete Paradoxie, indem er darauf hinweist, dass sich die Hauptfigur *unbewusst* entschieden hat, sich gegen einen kapitalistischen, konsumorientierten Lebensstil zu wehren, wobei er sich auf die psychische Spaltung der Hauptfigur bezieht, die im Film durch zwei Protagonisten dargestellt wird.[4] Wie sich die Hauptfigur entscheidet, *ohne* es zu tun, sind die Jugendlichen

---

[3] Besonders deutlich wird diese Funktion der Distinktion durch ‚Bescheid-Wissen' auch dadurch, dass die beiden Jugendlichen, welche die Kapitalismuskritik hauptsächlich anbringen (Am, Af) sich von den anderen beiden abgrenzen, weil diesen die – besonders von Konsum- und Kapitalismuskritik geprägte (!) – erste halbe Stunde des Films nicht gefiel.

[4] In FIGHT CLUB (1999, David Fincher) meint ein Versicherungsangestellter (Jack, Edward Norton) erst Freund und dann Feind des Anführers (Tyler Durden, Brad Pitt) einer weltumspannenden Untergrundorganisation zu sein, der er aber eigentlich selbst ist. Dass die Vorzugslesart (vgl. Geimer im Druck, a) eine kritische Subjektposition nahelegt, ist schon

kritisch, *ohne* es zu sein – also *eigentlich* kritisch, woran sie der Film erinnert. Dass der Film am Ende offen bleibt und den Jugendlichen damit keine Subjektposition aufnötigt, sondern die Kapitalismuskritik lediglich anbietet als eine Lesart (unter vielen möglichen), wird später als wichtiges Qualitätsmerkmal des Films diskutiert. Im Verlauf des Diskurses nehmen die Jugendlichen (v. a. Am, Af) die kapitalismuskritische Subjektfigur also zunächst argumentativ ein, elaborieren diese detailliert und handeln (auf Nachfrage des Interviewers) den Bezug zur eigenen Alltagspraxis aus, wobei diese Subjektfigur zugleich zurückgewiesen wie in ihrer Berechtigung hervorgehoben wird (im Sinne des ‚Bescheid-Wissens'). Es handelt sich um eine Aneignung einer Subjektfigur im Modus einer Dissoziation (vgl. Geimer 2012), die hier zur Paradoxie führt, dass man sich durch diese spezifische Subjektivierungsweise für etwas entscheiden kann, gegen das man sich nicht entscheiden kann, nämlich: einen Lebensstil, der sich sein gewohnten Luxus-, Konsum- und Kulturgüter nicht nehmen lässt. Bescheid zu wissen (hier über den Kapitalismus), ist damit ein Eigenwert, der jedoch kaum an die Alltagspraxis gekoppelt ist, so dass sich noch über die (Kapitalismus)Kritik (wie sie anhand des Films FIGHT CLUB vorgebracht wird) eingefahrene, unkritische (Konsum)Orientierungen reproduzieren können. Eine kapitalismuskritische Subjektfigur wird so zu einer unter vielen anderen, sie zu kennen ermöglicht die Aufrechterhaltung einer geradezu gegenläufigen Alltagspraxis bzw. der diese orientierenden, habituellen Wissensbestände.[5]

---

dadurch angezeigt, dass der Film in der ersten halben Stunde immer wieder den Lebensstil des Helden radikal hinterfragt und diese ersten 30 min vor allem dazu dienen, den Helden der Lächerlichkeit preiszugeben (indem sich dieser etwa in diversen Selbsthilfetherapiegruppen einschleicht, um dort solche ‚echten Emotionen' zu erleben und zu teilen, die sein Alltag nicht kennt). Zunächst wendet der Held sich selbst durchaus auch kritisch zu und kann durch die Teilnahme an den Selbsthilfegruppen sich mit seinem Leben, dessen Konsumorientierung ihn anödet und langweilt, arrangieren. Als diese Möglichkeit wegbricht, weil eine andere „Elendstouristin" ihm die besten Gruppen streitig macht, lernt er seinen Freund und Mentor Tyler kennen, der er eigentlich selbst ist (ohne dass dies die Zuschauer registrieren können, bei einem ersten Sehen des Films). Mit diesem imaginierten Gegenüber gründet er schließlich den Fight Club, der zunächst eine Organisation darstellt, die dem Ausleben von Emotionen in geregelten Prügeleien dient. Mit der Zeit jedoch transformiert sich der immer stärker strukturierte und institutionalisierte Zusammenhang zu einer weltumspannenden Terrororganisation mit faschistischen Hierarchiestrukturen, die sich der Abschaffung des Kapitalismus verschworen hat und die auch der (ohnehin schizophrene) Gründer nicht mehr zu steuern vermag. Erst am Ende wird klar, dass sich Jack die Figur des Tyler geschaffen hat, um einer kapitalistischen Konsum-Welt zu entfliehen, wofür also die Abspaltung jener kritischen Persönlichkeitsanteile notwendig war.
[5] Im Sinne rekursiver Bildung (Kade/Nolda in diesem Band) und vor dem Hintergrund der Zukunftsoffenheit von Biografien ist freilich möglich, dass sich jene dissoziative Aneignung der kapitalismuskritischen Subjektfigur noch zu einer produktiven Aneignung (Geimer

7 Fazit: Normalität einer dissoziativen Aneignung von diskursiven Subjektfiguren unter den Bedingungen (medial repräsentierter) kultureller Pluralität?

Das Ziel des Beitrags ist, vor dem Hintergrund des Kulturbegriffs der Cultural Studies und Subjektbegriffs der Governmentality Studies, Formen einer widersprüchlichen Gleichzeitigkeit der kulturellen Regulierung sozialer Praxis zu fassen, die im Rahmen einer praxeologischen Wissenssoziologie (Bohnsack 2010) bzw. praxeologischen Bildungsforschung (Geimer und Rosenberg 2013) näher bestimmt und empirisch untersucht werden können. Davon ausgehend erscheinen Bildungsprozesse als Transformationen von Selbst- und Weltverhältnissen in hohem Maße als voraussetzungsreich. Das Beispiel aus dem Bereich der Medien(rezeptions)forschung konnte verdeutlichen, dass Formen einer dissoziativen Aneignung von Subjektfiguren (Geimer 2012) Bildungsprozesse eher verunmöglichen bzw. zumindest unwahrscheinlich machen. Was hiermit aufgezeigt werden kann, wird anderenorts auch als Grenze der alltagspraktischen Kritik diskutiert, etwa von Lessenich (2014, S. 21), wenn er feststellt, dass wir „mittlerweile mit kritischem Bewusstsein ausgestattet […] so weitermachen wie bisher". Entsprechende Fälle der Relation von reflexiven und nicht-reflexiven Wissensstrukturen sollten also keinen Sonderfall darstellen. Im Sinne der praxeologischen Wissenssoziologie handelt es sich um eine Form der Bezugnahme auf „Theorien des Common Sense mit ihren legitimatorischen Funktionen" (vgl. Bohnsack 2012, S. 124). Für die Veralltäglichung von Formen einer dissoziativen Aneignung spielt die Entwicklung neuer Medienkulturen möglicherweise eine herausragende Rolle.

Wie Hörisch (2001, S. 158) festhält, ging die Entwicklung der modernen Literatur mit einer grundlegenden Veränderung in Haltungen der LeserInnen einher: „Wer liest, gewinnt eine […] weitreichende Einsicht: Alles könnte auch anders sein". Vor allem der Roman ermöglichte die Einnahme von Subjektfiguren, die vollkommen außerhalb der Reichweite alltäglicher Interaktion lagen. In diesem Sinne diagnostizierte bereits Mead (1998, S. 303): „Der Roman stellt eine Situation dar, die außerhalb des unmittelbaren Gesichtskreis liegt, und zwar dadurch, dass er in die Haltung der Gruppe in der jeweiligen Situation eindringt. Unter diesen Voraussetzungen ist ein weit größeres Ausmaß an Teilnahme und folglich an Kommunikation gegeben, als es sonst möglich wäre." Andere Perspektiven auf eine gemeinsame Welt, und auf sich selbst darin, konnten demnach LeserInnen einst gründlich und nachhaltig irritieren und so Subjektivierungskrisen induzieren, die Bildungseffekte

---

2010) und zur Transformation von Selbst- und Weltverhältnissen führt, was in einem qualitativen Querschnitt nicht zu untersuchen ist.

im Sinne der Transformation von Selbst- und Weltverhältnissen mit sich führen. Dies in gesteigertem Maße, wenn etwa der Roman als Variante eines Entwicklungsromans selbst Transformationsprozesse seiner Protagonisten durch Differenzerfahrungen thematisiert.[6]

Heute ist allerdings eine explosionsartige Vermehrung potenziell einnehmbarer Perspektiven auf sich selbst, die mit der Veralltäglichung audiovisueller Medien und vor allem dem Internet eingesetzt hat, festzustellen: „other peoples, other worlds, other ways of life, different from our own, have become widely accessible" (Hall 1997, S. 214). In diesem Sinne der gesteigerten Repräsentation von Pluralität in der (Populär)Kultur hält auch Reckwitz (2010, S. 748) fest, dass durch den medientechnologischen Wandel eine enorme Steigerung der „Wahrscheinlichkeit kultureller Kombinationslogiken, der hybriden Konfrontation und Symbiose von kulturellen Elementen unterschiedlicher Zeiten und Räume" in Gang gesetzt wurde. Möglicherweise können sich durch den medientechnologischen Wandel (generations-/ milieu-/kontextgebunden) jene Prozesse gesteigerter Perspektivübernahme, die das Aufkommen des Romans und der Literatur einleiten konnte, geradezu umkehren. Diese Umkehrung kann also in der Transformation einer literarisch-analogen zur elektronisch-digitalen Medienkultur gründen, die zu Uneindeutigkeiten von Repräsentationen und Interferenzen zwischen Subjektfiguren führt: „The electronic mode of information with its endless production of simulacra undermines the representational function of language. In a consequence the identity of the subject starts to float" (Torfing 1999, S. 222).

Worauf mediale Repräsentationen verweisen und wie sich verschiedene Subjektfiguren zueinander verhalten, ist damit stets neu auszuhandeln in „identification as a construction, a process never completed" (Hall 1996b, S. 2). Die „nomadic and multiple selves" (Torfing 1999, S. 222) der Spätmoderne sind in der zeitgenössischen Populär- und Medienkultur so ständig im Prozess, „to reconstruct his or her self in dialogue with different discourses" (ebd.). Eine entscheidende Frage ist, inwiefern diese Dialoge zu Bildungsprozessen anreizen. Man kann, so also die These dieses Beitrags, aufgrund der massenhaften Verbreitung medialer Repräsentationen von kultureller Differenz vermuten, dass Akteure gegenüber Subjektfiguren in jenem Sinne gleichgültig(er) werden, dass eine wechselnde Einnahme selbstverständlich erscheint und damit grundlegende Transformationen von Selbst- und

---

[6] Vgl. dazu auch Koller (in diesem Band), der anhand des Romans „Tschick" illustriert, inwiefern „kulturelle Pluralität nicht nur jenseits nationaler Grenzen bzw. ethnischer Zugehörigkeiten zu finden ist, sondern sozusagen mitten in dieser Gesellschaft, und dass die Begegnung mit dieser Pluralität zur Veränderung bisheriger Deutungsmuster führen kann" – zur Mehrdimensionalität kultureller Einbindungen bzw. Hybridität des Kulturellen siehe auch Rosenberg bzw. Thompson/Jergus (je in diesem Band).

Weltverhältnissen unwahrscheinlich werden. Mit anderen Worten: Wenn eine Vielfalt von Subjektfiguren ihre Berechtigung hat, wird ihre Einnahme möglicherweise
zum Stil, der vor allem identitätsrelevanter Distinktion dient, während sich habituell verankerte Orientierungen kaum irritieren lassen, so dass Bildungsprozesse sich
vermeiden (und potenzielle Subjektivierungskrisen sich abwenden) lassen. Vor
diesem Hintergrund macht eine dissoziative Aneignung von Subjektfiguren (vgl.
Geimer 2012) vielfältige und gesteigerte Möglichkeiten der Selbsterfahrung und
Selbstbeschreibung unter den zeitgenössischen Bedingungen kultureller Pluralität
zu einem alltäglich-unproblematischen Problem.

Transkriptionsregeln

,   Hebung
;   Senkung
?   starke Hebung
.   starke Senkung
Ja::   Dehnung
°ja°   leise
ja   laut
(.)   kurze Pause
(2)   Pause in Sekunden
@   Lachen
@ja@   lachend gesprochen

Literatur

Barker, Chris, und Dariusz Galasinski. 2001. *Cultural studies and discourse analysis: A dialo-
gue on language and identity*. London: Sage.
Bohnsack, Ralf. 2006. Praxeologische Wissenssoziologie. In *Hauptbegriffe qualitativer Sozial-
forschung*, Hrsg. Ralf Bohnsack, Winfried Marotzki, und Michael Meuser, 137–138. Op-
laden & Farmington Hills: Barbara Budrich.
Bohnsack, Ralf. 2007. Dokumentarische Methode und praxeologische Wissenssoziologie. In
Handbuch Wissenssoziologie und Wissensforschung, Hrsg. Rainer Schützeichel, 180–190.
Konstanz: UVK.
Bohnsack, Ralf. 2009. *Qualitative Bild- und Videointerpretation*. Opladen: Barbara Budrich.
Bohnsack, Ralf. 2010. *Rekonstruktive Sozialforschung. Einführung in qualitative Methoden*.
Opladen: Barbara Budrich.
Bohnsack, Ralf. 2012. Orientierungsschemata, Orientierungsrahmen und Habitus. Elemen-
tare Kategorien der Dokumentarischen Methode mit Beispielen aus der Bildungsmilieu-
forschung. In *Qualitative Bildungs- und Arbeitsmarktforschung. Grundlagen. Perspektiven.
Methoden*, Hrsg. Karin Schittenhelm, 119–153. Wiesbaden: VS.

Bohnsack, Ralf, Peter Loos, Burkhard Schäffer, Klaus Städtler, und Bodo Wild. 1995. *Die Suche nach Gemeinsamkeit und die Gewalt der Gruppe. Hooligans, Musikgruppen und andere Cliquen.* Opladen: Leske + Budrich.

Bröckling, Ulrich. 2007. *Das unternehmerische Selbst. Soziologie einer Subjektivierungsform.* Frankfurt a. M.: Suhrkamp.

Bröckling, Ulrich. 2012. Der Ruf des Polizisten. Die Regierung des Selbst und ihre Widerstände. In *Diskurs - Macht - Subjekt. Theorie und Empirie der Subjektivierung in der Diskursforschung,* Hrsg. Reiner Keller, Werner Schneider, und Willy Viehöver, 131–144. Wiesbaden: VS.

Brook, Scott. 2008. Governing cultural fields: governmentality studies and Pierre Bourdieu. Paper delivered at ‚Culture and Citizenship', Oxford University, www.canberra.edu.au/faculties/artsdesign/attachments/pdf/Governingculturalfields.pdf. Zugegriffen: 2. Sept. 2008.

Foucault, Michel. 1983. *Der Wille zum Wissen. Sexualität und Wahrheit I.* Frankfurt a. M.: Suhrkamp.

Foucault, Michel. 1994. Warum ich Macht untersuche: Die Frage des Subjekts. In *Michel Foucault. Jenseits von Strukturalismus und Hermeneutik,* Hrsg. Hubert Dreyfus und Paul Rabinow, 243–261. Weinheim: Beltz.

Foucault, Michel. 1996. *Der Mensch ist ein Erfahrungstier.* Frankfurt a. M.: Suhrkamp.

Foucault, Michel. 2007. Subjektivität und Wahrheit. In *Michel Foucault. Ästhetik der Existenz: Schriften zur Lebenskunst,* Hrsg. Daniel Defert und Francois Ewald, 81–104. Frankfurt a. M.: Suhrkamp.

Garfinkel, Harold. 1967. *Studies in Ethnomethodology.* Cambridge: Polity Press.

Geimer, Alexander. 2010. Praktiken der produktiven Aneignung von Medien als Ressource spontaner Bildung. Eine qualitativ-rekonstruktive Analyse im Kontext von Habitustheorie und praxeologischer Wissenssoziologie. *Zeitschrift für Erziehungswissenschaft* 13 (1): 149–166.

Geimer, Alexander. 2011. Das Konzept der Aneignung in der qualitativen Rezeptionsforschung. Eine wissenssoziologische Präzisierung im Anschluss an die und Abgrenzung von den Cultural Studies. *Zeitschrift für Soziologie* 40 (4): 191–207.

Geimer, Alexander. 2012. Bildung als Transformation von Selbst- und Weltverhältnissen und die dissoziative Aneignung von diskursiven Subjektfiguren in posttraditionellen Gesellschaften. *Zeitschrift für Bildungsforschung* 2 (3): 229–242.

Geimer, Alexander. im Druck, a. Filmsoziologie und Diskursanalyse. In *Handbuch der Filmsoziologie,* Hrsg. Carsten Heinze, Alexander Geimer, und Rainer Winter. Wiesbaden: VS (i. Vorb.).

Geimer, Alexander. im Druck, b. Qualitative Filmrezeptionsforschung. In *Handbuch der Filmsoziologie,* Hrsg. Carsten Heinze, Alexander Geimer, und Rainer Winter. Wiesbaden: VS (i. Vorb.).

Geimer, Alexander, und Florian von Rosenberg. 2013. Praxeologische Bildungsforschung. Dokumentarische Methode und die bildungstheoretisch orientierte Biografieanalyse. In *Dokumentarische Methode. Grundlagen. Entwicklungen. Anwendungen,* Hrsg. Peter Loos, Arnd-Michael Nohl, Aglaja Przyborski, und Burkhard Schäffer, 142–154. Opladen: Barbara Budrich.

Hall, Stuart. 1980. Cultural studies: Two paradigms. *Media, Culture & Society* 2 (1): 57–72.

Hall, Stuart. 1981. Notes on reconstructing ‚the popular'. In *People's history and socialist theory,* Hrsg. Raphael Samuel, 227–239. London: Routledge.

Hall, Stuart 1982. The rediscovery of 'ideology': Return of the repressed in media studies. In *Culture, society, and the media*, Hrsg. Micheal Gurevitch, Tony Bennett, James Curran, und James Woollacott, 56–90. London: Methuen.

Hall, Stuart. 1996a. Signification, representation, ideology. Althusser and the post-structuralist debates. In *Cultural studies and communication*, Hrsg. James Curran, David Morley, und Valerie Walkerdine, 11–34. London: Arnold.

Hall, Stuart. 1996b. Who needs identity? In *Questions of cultural identity*, Hrsg. Stuart Hall und Paul du Gay, 1–17. London: Sage.

Hall, Stuart. 1997. The centrality of culture. In *Media and cultural regulation*, Hrsg. Kenneth Thompson. London: Sage.

Hall, Stuart. 2009. The work of representation. In *Representation: Cultural representation and signifying practices*, Hrsg. Stuart Hall, 15–69. London: Sage.

Honneth, Axel. 2003. *Unsichtbarkeit. Stationen einer Theorie der Intersubjektivität.* Frankfurt a. M.: Suhrkamp.

Hörisch, Jochen. 2001. *Der Sinn und die Sinne. Eine Geschichte der Medien.* Frankfurt a. M.: Eichborn.

Hörning, Karl H., und Julia Reuter. 2004. Doing Culture. Kultur als Praxis. In *Doing Culture. Neue Positionen zum Verhältnis von Kultur und sozialer Praxis*, Hrsg. Karl H. Hörning und Julia Reuter, 7–13. Bielefeld: transcript.

Kokemohr, Rainer, und Hans-Christoph Koller. 1995. Die rhetorische Artikulation von Bildungsprozessen. Zur Methodologie erziehungswissenschaftlicher Biographieforschung. In *Erziehungswissenschaftliche Biographieforschung*, Hrsg. Heinz-Hermann Krüger und Winfried Marotzki, 90–102. Opladen: Leske + Budrich.

Koller, Hans-Christoph. 1999. *Bildung und Widerstreit. Zur Struktur biographischer Bildungsprozesse in der (Post)Moderne.* München: Fink.

Koller, Christoph. 2012. Anders werden. Zur Erforschung transformatorischer Bildungsprozesse. In *Qualitative Bildungsforschung und Bildungstheorie*, Hrsg. Indrid Miethe und Hans-Rüdiger Müller, 19–33. Opladen: Barbara Budrich.

Langemeyer, Ines. (2002). Subjektivierung als Schauplatz neoliberaler Macht. *Zeitschrift für Politische Psychologie* 3 (4): 361–375. http://www.kritischepsychologie.de/archiv/material/031116_ILKritikGouvernement.pdf (leicht überarbeitete Fassung).

Lessenich, Stephan. 2014. Soziologie – Krise – Kritik. Zu einer kritischen Soziologie der Kritik. *Soziologie 43* (1): 7–24.

Lewis, Jeff. 2002. *Cultural studies. The basics.* London: Sage.

Mannheim, Karl. 1980. Eine soziologische Theorie der Kultur und ihrer Erkennbarkeit (Konjunktives und kommunikatives Denken). In *Karl Mannheim. Strukturen des Denkens*, Hrsg. David Kettler, Volker Meja, und Nico Stehr, 155–322. Frankfurt a. M.: Suhrkamp.

Marotzki, Winfried. 1990. *Entwurf einer strukturalen Bildungstheorie. Biographietheoretische Auslegung von Bildungsprozessen in hochkomplexen Gesellschaften.* Weinheim: Deutscher Studienverlag.

Mead, George H. 1998. *Geist, Identität und Gesellschaft aus Sicht des Sozialbehaviorismus.* Frankfurt a. M.: Suhrkamp.

Meder, Norbert. 2002. Nicht informelles Lernen, sondern informelle Bildung ist das gesellschaftliche Problem. *Spektrum Freizeit* 24: 8–17.

Nohl, Arnd-Michael. 2006. *Bildung und Spontaneität. Phasen biographischer Wandlungspro- zesse in drei Lebensaltern. Empirische Rekonstruktionen und pragmatistische Reflexionen.* Opladen: Barbara Budrich.

Nohl, Arnd-Michael. 2010. *Konzepte interkultureller Pädagogik. Eine systematische Einfüh- rung.* Bad Heilbrunn: Klinkhardt.

Reckwitz, Andreas. 2008. *Subjekt.* Bielefeld: Transcript.

Reckwitz, Andreas. 2009. Praktiken der Reflexivität. Eine kulturtheoretische Perspektive auf hochmodernes Handeln. In *Handeln unter Unsicherheit,* Hrsg. Fritz Böhle und Margit Weihrich, 169–182. Wiesbaden: VS.

Reckwitz, Andreas. 2010. Aspekte einer Theorie des Subjekts in der Kultur der Moderne: (Anti-)Bürgerlichkeit, soziale Inklusion und die Ethik der Ästhetik. In *Unsichere Zeiten. Herausforderungen gesellschaftlicher Transformationen,* Hrsg. Hans-Georg Soeffner, Ka- thy Kursawe, Margrit Elsner, und Manja Adlt, 739–750. Wiesbaden: VS.

Reckwitz, Andreas. 2011. Habitus oder Subjektivierung? Bourdieu und Foucault zur Subjek- tanalyse. In *Pierre Bourdieu und die Kulturwissenschaften. Zur Aktualität eines undiszipli- nierten Denkens,* Hrsg. Šuber Daniel, Schäfer Hilmar, und Prinz Sophia, 41–61. Konstanz: UVK.

Reh, Sabine, und Norbert Ricken. 2012. Das Konzept der Adressierung. Zur Methodologie einer qualitativ-empirischen Erforschung von Subjektivation. In *Qualitative Bildungsfor- schung und Bildungstheorie,* Hrsg. Indrid Miethe und Hans-Rüdiger Müller, 35–56. Op- laden: Barbara Budrich.

Rose, Nicolas. 1996. Identity, geneolagy, history. In *Questions of cultural identity,* Hrsg. Stuart Hall und Paul du Gay, 128–150. London: Sage.

Rieger-Ladich, Marcus. 2004. Unterwerfung und Überschreitung: Michel Foucaults Theorie der Subjektivierung. In *Michel Foucault: Pädagogische Lektüren,* Hrsg. Norbert Ricken und Markus Rieger-Ladich, 203–223. Wiesbaden: VS.

Rosenberg Florian von. 2011. *Bildung und Habitustransformation. Empirische Rekonstruktio- nen und bildungstheoretische Reflexionen.* Bielefeld: Transcript.

Rosenberg Florian von. 2013. Lern- und Bildungsprozesse im Kontext kultureller Pluralität: Erfahrungen der Negativität, Fremdheit, Delegitimation und des Grenzexperiments. Auf dem Weg zu einer empirisch fundierten Theorie. Habilitationsschrift an der Helmut- Schmidt-Universität Hamburg.

Saar, Martin. 2003. Genealogie und Subjektivität. In *Michel Foucault. Zwischenbilanz einer Rezeption,* Hrsg. Axel Honneth und Martin Saar, 157–177. Frankfurt a. M.: Suhrkamp.

Stam, Robert. 2000. *Film theory.* Oxford: Blackwell.

Torfing, Jacob. 1999. *New theories of discourse.* Oxford: Blackwell.

Williams, Raymond. 2001[1961]. *The long revolution.* Ontario: Broadview.

The manufacturer's authorised representative in the EU is Springer
Nature Customer Service Centre GmbH, Europaplatz 3, 69115 Heidelberg,
Germany. If you have any concerns regarding our products, please
contact ProductSafety@springernature.com

Printed and bound by CPI Group (UK) Ltd, Croydon, CR0 4YY

24/04/2026

02096312-0002